JN037458

経済学のためのゲーム理論入門

for Margaret

経済学のための
ゲーム理論入門

ロバート・ギボンズ

福岡正夫／須田伸一【訳】

岩波書店

まえがき

　ゲーム理論は複数の主体の意思決定にかかわる問題を研究対象としている．経済学ではそのような問題が頻繁に起こってくる．誰もが知っているように，寡占がその例であって，そこでは各企業は，他の企業がどういう手にでるかを考慮に入れて行動しなくてはならない．しかし，そうした産業組織論以外でも，経済学の多くの分野でゲーム理論が応用されている．ミクロのレベルでは（交渉や競売といった）取引過程のモデルにゲーム理論が用いられるし，もう少し集計の進んだ段階でも，労働経済学や企業金融の分野で，投入物市場での企業行動の分析にゲーム理論が使用される．これは寡占の場合に，産出物市場が分析の対象になるのと少し趣が違っているといえよう．また一企業内部の問題でも，やはり複数の主体がかかわってくることがあり，多くの従業員が一つの昇進機会を求めて争うのもその一例であるし，いくつもの部署が投資資金を奪い合うときの問題もそうである．最後に高度に集計化されたレベルで考えても，国際経済学の分野で国々が関税などの貿易政策の決定をめぐって競争または共謀するというモデルがあり，またマクロ経済学の分野で金融当局と賃金あるいは価格の決定者が互いに戦略的行動をとる結果として金融政策の効果が決まってくるというモデルもある．

　本書は，のちのち経済学の応用分野でゲーム理論によるモデルを作ってみようとしたり，あるいは少なくともそれらを用いたりするであろう人々を対象にした入門書である．それはつぎの三つの理由により少なくとも純粋理論そのものを重視するのと同じくらい経済学への応用をも重視して書かれている．その第一は，応用をつうじて理論の理解を早めることができるからで，本書には抽象的ゲームに関する形式的な議論も出てくるものの，それはどちらかといえば小さな役割しか果たしていない．つぎに第二には，応用例を見れば，モデル構築の過程がよく分かる．つまり複数主体のかかわる意思決定状況の非公式な記

述から，どのように分析に適合した厳密なゲーム理論の問題を導くかという手続きがはっきりするのである．さらに第三には，いろいろな応用例を考察すれば，経済学の異なった分野に似たような問題が何回も現れること，つまり同じゲーム理論の用具がその都度応用できるということが分かってくる．ゲーム理論の適用範囲が広いことを強調するため，本書では慣例的に産業組織論からとられる応用例を，わざと労働経済学，マクロ経済学などの多分野からの応用例に置き換えるようにした[1]．

　本書でとり扱うゲームは完備情報の静学ゲーム，完備情報の動学ゲーム，不完備情報の静学ゲーム，そして不完備情報の動学ゲームの四つのクラスからなっている（ここで不完備情報というのは，競売（オークション）で入札者が他の入札者の支払ってもよいと思っている金額を知らない場合のように，プレイヤーが他のプレイヤーの利得を知らない状況を意味している）．これら四つのゲームには，ナッシュ均衡，サブゲーム完全なナッシュ均衡，ベイジアン・ナッシュ均衡，そして完全ベイジアン均衡という四つの均衡概念がそれぞれ対応することになる．

　これらの均衡概念を頭の中で整理するには，つぎのような（互いに関連しあった）二つのやり方がある．その一つは，均衡を条件の強い弱いで順序づけるやり方で，その場合にはより強い（より制約的な）均衡概念は，より弱い均衡概念の許容するほとんど均衡とはいえないような均衡を排除するためのものであると考えることができる．例えば，後で見るように，サブゲーム完全なナッシュ均衡はナッシュ均衡より強い概念であるし，完全ベイジアン均衡はそのサブゲーム完全なナッシュ均衡よりさらに強い概念である．他方，もう一つのやり方は，興味のある均衡概念をつねに完全ベイジアン均衡（あるいはおそらくそれよりもっと強くさえある均衡概念）と考えてしまうやり方で，しかしその均衡が，完備情報の静学ゲームではナッシュ均衡に該当し，また完備（そして完全）情報の動学ゲームではサブゲーム完全なナッシュ均衡に，不完備情報の静学ゲームではベイジアン・ナッシュ均衡に該当するというように考えるのである．

　本書にはつぎの二通りの使い方がある．経済学専攻の大学院1年生を対象にする場合は，応用例の多くはすでに馴染みのものであるので，理論の部分は

---

1) 産業組織論へのゲーム理論の応用については J. Tirole, *The Theory of Industrial Organization*, MIT Press, 1988 をすぐれた参考書としておすすめしたい．

半期の授業で足り，応用例の多くは課外の研究に委せればよい．これに対して
学部学生の場合は，通年の授業で理論をもう少しゆっくりやり，それと同時に
ほとんどすべての応用例を見ていくようにするのがよいであろう．本書を読む
のに必要な数学は1変数の微積分の基礎で十分で，確率論や解析学の初歩の
知識については必要に応じて本文の中で解説してある．

　私がゲーム理論を学んだのは，まず大学院ではデヴィッド・クレプス(David
Kreps)，ジョン・ロバーツ(John Roberts)，ボブ・ウィルソン(Bob Wilson)
からであり，その後もアダム・ブランデンバーガー(Adam Brandenburger)，
ドリュー・フューデンバーグ(Drew Fudenberg)，ジャン・ティロール(Jean
Tirole)から学ぶところが大きかった．本書の理論面での考え方は，すべて上
記の諸先生方に負うものである．他方，応用面への力点や説明上の工夫につい
ては，1985年から90年にかけてMITの経済学部で教えたときの学生諸君に
多くを負うている．彼らはいろいろの思いつきを授けてくれ，最終的にはこの
本となって実を結んだそれらの講義に報いてくれた．これらの友人たちの示唆
に富んだ考えや励ましには私は心から感謝している．また同時に，本書を原稿
の段階で読み有益な意見を寄せて下さった方々，ジョー・ファレル(Joe Far-
rell)，ミルト・ハリス(Milt Harris)，ジョージ・メイラス(George Mailath)，
マシュー・ラビン(Matthew Rabin)，アンディー・ワイス(Andy Weiss)，そ
れに何人かの匿名のレビューアーたちにも同様に深い感謝の気持ちをあらわし
ておきたい．そして最後になるが，プリンストン大学出版局のジャック・レプ
チェク(Jack Repcheck)から受けた助言や激励に対しても，また全米経済研究
所(NBER)の経済学オーリンフェローシップから受けた資金援助に対しても，
お礼の言葉を申し述べておきたい．

目 次

まえがき　 v

1 完備情報の静学ゲーム ················· 1

1.1 基礎理論：標準型ゲームとナッシュ均衡　2
　1.1.A ゲームの標準型による表現　2
　1.1.B 強く支配される戦略の逐次消去　4
　1.1.C ナッシュ均衡の正当化と定義　8

1.2 応用　15
　1.2.A クールノーの複占モデル　15
　1.2.B ベルトランの複占モデル　21
　1.2.C 最終オファーによる調停　22
　1.2.D 共有地問題　26

1.3 より上級の理論：混合戦略と均衡の存在　28
　1.3.A 混合戦略　28
　1.3.B ナッシュ均衡の存在　32

1.4 読書案内　44

1.5 練習問題　45

1.6 参考文献　47

2 完備情報の動学ゲーム ················· 49

2.1 完備完全情報の動学ゲーム　51
　2.1.A 理論：後ろ向き帰納法　51
　2.1.B シュタッケルベルクの複占モデル　55

2.1.C 組合を持つ企業における賃金と雇用　58

2.1.D 逐次的交渉　60

2.2 完備不完全情報の 2 段階ゲーム　64

2.2.A 理論：サブゲーム完全性　64

2.2.B 銀行の取付け　66

2.2.C 関税と不完全国際競争　68

2.2.D トーナメント　71

2.3 繰り返しゲーム　74

2.3.A 理論：2 段階繰り返しゲーム　75

2.3.B 理論：無限繰り返しゲーム　81

2.3.C クールノー型複占企業間の共謀　96

2.3.D 効率賃金　101

2.3.E 時間的整合性を持つ金融政策　106

2.4 完備不完全情報の動学ゲーム　109

2.4.A ゲームの展開型による表現　109

2.4.B サブゲーム完全なナッシュ均衡　116

2.5 読書案内　123

2.6 練習問題　125

2.7 参考文献　132

3 不完備情報の静学ゲーム …………………………………… 135

3.1 理論：静学ベイジアン・ゲームと
ベイジアン・ナッシュ均衡　136

3.1.A 例：非対称情報の下でのクールノー競争　136

3.1.B 静学ベイジアン・ゲームの標準型による表現　138

3.1.C ベイジアン・ナッシュ均衡の定義　142

3.2 応用　144

3.2.A 混合戦略再論　144

3.2.B オークション　147

3.2.C ダブルオークション　151

3.3 顕示原理　156

3.4 読書案内　161

3.5　練習問題　162

3.6　参考文献　164

4　**不完備情報の動学ゲーム** ⋯⋯⋯⋯⋯⋯⋯⋯⋯ 167

4.1　完全ベイジアン均衡への入門　169

4.2　シグナリング・ゲーム　177
　4.2.A　シグナリング・ゲームの完全ベイジアン均衡　177
　4.2.B　就職市場のシグナリング　184
　4.2.C　企業投資と資本構造　198
　4.2.D　金融政策　200

4.3　完全ベイジアン均衡のその他の応用　203
　4.3.A　チープトーク・ゲーム　203
　4.3.B　非対称情報の下での逐次的交渉　212
　4.3.C　有限回繰り返される囚人のジレンマでの評判　218

4.4　完全ベイジアン均衡の精緻化　226

4.5　読書案内　237

4.6　練習問題　238

4.7　参考文献　245

訳者あとがき　247
岩波書店版刊行にあたって　251
人名索引　253
事項索引　255

1 完備情報の静学ゲーム

　本章では，各プレイヤーが同時に自分の行動を選び，その選ばれた行動の組み合わせに応じて各自の利得を受け取るという単純な形のゲームを考える．そのような静学ゲーム(同時手番ゲームとも呼ばれる)の中で，ここでは**完備情報**(complete information)のゲームに考察を限る．つまり，ここでとり扱う状況では，プレイヤーの行動の組み合わせに対して各自の利得を対応させる各プレイヤーの利得関数が，全プレイヤーの共有知識となっているわけである．動学ゲーム(逐次手番ゲームとも呼ばれる)については第2章と第4章で，また不完備情報のゲームについては第3章と第4章でとり扱う．不完備情報というのは，他のプレイヤーの利得関数を知らないプレイヤーがいるゲームを指し，例えば競売で入札者が他の入札者の支払ってもよいと思う金額を知らないといった状況がこれに当たる．

　1.1節は，ゲーム理論の二つの基本問題，すなわちゲームをどう述べるかという問題と，それをどう解くかという問題，についての第一歩である．われわれはまず完備情報静学ゲームを分析するさいの用具を説明し，さらに後の章でより複雑なゲームを分析するときに必要となる理論の基礎を展開する．そこでは，ゲームの**標準型による表現**とか，**強く支配される戦略**の概念とかが定義される．また，あるゲームは，合理的なプレイヤーなら強く支配される戦略は選択しないという考え方を用いて解くことができるが，他のゲームではそれだけではうまくいかず，ゲームの結果についてきわめて不精確な予測(しばしば「どんなことでも起こりうる」といった程度の予測)しかもたらさないということが示される．そういったようなことを説明した後で，**ナッシュ均衡**という概念が出てくる根拠を述べ，それを定義するが，これはきわめて広範なクラスのゲームに対してより確かな予測を与えうる解概念である．

　1.2節では，前節で導入した手法を用いて，四つの応用例を分析する．それ

らは，クールノーの不完全競争モデル(Cournot, 1838)，ベルトランの不完全競争モデル(Bertrand, 1883)，ファーバーの最終オファーによる調停(final-offer arbitration)のモデル(Farber, 1980)，（ヒューム(Hume, 1739)，その他の学者によって論じられた）共有地問題である．いずれの例の場合も，まず非公式な問題の記述を標準型のゲームに直し，それからそのゲームのナッシュ均衡を求めるという手順をとる（これらの例ではナッシュ均衡がそれぞれ一意に定まるが，そうでない例についても触れるであろう）．

　1.3 節ではふたたび理論に戻り，まず**混合戦略**——これは他のプレイヤーの行動に関する不確かさをあらわすものと解釈される——を定義して，（そのような混合戦略をも許容した）ナッシュ均衡が広範なゲームに必ず存在することを示すナッシュの定理(Nash, 1950)を紹介する．1.1 節で基礎理論，1.2 節で応用，1.3 節でまた理論という構成からも分かるように，1.2 節の応用を理解する上で 1.3 節の理論の知識は必要とされない．その代わり，混合戦略の考え方や均衡の存在といった議論はまた後の章になってから（しばしば）出てくることになろう．

　本章を含め以下各章の末尾には，練習問題と，いっそう勉強を進める上での読書案内，および参考文献一覧が付けてある．

1.1　基礎理論：標準型ゲームとナッシュ均衡

1.1. A　ゲームの標準型による表現　　標準型のゲームは，各プレイヤーが同時に戦略を選択し，その組み合わせがそれぞれのプレイヤーの利得を決定する，という仕組みになっている．これを古典的な「囚人のジレンマ」(Prisoner's Dilemma)を例にとって，示してみよう．いま 2 人の容疑者がある犯罪の廉で逮捕されているとする．ところが警察は証拠がまだ不十分なので，どちらか一方が自白しない限り刑を問うわけにはいかない．そこで警察は容疑者をそれぞれ別の独房に入れ，彼らのとりうる行動とそれのもたらす帰結についてつぎのように説明する．もし 2 人がともに黙秘すれば，2 人ともが軽犯罪で起訴されて，1 か月の刑務所暮らしをすることになろう．またもし 2 人がともに自白すれば，2 人はともに起訴されて，懲役 6 か月の判決になろう．しかし，もし 1 人が自白しもう 1 人が黙秘を続けるのであれば，自白した方はすぐに釈放され，黙秘した方は懲役 9 か月を言い渡されるであろう．これは，もと

の犯罪に対する6か月の刑と，裁判の進行を黙秘により妨げたことに対する3か月の刑を合わせたものである．

　それらの囚人の直面する問題は，つぎのような双行列として表現できる（ふつうの行列の場合と同様，双行列も任意数の行と列を持つことができるが，ただ「双」という字が示すように，2人ゲームの場合はそれぞれの枡目に2個の数字すなわち2人のプレイヤーの利得が入っている）．

囚人 2

		黙秘	自白
囚人 1	黙秘	$-1, -1$	$-9, \ 0$
	自白	$0, -9$	$-6, -6$

囚人のジレンマ

このゲームでは両プレイヤーの戦略として，「自白」と「黙秘」の二つがある．ある特定の戦略の組が与えられたときの利得は，双行列のそれに対応する枡目に書き込まれている．通常は，いわゆる行プレイヤー（ここでは囚人 1）の利得が最初に書かれ，列プレイヤー（ここでは囚人 2）の利得がつぎに書かれることになる．例えば，囚人 1 が黙秘し囚人 2 が自白したときには，囚人 1 の利得が -9（9か月の刑務所暮らし），囚人 2 の利得が 0（即時釈放）であることが分かる．

　ここで，一般の場合に転ずることにしよう．ゲームの**標準型による表現**は，(1)ゲームのプレイヤー，(2)各プレイヤーの選択できる戦略，そして(3)プレイヤーの選択する戦略の組み合わせごとに各プレイヤーが受け取る利得，の三つのものを特定化して示している．以下ではしばしば n 人ゲームについて論ずるが，これは 1 から n までの番号の付いた n 人のプレイヤーが参加するゲームで，その中の任意の 1 人を指す場合にプレイヤー i というような言い方をする．プレイヤー i のとりうる戦略の集合を S_i であらわし，これを i の**戦略空間**(strategy space)と呼ぶ．またその任意の要素を s_i と書くが，s_i が S_i の要素であることを示すのに $s_i \in S_i$ という記号を使うこともある．$(s_1, \cdots, s_n)$ でもって各プレイヤーが一つずつ選んだ戦略の組み合わせをあらわし，u_i でプレイヤー i の**利得関数**(payoff function)を示すものとする．つまり，$u_i(s_1, \cdots, s_n)$ で $(s_1, \cdots, s_n)$ という戦略の組が選ばれたときのプレイヤー i の利得をあらわすわけである．以上のことをまとめれば，つぎの定義を得ることになる．

定義　n 人ゲームの**標準型による表現**(normal-form representation)とは，各プレイヤーの戦略空間 $S_1, \cdots, S_n$ および利得関数 $u_1, \cdots, u_n$ を定めることである．そのゲームは $G = \{S_1, \cdots, S_n ; u_1, \cdots, u_n\}$ でもってあらわされる．

標準型ゲームではプレイヤーが戦略を同時に選択すると述べたが，これは必ずしも彼らが文字どおり同時に行動することを意味するものではない．重要なのは他のプレイヤーの選択を知る前に自分の行動を選ぶということであって，囚人のジレンマを例にとれば，囚人たちは独房に入っているあいだならいつ自分の行動を決めてもよいのである．さらに言えば，本章では標準型ゲームを全プレイヤーが相手の選択を知る前に行動するという静学ゲームのみに用いているが，実は第2章で見るように標準型で逐次手番のゲームをあらわすことも可能なのである．ただし，逐次手番のゲームは**展開型**(extensive form)と呼ばれる別の方法で表現することも可能で，動学ゲームの分析には大抵この表現法の方が適している．

1.1.B　強く支配される戦略の逐次消去　これでゲームを表現する一つのやり方を述べたことになるので，つぎにゲーム理論の問題をどう解くかという問題に移る．囚人のジレンマから見ていくが，それはこの問題が，合理的なプレイヤーなら強く支配される戦略は選ばないという基準だけで簡単に解けるからである．

　囚人のジレンマでは，容疑者のうち一方が自白を選ぶなら，他方は黙秘を選んで9か月間も刑務所に入るより自分も自白して6か月刑務所に入る方を選ぶであろう．同様に，容疑者のうち一方が黙秘を選んだとしても，もう一方は黙秘を選んで1か月間刑務所に入るより自白して即刻釈放になる方を選ぶであろう．したがってプレイヤー i にとっては，「黙秘」は「自白」によって支配される．つまり相手がどんな戦略を選ぶにせよ，「黙秘」から得られる利得は「自白」から得られる利得より小さいのである(利得の $0, -1, -6, -9$ の部分を A, B, C, D で置き換えた他の双行列を考えるとしても，$A > B > C > D$ が満たされる限りは同様のことがいえる)．このことをより一般的なゲームで定義すれば，つぎのようになる．

定義 標準型ゲーム $G = \{S_1, \cdots, S_n; u_1, \cdots, u_n\}$ を考え，s_i' と s_i'' をプレイヤー i のとりうる戦略であるとする（つまり s_i' と s_i'' はともに S_i の要素であるとする）．このとき戦略 s_i' が戦略 s_i'' によって**強く支配される**（strictly dominated）とは，他のプレイヤーのどんな可能な戦略の組み合わせに対しても，i が s_i' を選んだときの利得が s_i'' を選んだときの利得より厳密に小さいことである．これは式で書けば

$$u_i(s_1, \cdots, s_{i-1}, s_i', s_{i+1}, \cdots, s_n)$$
$$< u_i(s_1, \cdots, s_{i-1}, s_i'', s_{i+1}, \cdots, s_n) \tag{DS}$$

が他のプレイヤーの戦略集合 $S_1, \cdots, S_{i-1}, S_{i+1}, \cdots, S_n$ から選んだどの $(s_1, \cdots, s_{i-1}, s_{i+1}, \cdots, s_n)$ についても成り立つということである．

合理的なプレイヤーであれば，強く支配される戦略は決して選択しない．なぜなら，他のプレイヤーの選ぶ戦略についてどんな予想を立てるにせよ，当該の戦略を選ぶのが最適になることは絶対にないからである[1]．したがって，囚人のジレンマでは合理的なプレイヤーは必ず「自白」を選ぶことになり，2 人がともに合理的ならその結果は (自白, 自白) という戦略の組にならざるをえない．両者いずれにとっても (自白, 自白) という組み合わせは (黙秘, 黙秘) という組み合わせより悪い結果であるのに，そうなってしまうのである．囚人のジレンマは（軍拡競争や公共財供給のただ乗り問題など）多くの応用例を持っているので，第 2 章や第 4 章でもふたたびこのたぐいのゲームをとり上げることになるであろう．さしあたってここでは，合理的なプレイヤーは強く支配される戦略を選ばないというこの考え方を用いて，他のゲームをも解くことができるかどうかを見ていくことにしよう．

表 1.1.1 に示されている抽象的ゲームを考えてみる[2]．プレイヤー 1 には

---

1) それと対をなす命題もまた考える価値がある．他のプレイヤーの選びうる戦略についてどんな予想を立てるにせよ，プレイヤー i が s_i を選ぶのは最適たりえないという場合に，s_i を強く支配する他の戦略が必ずあると結論してよいであろうか．答えはイエスである．ただし，そう結論するには，「予想」とか「他の戦略」とかの定義として，1.3.A 節で導入する混合戦略の概念を用いるのでなくてはならない．

2) 本書の大半では抽象的な例よりもむしろ経済学的な応用をとり上げるのが趣旨である．それは，応用例がそれそのものとして興味の対象となるし，また読者の多くにとっては応用例を用いた方が理論を理解しやすくなるからである．しかし，基本となる理論の考え方を導入するときには，素直な経済学的解釈の付かない抽象例をしばしば用いることもあろう．

プレイヤー2

		L	M	R
プレイヤー1	U	1,0	1,2	0,1
	D	0,3	0,1	2,0

表 1.1.1

二つの戦略が，プレイヤー2には三つの戦略が可能である．すなわち $S_1 = \{U, D\}$, $S_2 = \{L, M, R\}$ である．プレイヤー1にとっては，戦略 U も D も強く支配されることはない．つまりプレイヤー2が L を選択すれば U の方が D より望ましいが(1>0であるから)，プレイヤー2が R を選択すれば D の方が U より望ましい(2>0であるから)．しかし，プレイヤー2にとっては R が M によって強く支配され(2>1, 1>0であるから)，したがって合理的なプレイヤー2が R を選択することはないであろう．そこで，もしプレイヤー1にプレイヤー2が合理的であることが分かっているならば，プレイヤー1は R をプレイヤー2の戦略空間からとり除いて考えることができるであろう．つまり，もしプレイヤー1がプレイヤー2を合理的と考えるなら，プレイヤー1は表 1.1.1 のゲームを行うときも，それが**あたかも**表 1.1.2 のゲームであるかのごとくに行動できるのである．

プレイヤー2

		L	M
プレイヤー1	U	1,0	1,2
	D	0,3	0,1

表 1.1.2

ところが表 1.1.2 を見ると，今度は D がプレイヤー1にとって強く支配されることが分かる．だから，もしプレイヤー1が合理的であれば，(そして，プレイヤー1にプレイヤー2もまた合理的であることが分かっており，したがって表 1.1.2 の当てはまることが分かっていれば，)プレイヤー1は D を選択することはないであろう．そしてもしプレイヤー2にプレイヤー1が合理的であることが分かっており，**さらに**プレイヤー2に，プレイヤー1がプレイヤー2を合理的と考えていることが分かっているならば(つまり表 1.1.2 が当てはまることが分かっているならば)，プレイヤー2は D をプレイヤー1の

戦略空間からとり除くことができるであろう．その結果が表1.1.3のゲーム
であり，ここまでくれば L がプレイヤー2にとって強く支配される戦略であ
ることが明らかであろう．つまりゲームの結果としては，(U, M) という戦略
の組のみが残されることになるのである．

プレイヤー2

		L	M
プレイヤー1	U	1,0	1,2

表1.1.3

　上に述べたような過程を，**強く支配される戦略の逐次消去**(iterated elimi-
nation of strictly dominated strategies)と呼ぶ．これは，合理的なプレイヤ
ーなら強く支配される戦略を選択することはないというもっともらしい考え
方にもとづくものであるが，それには二つの欠点がある．その第一は，上の過
程の各段階ごとに，各プレイヤーが他のプレイヤーの合理性について知ってい
ることに，その都度仮定を付け加えていかねばならないということである．も
し上の過程を何回でも好きなだけ繰り返そうとすれば，各プレイヤーが合理
的であることが**共有知識**(common knowledge)であると仮定しなくてはなら
ないことになろう．つまり，各プレイヤーが合理的であると仮定するだけでな
く，みんなに各プレイヤーが合理的であることが分かっており，さらにまた，
みんながそのことを知っており，……というように**無限**に続いていくことを
仮定しなくてはならないのである(共有知識の厳密な定義についてはオーマン
(Aumann, 1976)を参照せよ)．

　第二の欠点は，強く支配される戦略の逐次消去というこの方法がゲームの帰
結についてしばしばきわめて不精確な予測しか導き出さないということであ
る．例として表1.1.4のゲームを考えてみよう．このゲームでは，強く支配
される戦略として消去されるものは一つもない(このゲームが出てきた背景を
まったく述べていないので，この例は恣意的な，いささか病理的な例であると
さえ思われるかもしれない．しかし，経済学への応用にも同じ考え方にもとづ
く事例がいくつかあり，その一例としては1.2.A節のクールノー・モデルで
企業数が3以上になる事例を見ていただきたい)．このゲームではどの戦略も
が逐次消去の過程で生き残ってしまうので，そのやり方ではゲームの帰結につ
いてなんらの予測も下しえないのである．

	L	C	R
T	0, 4	4, 0	5, 3
M	4, 0	0, 4	5, 3
B	3, 5	3, 5	6, 6

表 1.1.4

　そこでつぎにナッシュ均衡という考え方に目を向けることにするが，これは非常に広範なゲームにおいてより確かな予測を与えうる均衡概念である．われわれはナッシュ均衡が強く支配される戦略の逐次消去よりさらに強い概念であることを示すが，それはナッシュ均衡における各プレイヤーの戦略は強く支配される戦略の逐次消去につねに耐えて生き残るが，しかしその逆は必ずしも真でないという意味においてである．ただし次章以下でより複雑なゲームをとり扱うさいには，ナッシュ均衡でさえ不確定的な予測しかもたらさないことがあり，そのような場合には，それにいっそうよく見合ったより強い均衡概念を定義することが必要となろう．

1.1.C　ナッシュ均衡の正当化と定義　　ナッシュ均衡を正当化する一つのやり方は，ゲーム理論があるゲーム問題に対して一意解を与えるとすればその解はナッシュ均衡でなければならないと論ずることである．かりにゲーム理論が各プレイヤーのとる戦略について一意的な予測を与えたと想定してみよう．これが正しい予測であるためには，各プレイヤーは理論が予測したその戦略を自ら進んで選んでいるのでなくてはならない．つまり予測された戦略は，自分以外のプレイヤーの戦略に対して最適な反応になっているのでなくてはならず，そうなっていれば，その予測を**戦略安定的**(strategically stable)または**自己強制的**(self-enforcing)と呼んでよいであろう．というのは，その場合には誰1人としてその予測された戦略から逸脱しようとはしないからである．ナッシュ均衡とは，まさしくそのような予測なのである．

　定義　n 人の標準型ゲーム $G = \{S_1, \cdots, S_n; u_1, \cdots, u_n\}$ を考えたとき，戦略 $(s_1^*, \cdots, s_n^*)$ が**ナッシュ均衡**(Nash equilibrium)であるとは，各プレイヤー i の戦略 s_i^* が他の $(n-1)$ 人のプレイヤーのとる戦略 $(s_1^*, \cdots, s_{i-1}^*, s_{i+1}^*, \cdots, s_n^*)$ への最適反応となっていることである．式で書けば，S_i に属する

どんな戦略 s_i に対しても

$$u_i(s_1^*, \cdots, s_{i-1}^*, s_i^*, s_{i+1}^*, \cdots, s_n^*)$$

$$\geq u_i(s_1^*, \cdots, s_{i-1}^*, s_i, s_{i+1}^*, \cdots, s_n^*) \qquad \text{(NE)}$$

が成り立つこと，すなわち s_i^* が

$$\max_{s_i \in S_i} u_i(s_1^*, \cdots, s_{i-1}^*, s_i, s_{i+1}^*, \cdots, s_n^*)$$

の解となっていることである．

　この定義を前記の正当化のための議論と関係づけるために，かりにゲーム理論が標準型ゲーム $G = \{S_1, \cdots, S_n; u_1, \cdots, u_n\}$ の解として $(s_1', \cdots, s_n')$ を与えたとしてみよう．$(s_1', \cdots, s_n')$ が G のナッシュ均衡で**ない**ということは，あるプレイヤー i がいて s_i' が $(s_1', \cdots, s_{i-1}', s_{i+1}', \cdots, s_n')$ への最適反応に**なっていない**ということ，つまりそのプレイヤーの S_i に属するある戦略 s_i'' が

$$u_i(s_1', \cdots, s_{i-1}', s_i', s_{i+1}', \cdots, s_n') < u_i(s_1', \cdots, s_{i-1}', s_i'', s_{i+1}', \cdots, s_n')$$

を満たすということである．したがって，もし理論が解として戦略の組 $(s_1', \cdots, s_n')$ を予測し，それがナッシュ均衡でないとすると，少なくとも 1 人のプレイヤーは理論の予測から逸脱する動機を持つことになり，実際にゲームが行われたときには理論の予測が外れることになるであろう．また，これと密接に関連するが，つぎのように定石という考え方からナッシュ均衡を正当化することもできる．もし与えられたゲームをどう行うかについて一つの定石が形成されるとすれば，それはナッシュ均衡でなければならない．そうでなければ，少なくとも 1 人のプレイヤーがその定石のやり方にはしたがわなくなるはずである．

　ここで議論をもっと具体化して，いくつかの事例を解いてみることにしよう．前に出てきた三つの標準型ゲーム——囚人のジレンマ，表 1.1.1，表 1.1.4——を考えてみる．ゲームのナッシュ均衡を腕力で探す一つのやり方は，戦略の組がそれぞれ定義の条件(NE)を満たすかどうかをしらみつぶしに調べていくことである[3]．2 人ゲームでこのやり方を示すと，つぎのようにな

---

[3]　1.3.A 節では純粋戦略と混合戦略とを区別する．そこまで読み進めば，ここでの定義が**純粋戦略**でのナッシュ均衡の定義であることが分かるであろう．しかし，**混合戦略**でのナッシュ

る．まず各プレイヤーと，そのそれぞれの各戦略について，もう 1 人のプレイヤーの最適反応を決定する．表 1.1.5 は，表 1.1.4 のゲームについてプレイヤー i の可能な戦略のそれぞれに対するプレイヤー j の最適反応の利得に下線を引いてこれを示したものである．例えば，列プレイヤーが L を選択するときには，4 が 3 や 0 より大きいことから行プレイヤーの最適反応は M になり，そこで双行列の (M, L) の枡目の行プレイヤーの利得 4 のところに下線が引かれている．

	L	C	R
T	0, $\underline{4}$	$\underline{4}$, 0	5, 3
M	$\underline{4}$, 0	0, $\underline{4}$	5, 3
B	3, 5	3, 5	$\underline{6}, \underline{6}$

表 1.1.5

　戦略の組は，各プレイヤーの戦略がそれぞれ相手の戦略の最適反応になっている場合，つまり両者の利得に下線が引かれている場合に，条件 (NE) を満たす．したがってここでは (B, R) が (NE) を満たす唯一の戦略の組となる．同様に，囚人のジレンマでは (自白, 自白) が，表 1.1.1 では (U, M) がそういう戦略の組なので，それらがそれぞれのゲームの唯一のナッシュ均衡となる[4]．

　つぎにナッシュ均衡と強く支配される戦略の逐次消去との関係を考えてみよう．囚人のジレンマと表 1.1.1 のゲームのナッシュ均衡——(自白, 自白) と (U, M)——が両者とも強く支配される戦略の逐次消去で生き残る唯一の戦略だったことを思い起こそう．この結果はつぎのように一般化できる．もし強く支配される戦略の逐次消去によって一つの戦略の組 $(s_1^*, \cdots, s_n^*)$ だけが残ったとすれば，それがそのゲームの一意的なナッシュ均衡である（この主張の証明については 1.1.C 節の補論参照）．しかしながら，強く支配される戦略の逐次消去によって残る戦略の組が一つに決まら**ない**こともしばしば起こるので，より興味を引くのはナッシュ均衡が強く支配される戦略の逐次消去よりいっそう強い概念であるという事実である．これは，つぎのようなことを意味している．すなわち，もし戦略の組 $(s_1^*, \cdots, s_n^*)$ がナッシュ均衡なら，それは強く支

均衡もまたありうるのである．本節ではとくに断わらない限り，ナッシュ均衡と書けば純粋戦略のナッシュ均衡を指すものとする．

　4)　これら三つのゲームには混合戦略のナッシュ均衡は存在しないので，とくに純粋戦略に限定しなくても，この主張は成立する．練習問題 1.10 を見よ．

配される戦略の逐次消去によって除かれることはないが(これについても証明は補論参照)，逆に強く支配される戦略の逐次消去によっては除かれないにもかかわらずナッシュ均衡にはならない戦略の組もある，というのがそれである．この最後の点を確かめるには，表1.1.4を見ればよい．そこではナッシュ均衡による予測は (B, R) として一意に定まるが，強く支配される戦略の逐次消去によってはもっとも不精確な予測しか与えられない．つまり除かれる戦略が一つもないので，どんなことでも起こりうるという予測になってしまうのである．

さて，ナッシュ均衡が強く支配される戦略の逐次消去より強い概念であることが分かったとして，つぎにはそれが解概念として強すぎはしないかということを確かめてみなければならない．すなわち，確かにナッシュ均衡はいつでも存在するのだろうか．この点についてナッシュは1950年の論文(Nash, 1950)で，いかなる有限ゲーム(プレイヤーの数も戦略の数も有限であるゲーム)にも少なくとも一つはナッシュ均衡が存在することを証明した(ただし，これは1.3.A節で述べる混合戦略の可能性を含めてのことである．ナッシュの定理の精確な議論については1.3.B節参照)．またクールノー(Cournot, 1838)は特定の複占モデルの分析で同様の均衡概念を提示し，そのモデルにおいて均衡が存在することを(実際にそれを構成することで)示してみせた(1.2.A節参照)．本書で出てくるどの応用例においても，われわれはこのクールノーのやり方にしたがって，ナッシュ均衡の存在を，実際に均衡を作ってみせることで示すことになろう．ただし，理論に関するいくつかの節ではナッシュの定理(あるいはより強い均衡概念に応じた同様の定理)を用いて，たんに均衡が存在することを主張するにとどめるであろう．

では本節の締めくくりとして，もう一つクラシックな例である「両性の闘い」(Battle of the Sexes)を眺めておくとしよう．これはナッシュ均衡が複数個存在する例で，1.3.B節や3.2.A節で混合戦略を論ずるさいにも役に立つであろう．昔ながらの説明(1950年代まで遡る)では1人の男と1人の女が晩の時間の過ごし方を決めようとしている場面になっているが，ここでは当世風にプレイヤーの性別にはこだわらずに話を進めていくことにする．いまパットとクリスの2人が別々の仕事場におり，オペラを聴きにいくかそれともボクシングの試合を見にいくかを決めなければならない状況にあるとする．2人ともその晩を別々に過ごすより一緒にいた方がいいと思っているが，パットは一

緒にボクシングの試合に，クリスは一緒にオペラにいきたいと思っている．これを双行列であらわすと，つぎのようになる．

パット

		オペラ	ボクシング
クリス	オペラ	2, 1	0, 0
	ボクシング	0, 0	1, 2

両性の闘い

すぐに分かるとおり(オペラ，オペラ)，(ボクシング，ボクシング)の両方ともがナッシュ均衡である．

　この節のはじめで，もしゲーム理論がゲームの一意的な解を与えるとすれば，それはナッシュ均衡でなければならないということを述べた．この主張は，ゲーム理論が一意解を与ええないゲームがありうる可能性をまったく無視している．また，もし所与のゲームをどう行うかについて定石が成立するならば，それはナッシュ均衡でなければならないとも述べたが，その点についても同様に定石が成立しないゲームの可能性については考えていない．ナッシュ均衡が複数あるゲームでも，その中の一つがどうしてもそれでなくてはならない解として抜きんでる場合があるから(以下の章でとり扱う理論は大抵，各種のゲームからそういう特別な均衡をとり出すことを目的としている)，ナッシュ均衡が複数存在すること自体は問題ではない．しかしながら，両性の闘いでは，(オペラ，オペラ)，(ボクシング，ボクシング)の二つともが同等にもっともらしく見えるから，ゲーム理論が一意解を提供できなかったり，また定石が成立しなかったりするゲームがあることは確かである[5]．そしてそのようなゲームでは，ナッシュ均衡は結果の予測としての魅力の大部分を失うのである．

1.1. C 節の補論　この補論では，1.1. C 節の本文で非公式に述べたつぎの二つの命題を証明しておく．この証明を飛ばして先に進んでも，以下の本書の理解には支障はない．それでも，厳密な定義やそれを使っての証明といったフォ

---

5) 1.3. B 節において両性の闘いのもう一つのナッシュ均衡(混合戦略を含むもの)を考察する．(オペラ，オペラ)，(ボクシング，ボクシング)とは違い，この第3の均衡では2人の利得が同じとなるが，この性質は対称ゲームの一意解であれば当然期待されるところであろう．他方，この第3の均衡はまた非効率的なものであるから，それが定石として成立することは難しいであろう．ともあれ，両性の闘いのナッシュ均衡にどんな判断を下すにせよ，理論が一意解を提供しえず，また定石が成立しえないゲームがありうるのである．

ーマルな議論に慣れていない読者には，以下の証明を修得しておくことがよい練習になるであろう．

命題 A n 人の標準型ゲーム $G=\{S_1,\cdots,S_n;u_1,\cdots,u_n\}$ において，もし強く支配される戦略の逐次消去により一つの戦略の組 $(s_1^*,\cdots,s_n^*)$ だけが残るとすれば，それはそのゲームの一意的ナッシュ均衡である．

命題 B n 人の標準型ゲーム $G=\{S_1,\cdots,S_n;u_1,\cdots,u_n\}$ において，もし戦略の組 $(s_1^*,\cdots,s_n^*)$ がナッシュ均衡であれば，それは強く支配される戦略の逐次消去により消去されることはない．

命題 B の方が簡単に証明できるので，手始めにそれから片付けることにしよう．背理法を用いるとし，まずナッシュ均衡の戦略の組が，強く支配される戦略の逐次消去により消去されたと仮定して，それから矛盾を導きだし，はじめの仮定が誤っていたことを示す．

いま $(s_1^*,\cdots,s_n^*)$ という戦略の組が標準型ゲーム $G=\{S_1,\cdots,S_n;u_1,\cdots,u_n\}$ のナッシュ均衡であると仮定し，（おそらく $(s_1^*,\cdots,s_n^*)$ 以外のいくつかの戦略がすでに消去された後のことであろうが）s_i^* が $(s_1^*,\cdots,s_n^*)$ の中では最初に強く支配されるために消去される戦略であると仮定しよう．すると，S_i の中にはまだ消去されていない戦略で，しかも s_i^* を強く支配する戦略 s_i'' がなければならないはずである．これは条件 (DS) を用いていえば，

$$u_i(s_1,\cdots,s_{i-1},s_i^*,s_{i+1},\cdots,s_n)$$
$$< u_i(s_1,\cdots,s_{i-1},s_i'',s_{i+1},\cdots,s_n) \tag{1.1.1}$$

が他のプレイヤーのまだ消去されていないどんな戦略の組 $(s_1,\cdots,s_{i-1},s_{i+1},\cdots,s_n)$ に対しても成り立つということである．s_i^* が $(s_1^*,\cdots,s_n^*)$ の中では最初に消去される戦略なのであるから，他のプレイヤーの均衡戦略はまだ消去されてはいないはずで，したがって (1.1.1) にそれを代入すれば

$$u_i(s_1^*,\cdots,s_{i-1}^*,s_i^*,s_{i+1}^*,\cdots,s_n^*)$$
$$< u_i(s_1^*,\cdots,s_{i-1}^*,s_i'',s_{i+1}^*,\cdots,s_n^*) \tag{1.1.2}$$

を得る．しかし，これは (NE) に矛盾する．s_i^* は $(s_1^*,\cdots,s_{i-1}^*,s_{i+1}^*,\cdots,s_n^*)$ に

対する最適反応でなければならないので，s_i'' のように s_i^* を強く支配する戦略があってはならないのである．よって証明は完了する．

こうして命題 B を証明したことで，すでに命題 A の一部は証明されたことになる．示さなければならないのは，強く支配される戦略の逐次消去により一つの戦略の組 $(s_1^*, \cdots, s_n^*)$ だけが残るとすれば，それはナッシュ均衡でなければならない，という部分である．命題 B によって，もし他にナッシュ均衡があればそれは強く支配される戦略の逐次消去に生き残らなければならないので，上記の主張さえ成り立てば，そのナッシュ均衡が一意となるのである．以下では，G は有限であると仮定する．

証明には再度背理法を用いることにしよう．そこで，強く支配される戦略の逐次消去によりただ一つの戦略 $(s_1^*, \cdots, s_n^*)$ が生き残るが，それがナッシュ均衡ではなかったと仮定してみる．すると，（NE）に反するあるプレイヤー i のある戦略 s_i があって，これが逐次消去の過程のどこかで別の戦略 s_i' により強く支配されているのでなければならない．これら二つのことを式で示せば，

$$u_i(s_1^*, \cdots, s_{i-1}^*, s_i^*, s_{i+1}^*, \cdots, s_n^*)$$
$$< u_i(s_1^*, \cdots, s_{i-1}^*, s_i, s_{i+1}^*, \cdots, s_n^*) \qquad (1.1.3)$$

を満たすような s_i が S_i の中に存在し，かつ逐次消去過程のある段階でまだ消去されていないプレイヤー i の戦略 s_i' で

$$u_i(s_1, \cdots, s_{i-1}, s_i, s_{i+1}, \cdots, s_n)$$
$$< u_i(s_1, \cdots, s_{i-1}, s_i', s_{i+1}, \cdots, s_n) \qquad (1.1.4)$$

の条件を他のプレイヤーのその段階でまだ残っているどんな戦略の組 $(s_1, \cdots, s_{i-1}, s_{i+1}, \cdots, s_n)$ に対しても満たすものがあるということになる．他のプレイヤーの戦略 $(s_1^*, \cdots, s_{i-1}^*, s_{i+1}^*, \cdots, s_n^*)$ は最後まで残るので，これを(1.1.4)に代入すれば

$$u_i(s_1^*, \cdots, s_{i-1}^*, s_i, s_{i+1}^*, \cdots, s_n^*)$$
$$< u_i(s_1^*, \cdots, s_{i-1}^*, s_i', s_{i+1}^*, \cdots, s_n^*) \qquad (1.1.5)$$

となる．もし $s_i' = s_i^*$ であれば(すなわち s_i^* が s_i を強く支配するならば)，(1.1.3)に矛盾するので，証明は終わる．他方 $s_i' \neq s_i^*$ であれば，これもいつかは消去される運命にあるのだから，それを強く支配する s_i'' があるはずであ

る．したがって(1.1.4)と(1.1.5)が，s_i と s_i' を s_i' と s_i'' に置き換えて成立する．ここでもまた $s_i'' = s_i^*$ なら証明は終わり，$s_i'' \neq s_i^*$ なら同様の不等式をもう二つ作ることができる．S_i の中で逐次消去の過程に生き残れるのは s_i^* だけだから，この種の推論を続けていけば，いつかは(ゲームの有限性から)証明は終了する．

1.2　応用

1.2.A　クールノーの複占モデル　　前節で述べたように，クールノー(Cournot, 1838)はナッシュ均衡の定義を(特殊な複占モデルの枠組みにおいてではあったが)1世紀以上も前に先ぶれしていた．当然のことながら，このクールノーの業績はゲーム理論の古典の一つに数えられ，また産業組織論の一つの基石にもなっている．ここではきわめて単純な形のクールノー・モデルを考察し，そのさまざまな展開については後の各章でふたたびとり上げていくことにしたい．本節でクールノー・モデルを用いて説明するのは，(a)非公式に述べられた問題の標準型ゲームへの変形，(b)そのゲームのナッシュ均衡を求める計算，そして(c)強く支配される戦略の逐次消去，の三つである．

企業 1, 2 によって生産される(同質的な)生産物の数量をそれぞれ q_1, q_2 であらわす．また $P(Q) = a - Q$ で市場の総供給量が $Q = q_1 + q_2$ のときちょうど需給が一致する価格をあらわすとする(より正確に言えば $Q < a$ のときは $P(Q) = a - Q$，$Q \geq a$ であれば $P(Q) = 0$ である)．また，企業 i が q_i だけ生産するのにかかる総費用を $C_i(q_i) = cq_i$ と仮定する．つまり，固定費用は存在せず，限界費用は定数 $c(c < a)$ であるとするのである．クールノーにしたがって，これらの企業は生産量を同時に決定するものと考えよう[6]．

クールノー・ゲームのナッシュ均衡を求めるために，まず問題を標準型ゲームに変形する．前節で見たように，ゲームの標準型による表現とは，(1)ゲームのプレイヤー，(2)各プレイヤーの選択できる戦略，そして(3)プレイヤー

---

[6] 1.2.B 節では企業が生産量でなく価格を選ぶとするベルトランのモデル(Bertrand, 1883)を考察する．また 2.1.B 節では，企業は生産量を選ぶのであるが，それらのうち一方の企業が先にそれを決定し，それを観察してから他の企業が自分の生産量を決定するというシュタッケルベルクのモデル(Stackelberg, 1934)を考察する．そして最後に 2.3.C 節では，クールノー・モデルの述べている相互作用が時間をつうじて何回も繰り返される事態を考えたフリードマンのモデル(Friedman, 1971)をとり上げる．

の選択する戦略の組み合わせごとに各プレイヤーが受け取る利得，を決める
ことであった．複占には当然のことながら 2 人のプレイヤーがおり，それら
は二つの企業である．クールノー・モデルで各企業のとりうる戦略とは，その
それぞれが生産しうる生産物の量であり，ここで生産量は連続的に分割可能
であると想定される．負の量は当然不可能なので，各企業の戦略空間は $S_i =$
$[0, \infty)$（非負の実数）となり，その要素である戦略 s_i は生産量の選択 $q_i \geq 0$ を
あらわしている．きわめて大きな数は生産量として実現不可能なので，企業の
戦略空間には含めるべきでないと考えられるかもしれないが，$Q \geq a$ となる Q
に対しては $P(Q) = 0$ となるので，結局はどの企業も $q_i > a$ となるような数量
は生産しないのである．

　あとは，企業 i の利得をその企業と相手の企業が選ぶ戦略の関数として特定
化し，均衡を定義してそれを解けばよい．企業の利得はその利潤であると仮定
すれば，標準型の 2 人ゲームの利得 $u_i(s_i, s_j)$ は一般に

$$\pi_i(q_i, q_j) = q_i[P(q_i + q_j) - c] = q_i[a - (q_i + q_j) - c]$$

と書くことができる[7]．前節で考察したように，標準型の 2 人ゲームで戦略の
組 (s_1^*, s_2^*) がナッシュ均衡であるとは，各プレイヤー i について

$$u_i(s_i^*, s_j^*) \geq u_i(s_i, s_j^*) \tag{NE}$$

が S_i のどの戦略 s_i についても成り立つことである．これは，各プレイヤー i
について，s_i^* が最大化問題

$$\max_{s_i \in S_i} u_i(s_i, s_j^*)$$

の解であるというのと同じである．クールノーの複占モデルでいえば，生産量
の組 (q_1^*, q_2^*) がナッシュ均衡であるとは，各企業 i について q_i^* が

$$\max_{0 \leq q_i < \infty} \pi_i(q_i, q_j^*) = \max_{0 \leq q_i < \infty} q_i[a - (q_i + q_j^*) - c]$$

を解くことなのである．$q_j^* < a - c$ を仮定すれば（事実これが満たされることは
後で示す），企業 i の最大化問題の 1 階の条件が必要で十分な条件となり，そ

---

7) これまでの記号を少し変えて，$u_i(s_1, s_2)$ と書くべきところを $u_i(s_i, s_j)$ と書いているこ
とに注意されたい．どちらの記号法もプレイヤー i の利得を全プレイヤーの戦略の関数とし
ている点では同様である．以下では都合に応じてどちらの記号法も用いることにする（n 人ゲ
ームの場合もそれに準ずる）．

れを解けば

$$q_i = \frac{1}{2}(a - q_j^* - c) \qquad (1.2.1)$$

を得る. したがって, もし (q_1^*, q_2^*) の数量ペアがナッシュ均衡であれば, 2 企業の生産量は

$$q_1^* = \frac{1}{2}(a - q_2^* - c) \quad \text{および} \quad q_2^* = \frac{1}{2}(a - q_1^* - c)$$

を満たすのでなくてはならない. そこでこれを解けば

$$q_1^* = q_2^* = \frac{a-c}{3}$$

が得られ, はじめに仮定したようにそれが事実 $a - c$ より小さくなっていることが分かる.

この均衡の背後にある直観的な考え方は単純なものである. 各企業は当然この市場を独占したがっている. その場合には, $\pi_i(q_i, 0)$ を最大化する q_i を選ぼうとするわけで, 解 $q_m = (a-c)/2$ が独占生産量, $\pi_i(q_m, 0) = (a-c)^2/4$ が独占利潤である. 複占では 2 企業が存在するので, その利潤の合計を最大化するのであれば, 例えば各 i につき $q_i = q_m/2$ として, $q_1 + q_2 = q_m$ とすればよい. しかし, そのような解決が問題をはらむのは, もしそうさせようとすれば両企業ともその生産量からは逸脱したいという誘因を持つからである. 独占生産量は小さく独占価格 $P(q_m)$ は高いので, この価格では各企業は生産量を増やそうとするであろう. そのような生産量の増加は, 需給の均衡する価格を下げてしまうであろうが, そうした事実にもかかわらず企業はそうするのである(このことは, (1.2.1)で企業 1 の生産量が $q_m/2$ のとき企業 2 の最適反応が $q_m/2$ となら**ない**ことからも分かるであろう). 一方クールノーの均衡では, 総生産量がそれより多く, 価格がそれより低いので, 生産量を増やそうとする誘因は弱まっている. 各企業が需給均衡価格の下落をおもんぱかって生産量の増加を手控える程度に, その誘因は弱まるのである. 練習問題 1.4 では, n 個の寡占企業があるとき, それが生産量の増加への誘因と市場価格を下落させたくない気持ちとのトレードオフにどう影響するかを分析している.

クールノー・ゲームのナッシュ均衡を計算で求める代わりに, それを図で求めるやり方もある. (1.2.1)は企業 j の**均衡**戦略 q_j^* に対する企業 i の最適反応を与えるものであるが, 同様にして, 企業 1 の**任意の**戦略に対する企業 2 の

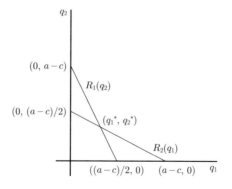

図 **1.2.1**

最適反応，また企業 2 の任意の戦略に対する企業 1 の最適反応を求めること
もできる．企業 1 の戦略が $q_1 < a-c$ なら，企業 2 の最適反応は

$$R_2(q_1) = \frac{1}{2}(a - q_1 - c)$$

で，また企業 2 の戦略が $q_2 < a-c$ なら，企業 1 の最適反応は

$$R_1(q_2) = \frac{1}{2}(a - q_2 - c)$$

で示される．図 1.2.1 にあるとおり，これら二つの最適反応関数は 1 点のみ
で交わり，そこが均衡生産量の組 (q_1^*, q_2^*) となる．

　このナッシュ均衡を解く 3 番目の方法としては，強く支配される戦略の逐
次消去の過程を適用するものがある．これによって一意的な解を求めること
ができるので，1.1.C 節の補論の命題 A からそれがナッシュ均衡 (q_1^*, q_2^*) に
なるのでなくてはならない．その消去過程を最後まで遂行するには無限回の繰
り返しが必要で，逐次残りの戦略空間が小さくなっていくわけであるが，ここ
ではその最初の 2 段階についてのみ考えることにしよう．まず，独占生産量
$q_m = (a-c)/2$ がそれより大きい生産量を強く支配すること，すなわちどんな
$x > 0$ をとってきても $\pi_i(q_m, q_j) > \pi_i(q_m + x, q_j)$ がすべての $q_j \geq 0$ に対して成
り立つこと，が分かる．これを示すには，まず $Q = q_m + x + q_j < a$ なら，

$$\pi_i(q_m, q_j) = \frac{a-c}{2}\left[\frac{a-c}{2} - q_j\right]$$

および

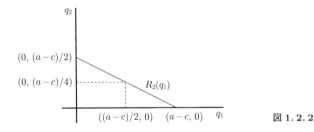

図 1.2.2

$$\pi_i(q_m + x, q_j) = \left[\frac{a-c}{2} + x \right] \left[\frac{a-c}{2} - x - q_j \right]$$
$$= \pi_i(q_m, q_j) - x(x + q_j)$$

となること，また $Q = q_m + x + q_j \geq a$ なら，$P(Q) = 0$ となることに注目すれ
ばよい．いずれの場合も生産量を少なくすることによって利潤を上げうるの
である．こうして q_m を超える生産量がいったん消去されたならば，つぎには
生産量 $(a-c)/4$ がそれ未満の生産量を強く支配すること，すなわち 0 と $(a-c)/2$ のあいだのどんな q_j に対しても $\pi_i[(a-c)/4, q_j] > \pi_i[(a-c)/4 - x, q_j]$ が
すべての $x(0 < x \leq (a-c)/4)$ について成り立つことをいう．この点を確認す
るには

$$\pi_i \left(\frac{a-c}{4}, q_j \right) = \frac{a-c}{4} \left[\frac{3(a-c)}{4} - q_j \right]$$

および

$$\pi_i \left(\frac{a-c}{4} - x, q_j \right) = \left[\frac{a-c}{4} - x \right] \left[\frac{3(a-c)}{4} + x - q_j \right]$$
$$= \pi_i \left(\frac{a-c}{4}, q_j \right) - x \left[\frac{a-c}{2} + x - q_j \right]$$

を見ればよいであろう．これらの 2 段階を経たのちに，まだ企業の戦略空
間に残っているのは，$(a-c)/4$ と $(a-c)/2$ のあいだの生産量だけである．
図 1.2.2 の企業 2 の最適反応を見ていただきたい[8]．さらにこの種の推論を

---

8) ここでの二つの推論は，企業 i が q_j について不確実なときの企業 i の最適反応を分析して
いないので，不完全である．そこで，企業 i が q_j について確率的にしか知らないが，その
期待値が $E(q_j)$ であったとしてみよう．すると，$\pi_i(q_i, q_j)$ は q_j に関して線形であるから，
このときの企業 i の最適反応は，企業 j の生産量が $E(q_j)$ であることが企業 i に確実に分か
っている場合とまったく同じになる．したがって，そのような場合も本文の証明でカバーされ
ているのである．

続けていけば，残存する生産量の区間はどんどん小さくなり，ついには1点 $q_i^* = (a-c)/3$ に収束する.

　強く支配される戦略の逐次消去は，また図によっても説明できる．そのためには，ある戦略が強く支配されることと，他のプレイヤーの選択に関してどんな予測を立てようにもその戦略が最適反応になりえないこととは同義であることに注目すればよい(脚注1および1.3.A 節の説明を参照せよ)．いまの場合は2企業しか存在しないので，この主張はつぎのようにも言い換えられる．すなわち生産量 q_i が強く支配されるのは，q_i が企業 i の最適反応となるような q_j についての予想が存在しないのと同義である．ここでも，はじめの2段階のみを説明するにとどめよう．まず，企業 i にとって独占生産量 $q_m = (a-c)/2$ より多く生産することは決して最適反応とはなりえない．例えば図1.2.1 に書かれた企業2の最適反応関数を見ると，$R_2(q_1)$ は $q_1 = 0$ のとき q_m に等しく，q_1 が増加するにつれ減少する．したがって企業 i が企業 j の生産量 $q_j \geq 0$ をどう予想するにせよ，企業 i の最適反応は q_m 以下になり，最適反応が q_m より大きくなるような q_j についての予想は存在しない．このように企業 j の生産量に関する上限が得られれば，つぎには，企業 i の最適反応の下限を導き出すこともできる．つまり図1.2.2 の企業2の最適反応関数から明らかなように，$q_j \leq (a-c)/2$ であれば，$R_i(q_j) \geq (a-c)/4$ となる．ゆえに前と同様この推論を続けていけば，$q_i^* = (a-c)/3$ が得られることになる.

　それでは最後にクールノー・モデルに少々手を加え，強く支配される戦略の逐次消去がただ一つの解を決定しえない場合を考えてみることにしよう．それには，現存の複占に一つあるいはそれ以上の個数の企業を加えてみればよい．すると，消去の2段階の過程のうち最初のものは複占の場合と同様にうまくいくが，それ以上は消去できないことが分かるであろう．三つ以上の企業が存在する場合には，強く支配される戦略の逐次消去は幅を持った予測，すなわち各企業の生産量は独占企業のそれを超えることはないという予測しか生まないのである(これは，この過程によってどの戦略をも消去できなかった表1.1.4 のケースに類似している).

　具体的に話を進めるため，3企業の場合を考えよう．Q_{-i} でもって i 以外の企業の生産量の和をあらわせば，$q_i + Q_{-i} < a$ のときは $\pi_i(q_i, Q_{-i}) = q_i(a - q_i - Q_{-i} - c)$，$q_i + Q_{-i} \geq a$ のときは $\pi_i(q_i, Q_{-i}) = -cq_i$ となる．ここでも独占生産量 $q_m = (a-c)/2$ がそれより大きい生産量を強く支配する．つまり，前

と同様どんな $x>0$ をとってきても，$\pi_i(q_m, Q_{-i}) > \pi_i(q_m+x, Q_{-i})$ がすべての $Q_{-i} \geq 0$ に対して成立するのである．しかし，企業 i の他に 2 企業が存在するので，q_j と q_k が 0 と $(a-c)/2$ のあいだにあっても Q_{-i} は 0 と $a-c$ のあいだの値をとるとしかいうことができない．したがって，企業 i に残っている戦略のうち強く支配されるものは一つもない．なぜなら，0 と $(a-c)/2$ のあいだのどんな q_i に対しても，それが企業 i の最適反応となるような Q_{-i} が 0 と $a-c$ のあいだにあるからである（$Q_{-i} = a-c-2q_i$ としてみればよい）．だから，それ以上はどんな戦略も消去できないのである．

1.2.B ベルトランの複占モデル　本節では，ベルトランの示唆(Bertrand, 1883)にもとづいた別個の複占モデルを考える．そこでは，企業はクールノー・モデルの場合のように生産量を選択するのではなく，価格を選択する．重要な点は，ベルトランのモデルがクールノー・モデルとは**異なったゲーム**であるということである．戦略空間も利得関数も異なっており，（やがて明らかとなるように）ナッシュ均衡での行動も二つのモデルでは違っている．その相違をクールノー均衡，ベルトラン均衡という言い方で区別する著者もいるが，これは誤解を招きやすい．なぜなら，問題となっている相違は，クールノー・ゲームとベルトラン・ゲームの相違，そしてそれらのゲームの均衡での行動の相違を指すものであって，二つのゲームで使われる均衡概念の相違を指すものではないからである．**どちらのゲームでも，使われる均衡概念は前節で定義したナッシュ均衡なのである．**

以下では差別化された製品の場合を考える（同質製品の場合については練習問題 1.7 を見ていただきたい）．企業 1, 2 がそれぞれ自分の製品に p_1, p_2 という価格を設定するとき，企業 i の製品への需要は

$$q_i(p_i, p_j) = a - p_i + b p_j$$

であらわされると仮定しよう．ここで $b>0$ は，企業 i の製品が企業 j の製品とどの程度に代替関係にあるかを示している（この需要関数は，企業 i の付ける価格がいくら高くても，企業 j の付ける価格が同様に高ければ，需要は正になるという点では非現実的である．また後で分かるように，$b<2$ でなくては意味がない）．クールノー・モデルを考えた場合と同様，固定費用はゼロ，限界費用は $c<a$ で一定．そして両企業は同時に行動する（すなわち同時に価格

を付ける）と仮定する.

　ナッシュ均衡を求めるにあたって，まずは前節と同様，問題を標準型ゲーム
に直さなければならない．プレイヤーはここでも 2 人であるが，ただ各企業
の選択できる戦略はさまざまな生産量ではなく，さまざまな製品価格である．
負の価格は許されないが，非負の価格ならどんな価格を付けても構わないと仮
定される．したがって，各企業の戦略空間はここでも $S_i = [0, \infty)$ で，非負の
実数で表現され，しかし今度はその要素 s_i が価格の選択 $p_i \geq 0$ である.

　企業の利得はやはり利潤であると想定する．企業 i が価格 p_i を付け，競争
相手が価格 p_j を付けたときの企業 i の利得は

$$\pi_i(p_i, p_j) = q_i(p_i, p_j)[p_i - c] = [a - p_i + bp_j][p_i - c]$$

であらわされるので，価格の組 (p_1^*, p_2^*) がナッシュ均衡であるとは，各企業 i
について p_i^* が

$$\max_{0 \leq p_i < \infty} \pi_i(p_i, p_j^*) = \max_{0 \leq p_i < \infty} [a - p_i + bp_j^*][p_i - c]$$

の解になることである．この最大化問題の解は

$$p_i^* = \frac{1}{2}(a + bp_j^* + c)$$

であり，したがって価格の組 (p_1^*, p_2^*) がナッシュ均衡であるなら，それは

$$p_1^* = \frac{1}{2}(a + bp_2^* + c) \quad \text{および} \quad p_2^* = \frac{1}{2}(a + bp_1^* + c)$$

を満たすのでなくてはならない．この一対の式を解けば

$$p_1^* = p_2^* = \frac{a + c}{2 - b}$$

を得る.

1. 2. C　最終オファーによる調停　　公務員の多くはストライキを禁止されて
いるが，その代わり賃金争議は拘束力のある調停によって解決される（大リー
グ選手の賃金交渉の方が例としては派手であるが，経済的重要性からいえば公
務員のそれの方が上である）．医療ミスの訴訟，株主の株式仲買人への賠償請
求など，他の争議の多くも，同様に調停の手を借りる．そのような調停には，
大きく分けて**慣習的**（conventional）なものと**最終オファー**（final-offer）による

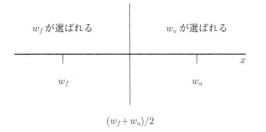

w_f が選ばれる　　　　　w_u が選ばれる

x

w_f　　　　　w_u

$(w_f + w_u)/2$

図 1.2.3

ものの二つがある．最終オファーによる調停とは，当事者双方がそれぞれ賃金の金額をオファーし，仲裁者がそのうちの一つを選んで調停案とするものである．一方，慣習的な調停では，仲裁者が調停案としてどんな賃金でも選べることになる．本節ではファーバー(Farber, 1980)にしたがい，最終オファーによる調停モデルでナッシュ均衡の賃金オファーを考察することにしたい[9]．

いま争議にかかわっている当事者が企業と組合であり，争議の対象は賃金であるとする．するとゲームの進行はつぎのとおりとなる．まず企業と組合が同時にそれぞれ w_f および w_u で示される賃金額をオファーし，つぎに仲裁者がそのうちの一つを調停案として選ぶ(多くの「静学」ゲームの場合と同様，このモデルも本来なら第2章で扱う動学ゲームに分類されるべきものである．それをここでは第2段階の仲裁者の行動に一定の仮定を置くことにより，企業・組合間の静学ゲームに変えている)．仲裁者は心の中に x で示される一つの案を持っており，当事者双方のオファー額 w_f, w_u を見た後で，そのうち x により近いものを選ぶと考えよう．つまり $w_f < w_u$ として(これは直観的にも正しく，また実際にこうなることが後で確かめられる)，もし $x < (w_f + w_u)/2$ なら w_f を選び，$x > (w_f + w_u)/2$ なら w_u を選ぶとするのである．図1.2.3を見ていただきたい($x = (w_f + w_u)/2$ のときに何が起こるかは重要ではない．仲裁者は硬貨でも投げて決めると考えておけばよい)．

仲裁者は x を知っているが，両当事者はそれを知らない．彼らは x が分布関数 $F(x)$，密度関数 $f(x)$[10] を持つ確率分布にしたがうものと信じている．

---

9) この例では，確率分布関数，密度関数，期待値といったような確率の基礎概念が登場する．必要に応じて簡単な定義は与えてあるが，より詳しくは統計学の入門書を参照されたい．

10) すなわち，x がある任意の値 x^* よりも小さい確率が $F(x^*)$ であらわされ，これを x^* で微分したものが $f(x^*)$ である．$F(x^*)$ は確率なので，どの x^* についても $0 \leq F(x^*) \leq 1$ となる．さらに，$x^{**} > x^*$ なら $F(x^{**}) \geq F(x^*)$ となるから，どの x^* につい

仲裁者の行動を所与とすれば，オファー額が w_f と w_u であるとき，当事者たちは，w_f が選ばれる確率と w_u が選ばれる確率をつぎのようにして計算できる．

$$w_f \text{ が選ばれる確率} = \mathrm{Prob}\left\{x < \frac{w_f + w_u}{2}\right\} = F\left(\frac{w_f + w_u}{2}\right)$$

$$w_u \text{ が選ばれる確率} = 1 - F\left(\frac{w_f + w_u}{2}\right)$$

したがって，賃金調停案の期待値は

$$w_f \cdot (w_f \text{ が選ばれる確率}) + w_u \cdot (w_u \text{ が選ばれる確率})$$

$$= w_f \cdot F\left(\frac{w_f + w_u}{2}\right) + w_u \cdot \left[1 - F\left(\frac{w_f + w_u}{2}\right)\right]$$

となる．企業はこの賃金調停案の期待値を最小化し，組合はそれを最大化すると仮定する．

オファー額の組 (w_f^*, w_u^*) がこの企業・組合ゲームのナッシュ均衡となるためには，w_f^* が

$$\min_{w_f} w_f \cdot F\left(\frac{w_f + w_u^*}{2}\right) + w_u^* \cdot \left[1 - F\left(\frac{w_f + w_u^*}{2}\right)\right]$$

を，w_u^* が

$$\max_{w_u} w_f^* \cdot F\left(\frac{w_f^* + w_u}{2}\right) + w_u \cdot \left[1 - F\left(\frac{w_f^* + w_u}{2}\right)\right]$$

を解かねばならない[11]．これらの問題の1階の条件を求めると

$$(w_u^* - w_f^*) \cdot \frac{1}{2} f\left(\frac{w_f^* + w_u^*}{2}\right) = F\left(\frac{w_f^* + w_u^*}{2}\right)$$

$$(w_u^* - w_f^*) \cdot \frac{1}{2} f\left(\frac{w_f^* + w_u^*}{2}\right) = \left[1 - F\left(\frac{w_f^* + w_u^*}{2}\right)\right]$$

である(これが十分条件にもなるかどうかは後で考える)．上の2式の左辺は等しいので，右辺同士も等しくなり，

$$F\left(\frac{w_f^* + w_u^*}{2}\right) = \frac{1}{2} \tag{1.2.2}$$

であることになる．これはオファー額の平均が仲裁者の考えている案のメジア

ても $f(x^*) \geq 0$ である．

11) これらの最適化問題を考えるにあたっては，企業のオファーが組合のオファーよりも低いことが仮定されている．この関係が均衡で成立することは簡単に確かめられる．

ン(中央値)に等しいということである.(1.2.2)を1階の条件に代入すれば

$$w_u^* - w_f^* = \frac{1}{f\left(\dfrac{w_f^* + w_u^*}{2}\right)} \tag{1.2.3}$$

を得,二つのオファー額の差は,仲裁者案の密度関数のメジアンでの値の逆数に等しくならなくてはならない.

直観に合う比較静学の結果を得るために,ここで関数の形を特定化し,仲裁者案が平均 m,分散 σ^2 の正規分布にしたがうと仮定することにしよう.この場合の密度関数は

$$f(x) = \frac{1}{\sqrt{2\pi\sigma^2}} \exp\left\{-\frac{1}{2\sigma^2}(x-m)^2\right\}$$

である(この例では上の1階の条件が十分条件にもなっていることが確認できる).正規分布は平均をめぐって対称的であるから,メジアンが平均に等しくなり,(1.2.2)は

$$\frac{w_f^* + w_u^*}{2} = m$$

と書ける.よって,(1.2.3)は

$$w_u^* - w_f^* = \frac{1}{f(m)} = \sqrt{2\pi\sigma^2}$$

となり,ナッシュ均衡の賃金オファーが

$$w_u^* = m + \sqrt{\frac{\pi\sigma^2}{2}} \quad \text{および} \quad w_f^* = m - \sqrt{\frac{\pi\sigma^2}{2}}$$

と求まることになる.つまり,均衡では双方のオファー額は仲裁者の案の平均を中心として,そこから同じだけ左右に離れており,その差は仲裁者案に対する不確実性(σ^2)が増すにしたがって増加するのである.

直観的にはつぎのようにいえるであろう.当事者双方は一種のトレードオフに当面する.強気で交渉に臨めば(企業にとっては低いオファー額,組合にとっては高いオファー額を意味する),それが仲裁者の調停案として選ばれるなら高い利得をもたらすが,その代わり仲裁者に選ばれる確率は低くなる(第3章で見るように,同様のトレードオフが最高価格・封緘付け値のオークションの場合でも起こりうる.入札値が低ければ入札に勝ったときの利得は大きくなるが,それだけ入札に勝つ確率が低くなる).仲裁者の案に対する不確実性が

高い（σ^2 が大きい）ときには，両当事者はより強気になれる．というのは，仲裁者案が自分のオファー額に近い可能性がわりとあるからである．しかし，仲裁者案がかなりの確率ではっきり分かっているときには，双方とも m よりあまり大きくかけ離れた額をオファーする気にはならないであろう．なぜなら，m により近いオファーがかなり高い確率で選ばれるからである．

1.2.D 共有地問題

少なくともヒューム（Hume, 1739）以来，政治哲学者や経済学者は，国民が私的な動機に対してしか反応しないとすると，公共財が不足し，公的資源が使われすぎることに気がついてきた．今日では，地球環境についてほんの少し思いをめぐらしただけでも，この思想の持つ重要さをただちに理解することができよう．よく引用されてきたハーディン（Hardin, 1968）の論文は，経済学者以外の人々にもこの問題に対する関心を喚起するものであった．本節では，この田園風の事例を分析してみることにしよう．

　ある村に n 人の農民がいると想定する．毎年夏になると，これらの農民は皆，村の共有緑地で自分の山羊に草を食べさせる．農民 i の飼っている山羊の数を g_i で示せば，村全体では $G = g_1 + \cdots + g_n$ だけの山羊がいることになる．一匹の山羊を買ってきて飼育する費用は c で，これは何頭山羊を飼うかにかかわりなく一定である．これら全部で G 頭の山羊に共有緑地で草を食べさせるとき，そのことから農民が受ける利益は**山羊1頭あたり** $v(G)$ であらわされる．1頭の山羊は生きていくために最小限ある一定の草の量を必要とするから，その共有緑地では最大限何頭の山羊を飼えるかが決まってくる．これを $G_{\max}$ であらわせば，$G < G_{\max}$ のときには $v(G) > 0$ であるが，$G \geq G_{\max}$ のときには $v(G) = 0$ となる．また，もともと少ししか山羊がいないのであれば，そこにもう1頭入ってきても，もとからいる山羊はほとんど害を被らないが，すでに多数の山羊が放たれていて，それらがどうやら生きるに足りるだけの草しかない（すなわち G が $G_{\max}$ よりほんのちょっとしか下回らない）場合には，もう1頭の山羊が入ってくるともとの山羊に大きな害が及ぶであろう．これを式で書けば，$G < G_{\max}$ のときには $v'(G) < 0$ かつ $v''(G) < 0$ ということである．図1.2.4を見ていただきたい．

　農民は春のあいだに，その年何頭の山羊を飼うかを同時に決定する．山羊の頭数は連続的な数値をとるものと仮定する．農民 i にとっての戦略は，共有緑地に放牧する山羊の数である．戦略空間は $[0, \infty)$ とするが，$[0, G_{\max})$ として

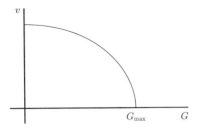

v

$G_{\max}$　G

図 **1.2.4**

も間に合うであろう. 他の農民の山羊の数を $(g_1, \cdots, g_{i-1}, g_{i+1}, \cdots, g_n)$ とした ときに, 農民 i が g_i 頭の山羊を飼うことで得る利得は

$$g_i v(g_1 + \cdots + g_{i-1} + g_i + g_{i+1} + \cdots + g_n) - cg_i \tag{1.2.4}$$

であらわされる. したがって $(g_1^*, \cdots, g_n^*)$ がナッシュ均衡であるためには, 各 i について, $(g_1^*, \cdots, g_{i-1}^*, g_{i+1}^*, \cdots, g_n^*)$ を所与としたときに, g_i^* が$(1.2.4)$を最 大化しているのでなければならない. その 1 階の条件は

$$v(g_i + g_{-i}^*) + g_i v'(g_i + g_{-i}^*) - c = 0 \tag{1.2.5}$$

となり, ここで $g_{-i}^* = g_1^* + \cdots + g_{i-1}^* + g_{i+1}^* + \cdots + g_n^*$ である. $(1.2.5)$の g_i に g^* を代入して, それを n 人の農民すべてについて足し合わせ, 結果を n で割 れば

$$v(G^*) + \frac{1}{n} G^* v'(G^*) - c = 0 \tag{1.2.6}$$

を得る. ここで $G^* = g_1^* + \cdots + g_n^*$ である. 一方, 社会的に望ましい山羊の数 G^{**} は

$$\max_{0 \le G < \infty} Gv(G) - Gc$$

を解くことによって得られ, その 1 階の条件は

$$v(G^{**}) + G^{**} v'(G^{**}) - c = 0 \tag{1.2.7}$$

となる. $(1.2.6)$と$(1.2.7)$を比べれば, $G^* > G^{**}$ となるので[12], ナッシュ均

---

12) かりにこれが誤りで, $G^* \le G^{**}$ だったとしてみる. すると, まず $v' < 0$ であることから $v(G^*) \ge v(G^{**})$ がいえる. また, $v'' < 0$ であることから $0 > v'(G^*) \ge v'(G^{**})$ もいえ る. 最後に, $G^*/n < G^{**}$ であるから, これらを合わせて考えると$(1.2.6)$の左辺が$(1.2.7)$ の右辺より厳密に大きくなり, これは 2 式がともに 0 に等しいことと矛盾する.

衡では，放牧される山羊の数が社会的に見て望ましい数より多くなってしまうことが分かる．1 階の条件 (1.2.5) は，すでに g_i 頭の山羊を飼っている農民がそこにもう 1 頭 (あるいは厳密に言えば 1 頭の小さな部分) を付け加えようとしているとき，当面する動機を示すものである．追加される山羊は $v(g_i+g_{-i}^*)$ だけの利益を与え，それには c だけの費用がかかる．また，そのときすでに飼われている山羊には，1 頭につき $v'(g_i+g_{-i}^*)$ だけの，したがって全体では $g_i v'(g_i+g_{-i}^*)$ だけの損害が及ぶ．各農民は自分自身の利益だけを考え，その行動が他の農民に与える影響を考えないので，(1.2.6) には $G^* v'(G^*)/n$ が含まれるのに，(1.2.7) には $G^{**} v'(G^{**})$ が含まれることになり，そのため公共の資源が使われすぎる結果となっているのである．

1.3   より上級の理論：混合戦略と均衡の存在

1.3.A   混合戦略   1.1.C 節では S_i をプレイヤー i が選択できる戦略の集合と定義し，戦略の組 $(s_1^*, \cdots, s_n^*)$ で，どのプレイヤー i にとっても s_i^* が他の $n-1$ 人の戦略に対する最適反応となっているとき，それをナッシュ均衡と定義した．式で書けば，

$$u_i(s_1^*, \cdots, s_{i-1}^*, s_i^*, s_{i+1}^*, \cdots, s_n^*)$$
$$\geq u_i(s_1^*, \cdots, s_{i-1}^*, s_i, s_{i+1}^*, \cdots, s_n^*) \qquad \text{(NE)}$$

がどの $s_i \in S_i$ に対しても成り立つということである．この定義を用いれば，つぎの「ペニー合わせ」(Matching Pennies) として知られるゲームにはナッシュ均衡が存在しないことになる．

ペニー合わせ

このゲームでは，各プレイヤーの戦略空間はペニー硬貨の {表, 裏} である．上記の双行列の利得がどうして決まるかといえば，いま 2 人のプレイヤーがそれぞれ 1 ペニー玉を持っていて，その表を出すか裏を出すかを選ばなければならないと想定する．そしてもし 2 枚の表裏が合えば (つまり両方とも表，

あるいは両方とも裏であれば），プレイヤー2がプレイヤー1の1ペニーをもらい，表裏が合わなければ，プレイヤー1がプレイヤー2の1ペニーをもらうと決めてあるのである．このゲームでは，どんな戦略の組を考えてみても (NE)を満たすことはない．なぜなら，2人の戦略が合うとき――(表,表)または (裏,裏)のとき――には，プレイヤー1は必ず自分の戦略を変えたいと思い，そうでないとき――(表,裏)または (裏,表)のとき――には，プレイヤー2の方が戦略を変えたいと思うからである．

　ペニー合わせゲームの最大の特徴は，どちらのプレイヤーも相手を出し抜こうとする点にある．この特徴は，またポーカーや野球，戦争などの状況でも起こってくる．ポーカーを例にとると，それはどのくらいはったりを掛けるかという問題となる．もしプレイヤー i が決してはったりを掛けないことが分かっているなら，相手は i が強気に張ってくるときにはいつでも降りてしまうであろう．だから i にとって時にははったりを掛けることも得になる．しかし他方，あまりにたびたびはったりを掛けるのも得策ではないのである．つぎに野球では，投手の投げる球が例えば直球とカーブの二つで，打者が投球を正しく予想したとき(そしてそのときにのみ)ヒットを打つとすれば，上と同じような状況になる．また戦争の例でも，攻撃側が二つの地点(または海路か陸路かといった二つの経路)を選べるとして，防御側が相手の手を正しく予想したとき(そしてそのときにのみ)相手の攻撃をかわすことができれば，同じである．

　どんなゲームを考えるにしても，そこに相手を出し抜く要素がある場合には (少なくとも 1.1.C 節で定義したような意味での)ナッシュ均衡はありえない．なぜなら，そうしたゲームの解には必ずプレイヤーの行動に関する不確実性が含まれてくるからである．ここで新たに**混合戦略**(mixed strategy)という概念が導入されるが，これは他のプレイヤーの行動に関する不確実性の現れとして解釈される(このような解釈はハルサーニ(Harsanyi, 1973)によって進められたものである．これについてはさらに 3.2.A 節で論じることにする)．次節では，ナッシュ均衡の定義を混合戦略をも含む形に拡張して，ペニー合わせ，ポーカー，野球，戦争，等々のゲームで避けることのできない不確実性を解概念にとり込むことにしたい．

　正確に言えば，プレイヤー i にとっての混合戦略とは，S_i に含まれる戦略 (の一部または全部)について考えられた確率分布のことである．今後は，S_i に属するそれぞれの戦略 s_i をプレイヤー i の**純粋戦略**(pure strategy)と呼ぶ

ことにする．本章で考察される完備情報の同時手番ゲームでは，純粋戦略とは
そのプレイヤーのとりうるさまざまな行動そのものにほかならない．ペニー
合わせを例にとれば，S_i は二つの純粋戦略すなわち表と裏とからなっている
ので，プレイヤー i にとっての混合戦略とは，q を表を選ぶ確率，$(1-q)$ を裏
を選ぶ確率として $(0 \leq q \leq 1)$，確率分布 $(q, 1-q)$ であらわされる．混合戦略
$(1, 0)$ はたんに純粋戦略「表」のことであり，同様に混合戦略 $(0, 1)$ は純粋戦
略「裏」のことである．

　2番目の例として表 1.1.1 のゲームを考えれば，プレイヤー 2 の純粋戦略は
L, M, R の三つ，その混合戦略は確率分布 $(q, r, 1-q-r)$ で，q は L を選ぶ確
率，r は M を選ぶ確率，$1-q-r$ は R を選ぶ確率である．もちろん q と r は
$0 \leq q \leq 1$, $0 \leq r \leq 1$, $0 \leq q+r \leq 1$ を満たしていなければならない．例えば混合
戦略 $(1/3, 1/3, 1/3)$ は，L, M, R のどれをも同じ確率で選ぶことを意味してお
り，$(1/2, 1/2, 0)$ は L と M を同じ確率で選び R を選ばないことを意味してい
る．純粋戦略はつねに混合戦略の特殊な場合と考えられ，例えばプレイヤー 2
の純粋戦略 L は $(1, 0, 0)$ という混合戦略と同じである．

　より一般にプレイヤー i が K 個の純粋戦略を持っている，すなわち $S_i =$
$\{s_{i1}, \cdots, s_{iK}\}$ であるとすれば，プレイヤー i の混合戦略は確率分布 $(p_{i1}, \cdots,$
$p_{iK})$ で示され，ここで p_{ik} はプレイヤー i が $k = 1, \cdots, K$ のそれぞれについて
s_{ik} を選ぶ確率で，$0 \leq p_{ik} \leq 1$, $p_{i1} + \cdots + p_{iK} = 1$ を満たしていなければならな
い．S_i に属する任意の純粋戦略をあらわすのに s_i という記号を用いたよう
に，S_i 上の確率分布である任意の混合戦略をあらわすには p_i という記号を用
いることにする．

　定義　標準型ゲーム $G = \{S_1, \cdots, S_n; u_1, \cdots, u_n\}$ を考え，$S_i = \{s_{i1}, \cdots, s_{iK}\}$
　とする．このときプレイヤー i の**混合戦略**とは，確率分布 $p_i =$
　$(p_{i1}, \cdots, p_{iK})$ のことで，$0 \leq p_{ik} \leq 1 (k = 1, \cdots, K)$, $p_{i1} + \cdots + p_{iK} = 1$ である．

　では最後に，1.1.B 節で導入した強く支配される戦略の考え方に戻って，
そこでの混合戦略の果たす役割について簡単に見てみよう．前に，戦略 s_i が
強く支配されるときには，（他のプレイヤーの戦略に対して）プレイヤー i の立
てる予想で，s_i を選択するのが最適になるようなものはないということを見
た．実はこの命題の逆も，混合戦略を認めれば真となるのである．すなわち，

（他のプレイヤーの戦略に対して）プレイヤー i の立てる予想の中に戦略 s_i を選択するのが最適になるようなものがないとすれば，必ず s_i を強く支配する戦略があることになる[13]．表 1.3.1 と表 1.3.2 は，純粋戦略のみを考えた場合には，この逆命題が正しくないことを示している．

プレイヤー 2

		L	R
	T	3, —	0, —
プレイヤー 1	M	0, —	3, —
	B	1, —	1, —

表 1.3.1

　表 1.3.1 は，ある純粋戦略が他のどんな純粋戦略によっても強く支配されることがないとしても，混合戦略によっては強く支配される可能性がありうることを示している．このゲームでは，プレイヤー 1 がプレイヤー 2 の選択について持つ予想を $(q, 1-q)$ とすれば，1 の最適反応は $q \geq 1/2$ のときには T，$q \leq 1/2$ のときには M となり，それが B となることはありえない．しかし，B は T によっても M によっても強く支配されることはない．ここでのポイントは，それにもかかわらず B は混合戦略によっては強く支配されるということである．プレイヤー 1 が T を確率 1/2，M を確率 1/2 で選べば，1 の期待利得はプレイヤー 2 がどんな戦略（純粋戦略でも混合戦略でもよい）をとっても 3/2 となり，B を選んだとき確かに得られる利得 1 を超えるのである．この例は，「s_i を強く支配する他の戦略」を見つけ出す上での混合戦略の役割を示したものである．

　表 1.3.2 は，ある純粋戦略が他のどんな純粋戦略に対しても最適反応とならない場合でも，ある混合戦略に対しては最適反応となりうる可能性を示している．このゲームでは，B はプレイヤー 2 の戦略が L でも R でもそれへの最

---

13) ピアース(Pearce, 1984)がこの命題を 2 人プレイヤーの場合について証明し，さらに n 人プレイヤーの場合でも彼らの混合戦略が相関を持ちうるとすれば，すなわちプレイヤー i のプレイヤー j の行動に関する予想と，プレイヤー i のプレイヤー k の行動に関する予想が相関を持ちうるとすれば，それが正しいことを示唆した．オーマン(Aumann, 1987)は，たとえ j と k が戦略をまったく独立に選ぶとしても，i の予想が上記のように相関を持つのは自然なことだと論じている．例えば i が，j と k は 2 人ともビジネススクール，しかもおそらくは同じビジネススクールに行ったことを知っているが，そこで何が教えられるかについては知らない，といったような状況を考えてみればよい．

プレイヤー2

		L	R
	T	3, —	0, —
プレイヤー1	M	0, —	3, —
	B	2, —	2, —

表 1.3.2

適反応にはなりえない．しかし，プレイヤー2の混合戦略 $(q, 1-q)$ で $1/3 <$ $q < 2/3$ の場合を考えると，B はそれへの最適反応にはなるのである．この例は，「プレイヤー i の立てる予想」という部分で混合戦略が果たす役割を示したものである．

1.3.B　ナッシュ均衡の存在

本節では，ナッシュ均衡の存在に関連したいくつかの問題をとり上げる．われわれはまず第一に，1.1.C 節で与えたナッシュ均衡の定義を，混合戦略まで含んだ形に拡張する．ついで第二に，この拡張された定義をペニー合わせと両性の闘いの事例に応用する．さらに第三に，図を用いて，各プレイヤーが二つの戦略を持っているどんな2人ゲームにもナッシュ均衡（おそらくは混合戦略を含む）が存在することを示す．最後に，どんな有限ゲーム（プレイヤーの数と各プレイヤーの戦略の数が有限であるゲーム）にもナッシュ均衡（おそらくは混合戦略を含む）が必ず存在することを保証したナッシュの定理（Nash, 1950）を述べ，それについて論ずる．

1.1.C 節で与えたナッシュ均衡の定義は，各プレイヤーの純粋戦略が他のプレイヤーの純粋戦略への最適反応になっているということであった．これを混合戦略を含むように拡張するにあたっては，たんに各プレイヤーの混合戦略が他のプレイヤーの混合戦略への最適反応になっているというように，定義を変えさえすればよい．どんな純粋戦略もそれ以外の戦略にゼロの確率を割り当てる混合戦略として表現できるので，この定義は前の定義をその特殊ケースとして含むものになっている．

プレイヤー j の混合戦略へのプレイヤー i の最適反応を計算してみると，プレイヤー j の混合戦略をプレイヤー i のプレイヤー j の行動に対する不確実性と解釈する意味がよく分かる．まずペニー合わせを例にとるとして，プレイヤー1が，プレイヤー2は表を確率 q で選び裏を確率 $1-q$ で選ぶであ

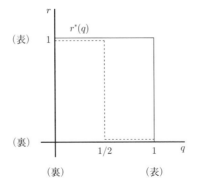

図 1.3.3

ろうと，すなわち混合戦略 $(q, 1-q)$ を選ぶであろうと予想したと想定してみよう．この予想にもとづけば，プレイヤー 1 が表を選んだときの期待利得は $q\cdot(-1)+(1-q)\cdot 1 = 1-2q$ であり，裏を選んだときの期待利得は $q\cdot 1+(1-q)\cdot(-1)=2q-1$ である．$1-2q>2q-1$ は $q<1/2$ と同値なので，結局，プレイヤー 1 の純粋戦略による最適反応は，$q<1/2$ のときは表，$q>1/2$ のときは裏，$q=1/2$ のときは表でも裏でも無差別ということになる．あとは，プレイヤー 1 の混合戦略による最適反応を考えることが残る．

$(r, 1-r)$ で，プレイヤー 1 が表を選ぶ確率を r としたときの混合戦略を示そう．0 と 1 のあいだの任意の q に対して，プレイヤー 2 の混合戦略 $(q, 1-q)$ へのプレイヤー 1 の最適反応 $(r, 1-r)$ を与える r の値を計算し，それを $r^*(q)$ と書く．この結果は図 1.3.3 に要約されている．プレイヤー 2 が $(q, 1-q)$ を選ぶときに，プレイヤー 1 が $(r, 1-r)$ を選ぶことから得られる期待利得は

$$rq\cdot(-1)+r(1-q)\cdot 1+(1-r)q\cdot 1+(1-r)(1-q)\cdot(-1)$$
$$= (2q-1)+r(2-4q) \tag{1.3.1}$$

となる．ここで，rq は (表, 表) となる確率，$r(1-q)$ は (表, 裏) となる確率，等々である[14]．プレイヤー 1 の期待利得は，$2-4q>0$ のときは r に関して増加的，$2-4q<0$ のときは r に関して減少的なので，$q<1/2$ のときは $r=1$

---

14) 事象 A, B は，$(A$ かつ B の起こる確率$)=(A$ の起こる確率$)\times(B$ の起こる確率$)$ と書けるとき**独立**であるといわれる．したがって，1 が表を選び 2 が表を選ぶときの確率を rq としたのは，同時手番ゲームの説明で述べたように，1 と 2 が戦略を独立に選択することが仮定されているからである．オーマン（Aumann, 1974）は**相関均衡**の概念を考えたが，それはプレイヤーの選択が相関を持ちうるゲーム（プレイヤーが戦略を選ぶ前に，硬貨投げのような確率現象の帰結を観察できるようなゲーム）に適用されるものである．

(つまり表)がその最適反応となり，$q>1/2$ のときは $r=0$ (つまり裏)がその最適反応となる．これが，図1.3.3の $r^*(q)$ の水平線の部分である．この主張は前の段落の主張に密接に関連しているが，それよりいっそう強いことをいっている．前の段落では純粋戦略のみを考え，その場合に $q<1/2$ のときは表が純粋戦略の中で最適，$q>1/2$ のときは裏が純粋戦略の中では最適，といっているのである．しかし，ここでは純粋戦略も混合戦略もすべて考慮に入れた上で，$q<1/2$ のときは表が(純粋戦略も混合戦略も含めた)すべての戦略の中で最適，$q>1/2$ のときは裏が同様にすべての戦略の中で最適，といっているのである．

　$q=1/2$ のときはプレイヤー1の $(q,1-q)$ に対する最適反応は少し性格の違ったものになる．前には，$q=1/2$ のときプレイヤー1は純粋戦略の表，裏については無差別であることを知った．ここではさらに進んで，(1.3.1)であらわされるプレイヤー1の期待利得が $q=1/2$ の場合には r から独立となることから，どんな混合戦略 $(r,1-r)$ も無差別であることが分かるのである．つまり，$q=1/2$ のときには0と1のあいだのどんな r をとってきても，それが $(q,1-q)$ に対する最適反応となるのである．よって $r^*(1/2)$ は $[0,1]$ の全区間であり，図1.3.3では $r^*(q)$ のグラフの縦線で示される．1.2.A節のクールノー・モデルの分析では，$R_i(q_j)$ を企業 i の最適反応**関数**(function)と呼んだ．ここでは，$r^*(q)$ が1点にはならないような q があるので，$r^*(q)$ をプレイヤー1の最適反応**対応**(correspondence)と呼ぶことにする．

　プレイヤー j の混合戦略に対するプレイヤー i の最適反応を導出したり，拡張されたナッシュ均衡の定義を厳密に述べたりするために，以下ではプレイヤーが2人という場合に限定して，主要な考えをできるだけ簡単に示すことにしよう．J で S_1 に属する純粋戦略の数，K で S_2 に属する純粋戦略の数を示し，$S_1=\{s_{11},\cdots,s_{1J}\}$, $S_2=\{s_{21},\cdots,s_{2K}\}$ として，s_{1j},s_{2k} でそれぞれ S_1,S_2 に属する任意の純粋戦略を指すことにしよう．

　もしプレイヤー1が，プレイヤー2は戦略 $(s_{21},\cdots,s_{2K})$ を確率 $(p_{21},\cdots,p_{2K})$ で選択すると予想すれば，プレイヤー1が純粋戦略 s_{1j} を選ぶことによって得る期待利得は

$$\sum_{k=1}^{K} p_{2k}u_1(s_{1j},s_{2k}) \tag{1.3.2}$$

と書け，また，プレイヤー1が混合戦略 $p_1=(p_{11},\cdots,p_{1J})$ を選べば，それは

$$v_1(p_1, p_2) = \sum_{j=1}^{J} p_{1j} \left[\sum_{k=1}^{K} p_{2k} u_1(s_{1j}, s_{2k}) \right]$$

$$= \sum_{j=1}^{J} \sum_{k=1}^{K} p_{1j} \cdot p_{2k} u_1(s_{1j}, s_{2k}) \qquad (1.3.3)$$

となる．ここで，$p_{1j} \cdot p_{2k}$ はプレイヤー 1 が s_{1j} を，プレイヤー 2 が s_{2k} をそれぞれ選ぶ確率である．(1.3.3) で与えられる混合戦略 $p_1 = (p_{11}, \cdots, p_{1J})$ からの期待利得は，$\{s_{11}, \cdots, s_{1J}\}$ の各純粋戦略に対して (1.3.2) で与えられる期待利得を $(p_{11}, \cdots, p_{1J})$ でもって加重平均したものである．したがって，混合戦略 $(p_{11}, \cdots, p_{1J})$ がプレイヤー 2 の混合戦略 p_2 に対する最適反応であるということは，$p_{1j} > 0$ なら

$$\sum_{k=1}^{K} p_{2k} u_1(s_{1j}, s_{2k}) \geq \sum_{k=1}^{K} p_{2k} u_1(s_{1j'}, s_{2k})$$

が S_1 に属するどの $s_{1j'}$ についても成立するということである．つまり，ある混合戦略が p_2 に対して最適反応になっていれば，そこで正の確率を与えられている純粋戦略は，必ずそれ自体が p_2 に対する最適反応になっているのである．また逆に，プレイヤー 1 が p_2 に対する最適反応として複数の純粋戦略を持っているならば，その上の任意の確率分布 (その他の戦略には確率ゼロを割り当てる) もまた，プレイヤー 1 の p_2 に対する最適反応となる．

　拡張されたナッシュ均衡の定義を与えるには，プレイヤー 1, 2 がそれぞれ混合戦略 p_1, p_2 を選んだときのプレイヤー 2 の期待利得も計算する必要がある．もしプレイヤー 2 が，プレイヤー 1 は戦略 $(s_{11}, \cdots, s_{1J})$ を $(p_{11}, \cdots, p_{1J})$ の確率で選ぶであろうと予想するならば，プレイヤー 2 が自分の戦略 $(s_{21}, \cdots, s_{2K})$ を確率 $(p_{21}, \cdots, p_{2K})$ で選ぶときの期待利得は

$$v_2(p_1, p_2) = \sum_{k=1}^{K} p_{2k} \left[\sum_{j=1}^{J} p_{1j} u_2(s_{1j}, s_{2k}) \right]$$

$$= \sum_{j=1}^{J} \sum_{k=1}^{K} p_{1j} \cdot p_{2k} u_2(s_{1j}, s_{2k})$$

となる．このように $v_1(p_1, p_2)$ と $v_2(p_1, p_2)$ が与えられれば，各プレイヤーの混合戦略が他のプレイヤーの混合戦略への最適反応になっているというナッシュ均衡の条件は，つぎのように言い換えられる．すなわち混合戦略の組 (p_1^*, p_2^*) がナッシュ均衡であるなら，p_1^* が S_1 上の任意の確率分布 p_1 に対して

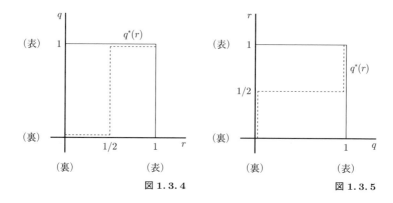

図 1.3.4　　　　　　　　　　　　図 1.3.5

$$v_1(p_1^*, p_2^*) \geq v_1(p_1, p_2^*) \qquad (1.3.4)$$

を満たし，また p_2^* が S_2 上の任意の確率分布 p_2 に対して

$$v_2(p_1^*, p_2^*) \geq v_2(p_1^*, p_2) \qquad (1.3.5)$$

を満たしていなければならない，というのがそれである．

定義　2人プレイヤーの標準型ゲーム $G = \{S_1, S_2; u_1, u_2\}$ において，混合戦略 (p_1^*, p_2^*) が**ナッシュ均衡**であるとは，各プレイヤーの混合戦略が他のプレイヤーの混合戦略に対する最適反応となっていること，つまり，(1.3.4)と(1.3.5)が成立することである．

ではこの定義をペニー合わせと両性の闘いのゲームに適用してみることにしよう．それには図1.3.3のように，図を使ってプレイヤー j の混合戦略に対するプレイヤー i の最適反応をあらわす方法をとる．図1.3.3と組み合わせるため，プレイヤー1の戦略 $(r, 1-r)$ に対して，プレイヤー2の最適反応が $(q, 1-q)$ となるような q を計算し，それを $q^*(r)$ と書く．その結果を示したものが図1.3.4で，$r < 1/2$ のときはプレイヤー2の最適反応は裏つまり $q^*(r) = 0$ となり，$r > 1/2$ のときはそれは表つまり $q^*(r) = 1$ となる．$r = 1/2$ のときはプレイヤー2は表，裏，そしてどんな混合戦略 $(q, 1-q)$ もすべて無差別とみなすので，$q^*(1/2)$ は $[0,1]$ 区間全体となる．

図1.3.4を反転させれば図1.3.5を得る．この図は，プレイヤー1の混

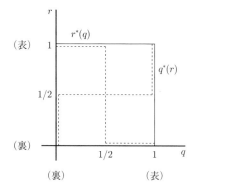

図 1.3.6

戦略に対するプレイヤー 2 の最適反応をみるには図 1.3.4 より不便であるが，図 1.3.3 と重ねれば図 1.3.6 を得ることができる．

　図 1.3.6 は，1.2.A 節でクールノー・モデルを分析した場合の図 1.2.1 に準ずるもので，そこで最適反応関数 $R_2(q_1)$ と $R_1(q_2)$ の交点がナッシュ均衡となったのと同様，ここでも最適反応対応 $r^*(q)$ と $q^*(r)$ の交点がペニー合わせゲームの（混合戦略）ナッシュ均衡となる．もしプレイヤー i が $(1/2, 1/2)$ を選択すれば，プレイヤー j の最適反応もまた $(1/2, 1/2)$ となり，それがナッシュ均衡なのである．

　強調しておきたい点であるが，このような混合戦略のナッシュ均衡は，プレイヤーが実際に硬貨を投げたりサイコロを振ったりしてランダムに戦略を選ぶことを意味していない．むしろプレイヤー j の混合戦略は，プレイヤー j が選ぶ（純粋）戦略に対してプレイヤー i が抱く予想の不確実性をあらわすと解した方がいいのである．野球で，例えば投手が直球で勝負するかカーブで勝負するかを試合前の練習の調子で決めるものとしてみよう．ここで，打者が投手のこの選択の基準を知っていたとしても，実際に練習を見ていないとすれば，打者は投手が直球でくるのかカーブでくるのかを同等に確からしいと思うかもしれない．そういう打者の推測を投手の混合戦略 $(1/2, 1/2)$ であらわしているわけであって，実際には，投手の方は打者の知らない情報にもとづいて純粋戦略を選んでいるのである．つまりより一般的に言えば，プレイヤー j はこの場合少しだけ私的情報を持っており，その値に応じて複数の純粋戦略の中から少しだけ一つの純粋戦略を選好すると考えられているわけである．しかし，プレイヤー i はそうした j の私的情報を知ることができず，j が何を選択するのかが

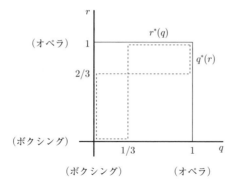

図 **1.3.7**

まったく分からないので，その i の不確実性を j の混合戦略として表現しているのである．混合戦略についてのこの解釈の厳密な定式化は，3.2.A 節にいってから行いたいと思う．

　混合戦略によるナッシュ均衡のつぎの事例は，1.1.C 節で見た両性の闘いのゲームである．$(q,1-q)$ でパットがオペラを確率 q で選択する混合戦略，$(r,1-r)$ でクリスがオペラを確率 r で選択する混合戦略をあらわすものとしよう．パットの戦略が $(q,1-q)$ のとき，クリスの期待利得はもしオペラを選べば $q\cdot2+(1-q)\cdot0=2q$，もしボクシングを選べば $q\cdot0+(1-q)\cdot1=1-q$ である．したがって，クリスの最適反応は $q>1/3$ ならオペラ $(r=1)$ となるし，$q<1/3$ ならボクシング $(r=0)$ となる．$q=1/3$ のときには，どの r の値も最適反応となる．同様に，クリスの戦略が $(r,1-r)$ のときのパットの期待利得は，オペラを選ぶなら $r\cdot1+(1-r)\cdot0=r$，ボクシングを選ぶなら $r\cdot0+(1-r)\cdot2=2(1-r)$ となるので，パットの最適反応は $r>2/3$ のときはオペラ $(q=1)$，$r<2/3$ のときはボクシング $(q=0)$ となり，$r=2/3$ のときはすべての q の値となる．よって図 1.3.7 で示されるように，パットが混合戦略 $(1/3,2/3)$ を，クリスが混合戦略 $(2/3,1/3)$ を選ぶのがナッシュ均衡である．

　図 1.3.6 では最適反応対応の交点は 1 点であったが，それとは違って図 1.3.7 では $r^*(q)$ と $q^*(r)$ の交点は 3 点，つまり $(q=1/3,r=2/3)$ ばかりでなく $(q=0,r=0)$ と $(q=1,r=1)$ もある．後の二つの交点は，1.1.C 節で述べた純粋戦略のナッシュ均衡 (ボクシング，ボクシング) と (オペラ，オペラ) に対応するものである．

　どんなゲームの場合も，(純粋戦略と混合戦略を含む) ナッシュ均衡はプレ

イヤーの最適反応対応の交点として現れ，この事実はプレイヤーの人数が3人以上，またプレイヤーの戦略の数が3個以上になっても変わることはない．ただ残念なことにそれを簡単な図に描けるのは，プレイヤーが2人でそれぞれ戦略を2個ずつ持っている場合に限られるのである．そこでつぎには，そのようなゲームにいつでも（混合戦略まで許した）ナッシュ均衡が存在することを，図を使って示すことにしよう．

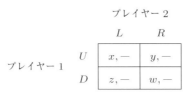

プレイヤー1の利得が表1.3.8であらわされるとする．ここで注目すべきは，x と z の大小，それに y と w の大小の比較である．これらの比較にもとづいて，まずつぎの四つのケースを定義することができる．（ⅰ）$x>z$ かつ $y>w$，（ⅱ）$x<z$ かつ $y<w$，（ⅲ）$x>z$ かつ $y<w$，（ⅳ）$x<z$ かつ $y>w$．これら四つのケースを論じてから，$x=z$ とか $y=w$ とかのケースに移ることにする．

ケース（ⅰ）では U が D を強く支配し，ケース（ⅱ）では D が U を強く支配する．前節で示したとおり，戦略 s_i が強く支配されるというのは，（他のプレイヤーの戦略に対する）プレイヤー i の予想で，s_i の選択を最適ならしめるようなものが存在しないというのと同値である．したがって，q をプレイヤー2が L を選択する確率とし，混合戦略を $(q, 1-q)$ であらわせば，ケース（ⅰ）では D がプレイヤー1にとって最適となるような q は存在しないし，ケース（ⅱ）では U が最適となるような q は存在しない．よって，r をプレイヤー1が U を選ぶ確率とし，混合戦略を $(r, 1-r)$ であらわせば，ケース（ⅰ），（ⅱ）におけるプレイヤー1の最適反応対応は，図1.3.9のように書けることになる（この場合にはどの q に対しても最適反応は一つだけなので，最適反応対応は事実上，最適反応関数となっている）．

他方ケース（ⅲ）と（ⅳ）では U も D も強く支配されないので，q のある値に対しては U が最適となり，他の値に対しては D が最適となるはずである．$q' = (w-y)/(x-z+w-y)$ と定義すれば，ケース（ⅲ）では $q>q'$ のとき U が

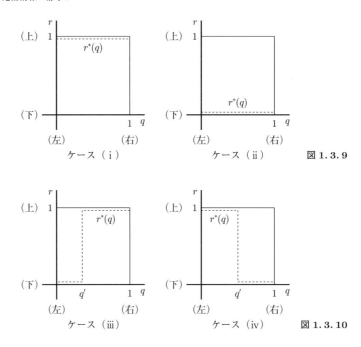

図 1.3.9

図 1.3.10

最適，$q < q'$ のとき D が最適となり，ケース（iv）ではその逆となることが分かる．またどちらのケースとも，$q = q'$ のときはすべての r が最適となる．図1.3.10 を参照されたい．

　$x = z$ なら $q' = 1$，$y = w$ なら $q' = 0$ なので，$x = z$ または $y = w$ のときは最適反応対応は L 字型，つまり正方形の 2 辺に沿った線となる．図 1.3.10 で，$q' = 0$ または $q' = 1$ になったときを想像してみればよい．

　表1.3.8 にプレイヤー 2 の利得を書き加えて同様の計算を行えば，ふたたび四つの最適反応対応を得ることができる．図1.3.4 のように横軸が r，縦軸が q となることに注意されたい．図1.3.5 のときと同様，それらを反転したものが図1.3.11，図1.3.12 である（それらの図で r' は図 1.3.10 の q' と同じように定義される）．

　肝心な点は，図1.3.9，図1.3.10 からプレイヤー 2 の最適反応対応 $r^*(q)$ を任意に一つ選び，図1.3.11，図1.3.12 からもプレイヤー 2 の $q^*(r)$ を任意に一つ選ぶと，それら二つの最適反応対応が必ず交点を持ち，ゆえにナッシュ均衡が存在するということである．全部で 16 通りの組み合わせがあるので，各自練習問題として確かめられたい．ここではそうする代わりに，どんな種

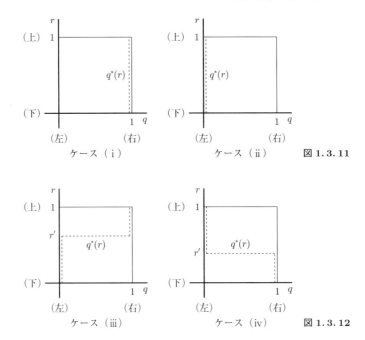

図 1.3.11

図 1.3.12

類の均衡があるかを考えてみることにしよう．可能性としては(1)純粋戦略の
ナッシュ均衡が一つ，(2)混合戦略のナッシュ均衡が一つ，(3)純粋戦略のナ
ッシュ均衡が二つと混合戦略のナッシュ均衡が一つ，の3通りが考えられる．
図1.3.6であらわされるペニー合わせは(2)の例，図1.3.7であらわされる両
性の闘いは(3)の例である．因人のジレンマは(1)の例で，これは（ⅰ）または
（ⅱ）の $r^*(q)$ を（ⅰ）または（ⅱ）の $q^*(r)$ と組み合わせた場合の帰結である[15]．

　最後に，より一般的なゲームにおけるナッシュ均衡の存在について考察しよ
う．それには，これまでの2×2ゲームの議論を図ではなく式を用いて定式化
し，それを任意有限個の戦略からなる n 人ゲームに適用すればよい．

　定理(ナッシュ(Nash, 1950))　n 人の標準型ゲーム $G = \{S_1, \cdots, S_n; u_1, \cdots, u_n\}$ において，n が有限で，どの i についても S_i が有限集合であるな

---

[15]　$x = z$ や $y = w$ の場合を考えても，二つの最適反応対応が交点を持つという主張はそのま
ま成立する．ただし，その場合には均衡の種類について本文で見たもののほかにつぎの2種
類のものが付け加わる．つまり混合戦略のナッシュ均衡は存在しないが，純粋戦略のナッシュ
均衡が二つ存在するもの，また混合戦略のナッシュ均衡が連続的に存在するもの，がそれらで
ある．

らば，混合戦略までをも含みうるナッシュ均衡が少なくとも一つは必ず存在する．

　この定理の証明には**不動点定理**が用いられる．不動点定理の単純な事例として，$[0,1]$ 上で定義され，また同じく $[0,1]$ を値域とする連続関数 $f(x)$ を考えてみれば，ブラウアーの不動点定理から，$f(x)$ には少なくとも一つの不動点の存在することがすぐ分かる．ここで不動点とは，$f(x^*)=x^*$ を満たす $[0,1]$ 上の点 x^* のことであり，これを図示したものが図 1.3.13 である．

　不動点定理を用いてナッシュの定理を証明するには，(1)ある種の対応の不動点がどれもナッシュ均衡であることを示し，(2)適当な不動点定理を用いてその対応に不動点のあることを示すという，二つのステップが必要である．ここである種の対応というのは n 人のプレイヤーの最適反応対応のことであり，また適当な不動点定理というのは角谷の不動点定理(Kakutani, 1941)のことである．後者はブラウアーの不動点定理を，関数だけではなく対応にも適用できるように拡張したものである．

　n 人の最適反応対応は，個々のプレイヤーの最適反応対応からつぎのようにして作る．まず，任意の混合戦略の組 $(p_1,\cdots,p_n)$ を一つとってくる．つぎに各プレイヤー i について，他のプレイヤーの混合戦略 $(p_1,\cdots,p_{i-1},p_{i+1},\cdots,p_n)$ に対する最適反応(複数個になる場合もある)を導き出す．そして，そのような各プレイヤーの最適反応をすべての可能な場合にわたって組み合わせて集めたものを構成する(数学的にはこれは各プレイヤーの最適反応対応の直積である)．混合戦略の組 $(p_1^*,\cdots,p_n^*)$ がこの対応の不動点であるとは，$(p_1^*,\cdots,p_n^*)$ がそれ自体に対する各プレイヤーの最適反応になっているということである．すなわち，各 i について p_i^* が $(p_1^*,\cdots,p_{i-1}^*,p_{i+1}^*,\cdots,p_n^*)$ に対する最適反応になっていることである．そして，これはまさしく $(p_1^*,\cdots,p_n^*)$ がナッシュ均衡であるということにほかならない．よって最初のステップが示されたことになる．

　つぎにステップ(2)では，各プレイヤーの最適反応対応がある意味において連続であることを示さなければならない．ブラウアーの不動点定理で連続性が果たす役割は，図 1.3.13 の $f(x)$ を少し変えてみればはっきりする．もし $f(x)$ が不連続であれば，不動点が存在しない場合がでてくる．図 1.3.14 がその例で，$x<x'$ なら $f(x)>x$，$x\geq x'$ なら $f(x)<x$ なので不動点は存在

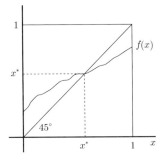

図 1.3.13

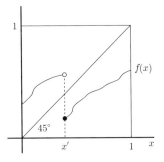

図 1.3.14

しない[16].

　図 1.3.14 の $f(x)$ とプレイヤーの最適反応対応とが違っていることを示すために，図 1.3.10 のケース（iii）の場合を考えてみよう．$q=q'$ のときには，$r^*(q')$ は 0 と 1 そしてそのあいだのすべての点を含んでいる（数学的にもう少し厳密に言えば，$r^*(q')$ は $r^*(q)$ の q が左から q' に近づいたときの極限と $r^*(q)$ の q が右から q' に近づいたときの極限をともに含み，さらに，そのあいだのすべての r の値をも含んでいる）．もし図 1.3.14 の $f(x')$ がそれらの性質をすべて満たしていれば，$f(x')$ は図の黒点だけではなく，白抜きの点をも，またそれらのあいだの点をもすべて含むはずである．そしてそのときには，$f(x)$ は x' で不動点を持つのである．

　各プレイヤーの最適反応対応はつねに，図 1.3.10 で $r^*(q')$ が満たした性質

16）ここで $f(x')$ の値は黒点で示され，また白抜きの点は $f(x')$ がこの値を含まないことを示している．点線は黒点と白抜きの点が両方とも $x=x'$ に対応していることを示す補助線で，$f(x')$ の値とは関係を持たない．

を満たす．つまり，つねに（適当に一般化した意味で）左からの極限，右からの極限，そしてそのあいだのすべての点を含んでいる．これは，前にプレイヤーが2人のときに見たように，もしプレイヤー i が他のプレイヤーの混合戦略への最適反応として複数の純粋戦略を持つならば，それらの純粋戦略上の任意の確率分布もまた最適反応であるという事実によるものである．各プレイヤーの最適反応対応がこの性質を満たすので，n 人の最適反応対応もまた同様の性質を満たし，よってこの対応が角谷の不動点定理の前提を満たすことになって，不動点の存在が示されるのである．

　ナッシュの定理は広範なゲームのクラスに対して均衡の存在を保証するが，それでも 1.2 節でとり上げた応用問題はどれもがナッシュの定理を適用できるクラスには属さない（これは戦略空間が無限集合になるからである）．このことは，ナッシュの定理があくまで均衡存在の十分条件を示しているだけであって，必要条件を示すものではないことを意味している．つまり，定理の前提を満たさなくても，多くのゲームにおいてナッシュ均衡は存在しうるのである．

1.4 読書案内

　強く支配される戦略の逐次消去やナッシュ均衡の背後にある前提条件，ならびに混合戦略をプレイヤーの予想として解釈する考え方については，ブランデンバーガー（Brandenburger, 1992）を見ていただきたい．また企業が数量を選択する（クールノー・タイプの）モデルと企業が価格を選択する（ベルトラン・タイプの）モデルとの関係については，クレプスとシェインクマンの論文（Kreps and Scheinkman, 1983）の参照が有益である．彼らは，企業がまず一定の費用をかけて生産能力を決め，その後で価格を選択するベルトラン・タイプのモデルを考え，そこでクールノー的な結論が導かれる可能性もあることを示した．調停についてはギボンズ（Gibbons, 1988）を参照してほしい．そこでは，最終オファーによる調停と慣習的な調停の双方において，調停案が当事者のオファーの伝える情報にいかに依存するかが示されている．最後に，戦略空間が連続であるゲームの純粋戦略均衡をも含んだナッシュ均衡の存在については，ダスグプタ＝マスキン（Dasgupta and Maskin, 1986）を参照されたい．

1.5　練習問題

1.1 節

1.1　標準型のゲームとは何か．標準型ゲームにおいて強く支配される戦略とは何か．標準型ゲームにおける純粋戦略ナッシュ均衡とは何か．

1.2　つぎの標準型ゲームにおいて，強く支配される戦略を逐次消去した後にはどの戦略が残るか．また，純粋戦略ナッシュ均衡はどの戦略の組み合わせか．

	L	C	R
T	2, 0	1, 1	4, 2
M	3, 4	1, 2	2, 3
B	1, 3	0, 2	3, 0

1.3　プレイヤー 1, 2 が 1 ドルを分ける場面を考える．まず 2 人のプレイヤーは同時にいくらもらいたいかを言うとして，その値を s_1, s_2 とする．言うまでもなく $0 \leq s_1,\ s_2 \leq 1$ である．そのときもし $s_1 + s_2 \leq 1$ なら 2 人とも自分の言ったとおりの額を受け取れるが，$s_1 + s_2 > 1$ なら 2 人とも何も受け取れないとする．さてこのゲームの純粋戦略ナッシュ均衡を求めてみよ．

1.2 節

1.4　クールノーの寡占モデルで n 個の企業があるとする．q_i で企業 i の生産量をあらわし，$Q = q_1 + \cdots + q_n$ で市場の総供給量をあらわす．P を市場の需給が等しくなる価格とし，逆需要関数の形を $P(Q) = a - Q$ と特定化する（$Q < a$ と仮定し，それが満たされなければ $P = 0$ と考える）．さらに，企業 i が q_i を生産するときにかかる総費用を $C_i(q_i) = cq_i$ とする．つまり固定費用は 0 で，限界費用 c は一定ということである．さらに $c < a$ と仮定する．さてクールノーにしたがって，それらの企業がそれぞれの生産量を同時に決定するとしたときに，ナッシュ均衡はどうなるか．また n が無限に大きくなっていくときに，何が起こるか．

1.5　クールノーの複占モデルで戦略が有限個しかないケースを二通り考える．1 番目のケースは，各企業が独占生産量の半分 $q_m/2 = (a-c)/4$ またはクールノー均衡 $q_c = (a-c)/3$ かのどちらかだけを選択可能としたものである．そのとき，この 2 行動ゲームが囚人のジレンマと同じ結果を生じること，すなわち各企業とも強く支配される戦略を持ち，均衡においては双方とも協力した場合に比べて利得が下がること，を示せ．2 番目のケースは，各企業が $q_m/2$ か q_c または q' という三つの生産量を選べるとするものである．そのとき，こ

のゲームが 1.2.A 節のクールノー・モデルと等しくなるような q' の値，すなわち (q_c, q_c) が唯一のナッシュ均衡となるとともに，そこでは両企業とも協力するときよりも利得が下がり，かつどの企業も強く支配される戦略を持たないような q' の値，を求めてみよ．

1.6   クールノーの複占モデルを考え，逆需要関数はこれまでどおり $P(Q) = a - Q$ で与えられるが，限界費用は各企業で異なる（企業 1 の限界費用が c_1，企業 2 のそれが c_2）とする．$0 < c_i < a/2 (i=1, 2)$ としたとき，ナッシュ均衡はどうなるか．また $c_1 < c_2 < a$ かつ $2c_2 > a + c_1$ のときはどうか．

1.7   1.2.B 節では差別化された製品を持つベルトラン・モデルを考察した．しかし，2 企業が同一の製品を作る場合にはまったく違った結論が得られることになる．この点を考察するため，企業 i に対する消費者の需要量が $p_i < p_j$ のときには $a - p_i$，$p_i > p_j$ のときには 0，$p_i = p_j$ のときには $(a-p_i)/2$ になると仮定する．また，固定費用は 0 で，限界費用は $c < a$ で一定と仮定しよう．そのとき，2 企業が価格を同時に選ぶとすると，ナッシュ均衡が一意に決まり，そこでは両企業とも価格として c を付けることを示せ．

1.8   選挙戦を考え，有権者がその信条に応じて左翼 $(x=0)$ から右翼 $(x=1)$ まで一様に分布しているものとする．各候補者は一つの議席を争って，選挙戦で何を信条としてアピールするか（つまり 0 と 1 のあいだのどの点を選ぶか）を同時に決める．有権者は各候補者の選択を見て，自分の信条に一番近い信条をアピールしている候補者に投票する．例えば候補者が 2 人で，彼らがそれぞれ $x_1 = 0.3$，$x_2 = 0.6$ を選ぶとすれば，$x = 0.45$ よりも左寄りの有権者は候補者 1 に投票し，それより右寄りの有権者は候補者 2 に投票するので，結局候補者 2 が 55% の票を得て当選する．候補者は当選することのみを目標としており，そのためにはどんな信条をもアピールする用意があると仮定しよう．このとき，もし候補者が 2 名なら，純粋戦略ナッシュ均衡はどうなるか．また候補者が 3 人のとき，純粋戦略ナッシュ均衡としてどのようなものがあるか（複数の候補が同じ信条をアピールしたときには，そこに集まる票を彼らで等しく分け合うものとする．また最大得票者が 2 人以上出た場合には，誰が当選するかは硬貨を投げて決めるものとする）．このような考え方に沿う初期のモデルの例としては，ホテリング（Hotelling, 1929）がある．

1.3 節

1.9   標準型ゲームにおける混合戦略とは何か．また標準型ゲームにおける混合戦略ナッシュ均衡とは何か．

1.10   1.1 節で分析した三つのゲーム——囚人のジレンマ，表 1.1.1 および表 1.1.4——には，混合戦略ナッシュ均衡が存在しないことを示せ．

1.11   練習問題 1.2 のゲームにおける混合戦略ナッシュ均衡を求めよ．

1.12　つぎの標準型ゲームの混合戦略ナッシュ均衡を求めよ.

	L	R
T	2, 1	0, 2
B	1, 2	3, 0

1.13　二つの企業がそれぞれ1人だけ新たに労働者を雇おうとしている状況を考える. それら2企業は異なる賃金をオファーしている(なぜ企業によって賃金が異なるかについてはここでは考えないが, 一応企業によって労働者を1人雇うときの価値が違うと考えていただきたい). 企業iの賃金をw_iとし, $(1/2)w_1 < w_2 < 2w_1$であると仮定する. このゲームには2人の労働者がいて, 2人とも一つの企業にしか応募できない. そして彼らは同時にどちらの企業に応募するかを決定する. もしその企業に応募者が1人しかいなければ, その労働者が雇用される. しかし, 2人が同じ企業に応募する場合には, そのうち1人だけがランダムに選ばれ, もう1人は失業してしまう(そのときの利得は0). この標準型ゲーム(参考のため下にその双行列を書いておく)のナッシュ均衡を求めよ(さらに企業がどのように賃金を決めるかについては, モンゴメリー(Montgomery, 1991)を参照せよ).

労働者2

		企業1に応募	企業2に応募
労働者1	企業1に応募	$\frac{1}{2}w_1, \frac{1}{2}w_1$	w_1, w_2
	企業2に応募	w_2, w_1	$\frac{1}{2}w_2, \frac{1}{2}w_2$

1.14　1.1.C節の補論の命題Bが, 純粋戦略ナッシュ均衡ばかりではなく混合戦略ナッシュ均衡にも成立することを示せ. すなわち混合戦略ナッシュ均衡で正の確率で選ばれる戦略は, 強く支配される戦略の逐次消去に対しても生き残ることを示せ.

1.6　参考文献

Aumann, R., 1974. "Subjectivity and Correlation in Randomized Strategies." *Journal of Mathematical Economics* 1: 67-96.

――――, 1976. "Agreeing to Disagree." *Annals of Statistics* 4: 1236-39.

――――, 1987. "Correlated Equilibrium as an Expression of Bayesian Rationality." *Econometrica* 55: 1-18.

Bertrand, J., 1883. "Théorie Mathématique de la Richesse Sociale." *Journal des Savants* 499-508.

Brandenburger, A., 1992. "Knowledge and Equilibrium in Games." *Journal of Economic Perspectives* 6: 83-101.

Cournot, A., 1838. *Recherches sur les Principes Mathématiques de la Théorie des Richesses.*（中山伊知郎訳，『富の理論の数学的原理に関する研究』，岩波文庫，1936 年）

Dasgupta, P., and E. Maskin, 1986. "The Existence of Equilibrium in Discontinuous Economic Games, I: Theory." *Review of Economic Studies* 53: 1-26.

Farber, H., 1980. "An Analysis of Final-Offer Arbitration." *Journal of Conflict Resolution* 35: 683-705.

Friedman, J., 1971. "A Noncooperative Equilibrium for Supergames." *Review of Economic Studies* 28: 1-12.

Gibbons, R., 1988. "Learning in Equilibrium Models of Arbitration." *American Economic Review* 78: 896-912.

Hardin, G., 1968. "The Tragedy of the Commons." *Science* 162: 1243-48.

Harsanyi, J., 1973. "Games with Randomly Disturbed Payoffs: A New Rationale for Mixed Strategy Equilibrium Points." *International Journal of Game Theory* 2: 1-23.

Hotelling, H., 1929. "Stability in Competition." *Economic Journal* 39: 41-57.

Hume, D., 1739. *A Treatise of Human Nature.*（大槻春彦訳，『人性論』，岩波文庫，1948-1952 年）

Kakutani, S., 1941. "A Generalization of Brouwer's Fixed Point Theorem." *Duke Mathematical Journal* 8: 457-59.

Kreps, D., and J. Scheinkman, 1983. "Quantity Precommitment and Bertrand Competition Yield Cournot Outcomes." *Bell Journal of Economics* 14: 326-37.

Montgomery, J., 1991. "Equilibrium Wage Dispersion and Interindustry Wage Differentials." *Quarterly Journal of Economics* 106: 163-79.

Nash. J., 1950. "Equilibrium Points in n-Person Games." *Proceedings of the National Academy of Sciences* 36: 48-49.

Pearce, D., 1984. "Rationalizable Strategic Behavior and the Problem of Perfection." *Econometrica* 52: 1029-50.

Stackelberg, H. von, 1934. *Marktform und Gleichgewicht.* Vienna: Julius Springer.（大和瀬達二・上原一男訳，「市場形態と均衡」，フリッシュ，シュタッケルベルク，ヒックス，『寡占論集』，至誠堂，1970 年所収）

2 完備情報の動学ゲーム

本章では動学ゲームを導入する．われわれはここでも完備情報ゲーム(すなわちプレイヤーの利得関数が共有知識であるようなゲーム)に話を限ることにする．不完備情報ゲームへの入門については，つぎの第3章を参照されたい．さて2.1節では完備情報を持つばかりでなく，また**完全情報**(perfect information)をも持つ動学ゲームを分析する．ここで完全情報とは，各プレイヤーが自分の手番になったときそれまでのゲームの歴史を完全に知っているような状況を意味している．ついで2.2節から2.4節まででは完備情報ではあるが不完全情報のゲーム，すなわちゲームのある手番においてその手番のプレイヤーがゲームの歴史を完全には知らないゲームを考察する．

すべての動学ゲームの中心問題は信憑性である．いま信憑性を欠く脅しの例として，つぎの2手番ゲームを考えてみよう．まずプレイヤー1が，プレイヤー2に1000ドル渡すかそれとも何も渡さないかを決め，つぎにプレイヤー2が，プレイヤー1の選択を見た上で，手榴弾を炸裂させるかどうかを決めるというゲームがそれである．手榴弾が爆発すれば，もちろん両プレイヤーとも死んでしまう．さて，プレイヤー2がプレイヤー1に対して，1000ドル渡さない限りは手榴弾を炸裂させるぞと脅したとしてみよう．プレイヤー1がこれを信じるならば，彼の最適反応は1000ドルを渡すことである．しかし，プレイヤー1はその脅しを信じるべきではない．なぜならその脅しは信憑性を欠いており，もしプレイヤー2がそれを実行する機会を与えられたとしても，それを実行しない方を選ぶはずだと考えられるからである．したがって，プレイヤー1はプレイヤー2に何も渡すべきではないのである[1]．

---

1) プレイヤー1は手榴弾を炸裂させるという相手の脅しを聞いて，相手の気が変になったのではないかと訝るかもしれない．われわれはそのような疑念を不完備情報，つまりプレイヤー1がプレイヤー2の利得関数に確信が持てない状況としてモデル化する．第3章参照．

2.1節で考察するのは，プレイヤー1がまず手番を選び，つぎにプレイヤー2がその選択を見た後で自分の手番を選んでゲームが終わるという，完備完全情報の動学ゲームのクラスである．上記の手榴弾ゲームはこの種のゲームであるし，シュタッケルベルクの複占モデル(Stackelberg, 1934)やレオンティエフの組合と経営者による賃金・雇用決定モデル(Leontief, 1946)もまたそれに属する．本節ではまずそれらのゲームの**後ろ向き帰納法による結果**を定義し，それとナッシュ均衡との関係について簡単に触れる（この関係については2.4節でより詳しく議論する）．そしてこの結果を用いて，シュタッケルベルクとレオンティエフのモデルを解くことにする．またわれわれはルービンシュタインの交渉モデル(Rubinstein, 1982)でも同様の結果を導出するが，ただこのゲームは手番の列が無限になりうるので，上のゲームのクラスには属さない．

2.2節では前節で分析したゲームのクラスを拡張して，つぎのようなゲームを考える．まずプレイヤー1と2が同時に手番を選び，それからプレイヤー3と4が彼らの手番の選択を知った上で自分たちの手番を選んで，ゲームが終わる．2.4節で説明されるように，この同時手番ということが不完全情報を意味しているのである．われわれはそのようなゲームの**サブゲーム完全な結果**を定義するが，これは後ろ向き帰納法の自然な拡張となっている．そしてこの結果を用いて，ダイアモンド＝ダイビッグの銀行取付けモデル(Diamond and Dybvig, 1983)，関税と不完全国際競争のモデル，ラジアー＝ローゼンのトーナメント・モデル(Lazear and Rosen, 1981)の解を求めることにする．

2.3節では**繰り返しゲーム**をとり上げる．これは一定のプレイヤーが所与のゲームを繰り返し行い，つぎのゲームが始まる前に以前のゲームの結果がすべてのプレイヤーに分かっているようなゲームである．このゲームを分析するさいの問題は，将来の行動についての（信憑性のある）脅しや約束が現在の行動に影響を与えうるということである．われわれはまず繰り返しゲームにおける**サブゲーム完全なナッシュ均衡**を定義し，それを2.1節および2.2節で定義した後ろ向き帰納法による結果とサブゲーム完全な結果とに関係づける．その後，無限繰り返しゲームについてフォーク定理を述べてそれを証明し，フリードマンのクールノー型複占企業共謀モデル(Friedman, 1971)，シャピロ＝スティグリッツの効率賃金モデル(Shapiro and Stiglitz, 1984)，そしてバロー＝ゴードンの金融政策モデル(Barro and Gordon, 1983)を分析する．

2.4節では，完全情報，不完全情報のいずれであるかを問わず，一般の完備

情報の動学ゲームを分析するのに必要な用具を説明する．まずゲームの**展開型による表現**を定義し，第1章の標準型による表現とのつながりを考える．つぎに一般のゲームでサブゲーム完全なナッシュ均衡を定義する．（本節および本章全体での）主要な論点は，完備情報の動学ゲームは多数のナッシュ均衡を持つ可能性があるが，そのうちのいくつかには信憑性を欠く脅しや約束が含まれているかもしれないということである．サブゲーム完全なナッシュ均衡は，ある種の信憑性の基準に合格する均衡である．

2.1 完備完全情報の動学ゲーム

2.1.A 理論：後ろ向き帰納法　　手榴弾ゲームはつぎの簡単な完備完全情報ゲームのクラスに属する．

1. プレイヤー1が実行可能な行動の集合 A_1 から行動 a_1 を選ぶ．
2. プレイヤー2は a_1 を見た上で実行可能な行動の集合 A_2 から行動 a_2 を選ぶ．
3. それぞれの利得 $u_1(a_1, a_2)$, $u_2(a_1, a_2)$ が決まる．

多くの経済学の問題がこの枠組みに当てはまる[2]．例としては（後で詳しく分析される）シュタッケルベルクの複占モデルやレオンティエフの組合と経営者による賃金・雇用決定モデルがあげられる．また，プレイヤーの数を増したりプレイヤーの手番が2回以上回ってくることを認めたりして，ゲームがより長く続くことを許せば，他の多くの経済問題もこの枠組みの中で分析可能となる（2.1.D節で考察されるルービンシュタインの交渉ゲームもこの後者の例である）．完備完全情報の動学ゲームの主要な特徴は，（ⅰ）手番が逐次的に回ってくること，（ⅱ）つぎの手番の前にそれまでの手番でどういう行動が選ばれたかが皆分かっていること，（ⅲ）実行可能な行動の組み合わせで決まる各プレイ

---

2) プレイヤー2の実行可能な行動の集合 A_2 は，プレイヤー1の行動 a_1 に依存してもよい．そのような依存関係は $A_2(a_1)$ と書いて処理することができるし，また a_1 が与えられたとき実行不可能な a_2 に対しては $u_2(a_1, a_2) = -\infty$ とすることにすればプレイヤー2の利得関数の中に組み込むこともできる．プレイヤー1の行動によってはゲームがそこで終わってしまって，プレイヤー2に手番がこないことさえあるかもしれない．そのような a_1 の値に対しては，実行可能な行動の集合 $A_2(a_1)$ は1要素のみからなり，プレイヤー2には選択の余地がないものと考える．

ヤーの利得が共有知識であること，の三つである．

　われわれはこのクラスのゲームを後ろ向き帰納法によってつぎのように解く．ゲームの第2段階でプレイヤー2の番になったとき，彼もしくは彼女が直面する問題は，プレイヤー1がすでに選んでいる行動 a_1 を所与として

$$\max_{a_2 \in A_2} u_2(a_1, a_2)$$

となるように a_2 を決めることである．A_1 に属するどの a_1 についてもこの最大化問題が一意的な解を持つと仮定して，その解を $R_2(a_1)$ と書くことにする．これがプレイヤー1の行動に対するプレイヤー2の**反応**（最適反応）である．プレイヤー1もプレイヤー2と同様にプレイヤー2の問題を解きうるので，自分のとる行動 a_1 を選ぶにさいしてそれに対しプレイヤー2がどう反応するかを予想するはずであり，それゆえ，第1段階におけるプレイヤー1の問題は

$$\max_{a_1 \in A_1} u_1(a_1, R_2(a_1))$$

となるように a_1 を決めることになる．ここでもその解が一意になると仮定して，それを a_1^* であらわそう．われわれはこの $(a_1^*, R_2(a_1^*))$ を当該のゲームの**後ろ向き帰納法による結果**（backwards-induction outcome）と定義する．これは信憑性を欠く脅しを含まない．なぜならば，プレイヤー1は，プレイヤー2が1のどの行動 a_1 に対しても $R_2(a_1)$ をプレイして最適に反応すると予想しているからである．第2段階になったときにプレイヤー2が自分の利益にならないと思うような信憑性を欠く脅しには，プレイヤー1は信をおかないのである．

　第1章では完備情報の静学ゲームの分析にあたって標準型による表現を用い，そのゲームの解概念としてナッシュ均衡に焦点を合わせたことを思い出そう．ところが本節の動学ゲームの議論では，標準型による表現もナッシュ均衡もでてこない．その代わりわれわれはゲームを1から3のように言葉で記述し，ゲームの解として後ろ向き帰納法による結果を定義した．この点については2.4.A節で，1から3の記述がこのゲームの展開型による表現であることを示すことになろう．そして展開型による表現と標準型による表現との関係についてもそこで考察するが，動学ゲームにおいては展開型による表現の方が便利なことが分かるであろう．また2.4.B節では，サブゲーム完全なナッシュ

均衡を定義するが，ナッシュ均衡はやがて詳しく述べる意味で，信憑性を欠く
脅しを含まなければサブゲーム完全であるという．さらに，1から3で定義さ
れるゲームには多数のナッシュ均衡が存在するかもしれないが，サブゲーム完
全なナッシュ均衡だけが後ろ向き帰納法による結果と結びつくものであること
が分かるであろう．これは 1.1.C 節で述べたことの一例，すなわちナッシュ
均衡が複数ある場合でもその中の一つがどうしてもそれでなくてはならない解
として抜きんでてくる例である．

　では本節を，後ろ向き帰納法の議論に内在する合理性の仮定について考える
ことで締めくくろう．いまプレイヤー 1 の手番が 2 回あるつぎの 3 手番ゲー
ムを考えてみる．

1. プレイヤー 1 は L または R を選ぶ．それが L ならばゲームは終わり，プ
   レイヤー 1 の利得が 2，プレイヤー 2 の利得が 0 となる．
2. プレイヤー 2 はプレイヤー 1 の選択を見て，もしそれが R なら L' か R'
   かのどちらかを選ぶ．L' を選べばゲームは終わり，両者とも 1 の利得を
   得る．
3. プレイヤー 1 はプレイヤー 2 の選択を見て，（また自分自身の第 1 段階で
   の選択も念頭において）もしそれらが R, R' ならば L'' か R'' のどちらか
   を選ぶ．どちらの場合でもゲームは終わり，L'' ならプレイヤー 1 は 3，
   プレイヤー 2 は 0 の利得を，R'' ならプレイヤー 1 は 0，プレイヤー 2 は
   2 の利得を得る．

上に言葉で述べたところは，すべてつぎのゲームツリーに簡潔にまとめられる
（これがこのゲームの展開型による表現で，やがて 2.4 節でより一般的に定義
される）．ゲームツリーの枝の末端にそれぞれ書かれている利得のうち上の数
字がプレイヤー 1 の利得，下の数字がプレイヤー 2 の利得である．

　このゲームの後ろ向き帰納法による結果を計算するために，第 3 段階（つま
りプレイヤー 1 の第 2 手番）から始めることにしよう．そこではプレイヤー 1
は L'' から得られる利得 3 と R'' から得られる利得 0 の選択に当面するので，
L'' が最適となる．したがって第 2 段階でプレイヤー 2 は，もしゲームが第 3
段階に達したなら 1 は L'' を選び，プレイヤー 2 の利得は 0 になるであろうと
予想する．よって第 2 段階でのプレイヤー 2 の選択は，L' から得られる利得

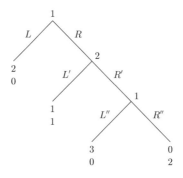

1と R' から得られる利得0とのあいだからなされることになり，L' が最適となる．したがって第1段階でプレイヤー1は，もしゲームが第2段階に達したなら2は L' を選びプレイヤー1の利得は1になるであろうと予想する．よって第1段階でのプレイヤー1の選択は，L から得られる利得2と R から得られる利得1とのあいだからなされ，L が最適となる．

　この推論によってゲームの後ろ向き帰納法による結果は，プレイヤー1が第1段階で L を選び，ゲームを終わらせるものであることが分かる．もっとも後ろ向き帰納法でゲームが第1段階で終わることが予想されるといっても，推論の重要な部分は，もし第1段階でゲームが終わらなかったら何が起こるかということにかかわっている．例えば第2段階でプレイヤー2が，もし第3段階に達したならプレイヤー1は L'' を選ぶであろうと予想するときには，2は1が合理的であることを仮定している．この仮定は，1が第1段階で後ろ向き帰納法による結果から外れたときにのみ2の手番が回ってくるという事実と矛盾するかに見えるかもしれない．つまり，もし1が第1段階で R をとるなら，2は第2段階で1が合理的であると仮定できないのではないかと思えるのであるが，実際はそうではないのである．もし1が第1段階で R をとるならば，両者が合理的であるということが共有知識になることはありえない．しかし，1が R を選び，かつそれが1が合理的であるという2の仮定に矛盾しないような理由がありうるのである[3]．一つの可能性は，プレイヤー1が合理的であることは共有知識であるが，プレイヤー2が合理的であることは共有

3）強く支配される戦略の逐次消去の議論（1.1.B 節）を思い出していただきたい．各プレイヤーが合理的であることが共有知識であるとは，各プレイヤーが合理的であり，皆に各プレイヤーが合理的であることが分かっており，さらにまた，皆がそのことを知っており，…… というように無限に続いていくことを意味するのである．

知識でないという場合である. 1は, もし2が合理的ではないかもしれないと思えば, 2が第2段階で R' を選び, それによって自分が第3段階で L'' を選ぶ機会を与えてくれるかもしれないことを期待して, 第1段階で R を選ぶかもしれない. またもう一つの可能性は, プレイヤー2が合理的であるのは共有知識であるが, プレイヤー1が合理的であるのは共有知識でないという場合である. 事実1は合理的であっても, 2が1は合理的ではないかもしれないと思っていると判断すれば, 2がおそらく1は第3段階で R'' を選ぶであろうと推測し, 第2段階で R' を選ぶことが期待されるので, 第1段階で R を選ぶかもしれない. 後ろ向き帰納法は, 1の R という選択が上記のようにして説明されうると仮定する. ただし, 1が R を選んだのは本当に1が非合理的であるからだと考えた方がいいゲームもある. そのようなゲームでは, 後ろ向き帰納法はゲームの結果の予測としてかなりの魅力を失うが, それはちょうどゲーム理論が一意的な解を提供できず, またどんな定石も生じないようなゲームでは, ナッシュ均衡がかなりの魅力を失うのと同じである.

2.1.B シュタッケルベルクの複占モデル

シュタッケルベルク (Stackelberg, 1934) は支配的 (または先導的) 企業がはじめに動き, 従属的 (または追従的) 企業がつぎに動くような複占の動学モデルを提唱した. アメリカ合衆国の自動車産業の歴史でも, ある時点では例えばゼネラルモーターズ社がそのような先導的役割を演じていたように思われる (以下の議論をフォード社, クライスラー社というように追従企業が2個以上のケースに拡張することは容易である). 以下ではシュタッケルベルクに倣って, 企業はクールノー・モデルの場合と同様 (ただしそこでは企業の選択がここでのように順番にではなくむしろ同時になされた) 生産量を選ぶという仮定の下で, モデルを構成していくことにする. ベルトラン・モデルの場合のように (ただしそこでも選択は同時になされる) 企業が価格を選択するとして, それを同様の逐次手番モデルに組み直すのは, 読者に委ねられた練習問題である.

ゲームの手順はつぎのとおりである. (1)企業1が生産量 $q_1 \geq 0$ を選ぶ. (2)企業2が q_1 を見て, それから生産量 $q_2 \geq 0$ を選ぶ. (3)企業 i の利得が利潤関数

$$\pi_i(q_i, q_j) = q_i[P(Q) - c]$$

によって与えられる. ただし $P(Q) = a - Q$ は市場の総生産量が $Q = q_1 + q_2$ の
とき需給が一致する価格をあらわしており, c は限界費用をあらわす定数であ
る(固定費用は 0 とする).

このゲームの後ろ向き帰納法による結果を解くために, まず企業 1 の任意
の生産量に対する企業 2 の反応を計算してみよう.

$$\max_{q_2 \geq 0} \pi_2(q_1, q_2) = \max_{q_2 \geq 0} q_2[a - q_1 - q_2 - c]$$

を解いて $R_2(q_1)$ を求めると, $q_1 < a - c$ である限り

$$R_2(q_1) = \frac{a - q_1 - c}{2}$$

を得る. $R_2(q_1)$ と同様の式は 1.2.A 節の同時手番クールノー・ゲームの分析
にもあらわれた. 違いは, ここでは $R_2(q_1)$ が企業 1 の観察された数量に対す
る企業 2 の反応を本当にあらわしているのに対して, クールノーの分析では
$R_2(q_1)$ は企業 1 によって同時に選ばれる仮説上の生産量に対する企業 2 の最
適反応になっている点にある.

企業 1 は企業 2 と同様企業 2 の問題が解けるので, 自分の q_1 という生産量
の選択が $R_2(q_1)$ という反応を引き起こすことを予想するはずである. したが
って第 1 段階での企業 1 の問題は

$$\max_{q_1 \geq 0} \pi_1(q_1, R_2(q_1)) = \max_{q_1 \geq 0} q_1[a - q_1 - R_2(q_1) - c]$$
$$= \max_{q_1 \geq 0} q_1 \frac{a - q_1 - c}{2}$$

となり, それを解いた

$$q_1^* = \frac{a - c}{2} \quad \text{および} \quad R_2(q_1^*) = \frac{a - c}{4}$$

がシュタッケルベルクの複占ゲームの後ろ向き帰納法による結果となる[4].

第 1 章の結果から, クールノー・ゲームのナッシュ均衡では各企業が $(a -$

---

[4] ちょうど「クールノー均衡」や「ベルトラン均衡」が通常クールノー・ゲームとベルトラン・ゲームのナッシュ均衡を指しているように, 「シュタッケルベルク均衡」は多くの場合ゲームが同時手番でなく逐次手番であることを意味している. しかしながら前節で注意したように, 逐次手番ゲームは時として複数のナッシュ均衡を持ち, そのうちの一つだけがゲームの後ろ向き帰納法による結果とつながりを持つ. したがって「シュタッケルベルク均衡」という概念は, ゲームが逐次手番であることと, たんなるナッシュ均衡以上のより強い解概念が用いられていることの両方を意味することもある.

$c)/3$ だけ生産することが分かっている．したがってシュタッケルベルク・ゲームの後ろ向き帰納法による結果の総生産量 $3(a-c)/4$ は，クールノー・ゲームのナッシュ均衡での総生産量 $2(a-c)/3$ より大きくなり，市場均衡価格はシュタッケルベルク・ゲームの方が低くなる．またシュタッケルベルク・ゲームでは，企業1はクールノーの生産量 $(a-c)/3$ を選ぶこともできたはずで，そのときには企業2はクールノーの生産量で反応したはずである．こうして，シュタッケルベルク・ゲームでは，企業1はクールノー・ゲームでの利得を得ようとすれば得られたのにそうしなかったのだから，シュタッケルベルク・ゲームでの企業1の利得はクールノー・ゲームでの利得を上回っているはずである．しかし，シュタッケルベルク・ゲームの方が市場均衡価格が低いということは総利得も低いということで，企業1がより有利になっている事実は企業2がより不利になっていることを意味しているのである．

　企業2がクールノー・ゲームよりシュタッケルベルク・ゲームの方で利得が低くなるという結果は，1人の意思決定問題と複数人の意思決定問題との重要な違いを明らかにしている．1人の意思決定問題では，より多くの情報を持つことが意思決定者を不利にすることは決してありえない．しかし，ゲーム理論では，より多くの情報を持つこと（より正確にはより多くの情報を持っていると他のプレイヤーに知られること）がプレイヤーを不利に**しうる**のである．

　シュタッケルベルク・ゲームでは，問題となる情報は企業1の生産量である．企業2は q_1 を知っており，（同様に重要なことだが）企業1は企業2が q_1 を知っているのを知っている．この情報の効果を見るために，企業1が q_1 を選び，つぎに企業2が q_1 を知らずに q_2 を選ぶという修正された逐次手番ゲームを考えてみる．もし企業2が企業1はそのシュタッケルベルク生産量 $q_1^* = (a-c)/2$ を選んだと信じるならば，企業2の最適反応はふたたび $R_2(q_1^*) = (a-c)/4$ となる．しかし，もし企業1が，企業2は上記の信念を持ちこの生産量を選ぶであろうと予想すれば，企業1はシュタッケルベルク生産量 $(a-c)/2$ よりも $(a-c)/4$ に対する最適反応すなわち $3(a-c)/8$ を選ぶことの方を好む．したがって企業2は，企業1がシュタッケルベルク生産量を選んだと信じるべきでない．実際のところ，この修正された逐次手番ゲームの唯一のナッシュ均衡は，両企業が $(a-c)/3$ を選ぶというもので，まさに同時手番のクールノー・ゲームのナッシュ均衡と同じになる[5]．よって企業1が企業2は q_1 を知っていると知ることは，企業2の利益を損なうのである．

2.1.C　組合を持つ企業における賃金と雇用　　企業と独占組合(労働を企業に独占的に供給する組合)の関係を扱ったレオンティエフのモデル(Leontief, 1946)では，組合が賃金を全面的に制御し，企業が雇用を全面的に制御する(同様の結論は，企業と組合が賃金を交渉で決め，企業が雇用を全面的に支配下に置くというより現実に近いモデルでも得られる)．組合の効用関数は $U(w, L)$ で，w が組合が企業に要求する賃金，L が雇用量である．$U(w, L)$ は w と L の両方について増加関数であると仮定する．企業の利潤関数は $\pi(w, L) = R(L) - wL$ で，$R(L)$ が L 人の労働者を雇ったとき(かつそれに応じて生産量や生産物市場での決定を最適に行ったとき)の収入をあらわす．$R(L)$ は増加かつ凹関数であると仮定する．

　ゲームの手順はつぎのとおりである．(1)組合が賃金要求 w を出す．(2)企業が w を知って(かつそれを受け入れて)雇用量 L を選ぶ．(3)利得が $U(w, L)$ と $\pi(w, L)$ で与えられる．われわれはたとえ $U(w, L)$ と $R(L)$ に特別な関数形を仮定せず，したがって結果を明示的に解くことができないとしても，このゲームの後ろ向き帰納法による結果についてはかなりのことを知ることができる．

　まずわれわれは，第1段階での組合の任意の賃金要求 w に対する第2段階での企業の最適反応を解くことができる．w を所与として，企業は

$$\max_{L \geq 0} \pi(w, L) = \max_{L \geq 0} R(L) - wL$$

を解くような $L^*(w)$ を選び，その1階の条件は

$$R'(L) - w = 0$$

である．この条件 $R'(L) - w = 0$ が解を持つことを保証するために，図 2.1.1 にあるように $R'(0) = \infty$，$R'(\infty) = 0$ であることを仮定する．

　図 2.1.2 は $L^*(w)$ を w の関数として描き(両軸を以下の図と比較がしやすいように選んでいる)，$L^*(w)$ が企業の各等利潤曲線の最大値を通ることを

---

5)　これが 1.1.A 節でわれわれが主張したことの一例である．すなわち標準型ゲームでは，プレイヤーたちは自分の戦略を同時に選択することになっているが，これは必ずしも彼らが同時に**行動する**ことを意味していない．彼らが自分の行動を，他のプレイヤーの選択を知ることなしに選べば十分なのである．この点に関するより進んだ議論については 2.4.A 節を参照せよ．

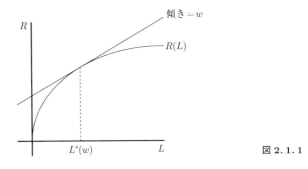

図 2.1.1

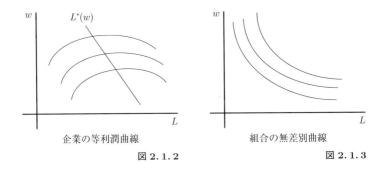

企業の等利潤曲線 組合の無差別曲線

図 2.1.2 図 2.1.3

図示したものである[6]. L を固定すれば企業は w の低い方が有利となるので，下方にある等利潤曲線ほど利潤の水準が高いことが分かる．図 2.1.3 は組合の無差別曲線である．L を固定すれば組合は w が高いほど有利となるので，上方にある無差別曲線ほど組合の効用水準が高くなっていく.

　つぎに第 1 段階における組合の問題について眺めてみよう．組合も企業と同様に企業の第 2 段階の問題が解けるので，賃金水準 w への企業の反応が雇用水準 $L^*(w)$ を選ぶものになると予想するはずである．したがって第 1 段階での組合の問題は

$$\max_{w \geq 0} U(w, L^*(w))$$

のように w を決めることになる．図 2.1.3 の無差別曲線図で見れば，組合は

---

6) 後半の性質はたんに $L^*(w)$ が所与の w の下で $\pi(w, L)$ を最大にしているということの言い直しにすぎない．例えば組合が w' を要求したとすると，企業の L の選択は水平線 $w = w'$ 上の点の選択となる．そして最大利潤は (w', L) を通る等利潤曲線が制約線 $w = w'$ に接するように L を選ぶことで達成される.

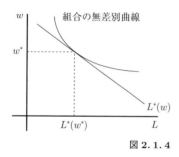

図 2.1.4

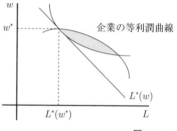

図 2.1.5

$(w, L^*(w))$ が最高の無差別曲線上にくるように賃金要求 w を選ぼうとする. この組合の問題の解 w^* は, 組合の無差別曲線が $L^*(w)$ に $(w^*, L^*(w^*))$ で接するような w^* として求められる. 図 2.1.4 を参照されたい. こうして $(w^*, L^*(w^*))$ が, この賃金・雇用ゲームの後ろ向き帰納法による結果となる.

　$(w^*, L^*(w^*))$ が非効率的であることはすぐ分かる. w と L を図 2.1.5 の影を付けた部分にもってくれば, 組合の効用も企業の利潤もともに上昇する. この非効率性があるのに, 現実に企業が雇用量を全面的に制御し続けようとするのは不可解なところである(企業と組合が賃金を交渉で決め, 雇用量については企業が全面的に支配下に置くとしても, 同様の非効率性が生じる). エスピノーサ＝リー(Espinosa and Rhee, 1989)は, 組合と企業が繰り返し交渉を行うという事実(アメリカでは 3 年ごとの頻度で行われる)にもとづき, この謎に一つの解答を与えた. たとえ 1 回の交渉での後ろ向き帰納法による結果では無理だとしても, 繰り返しゲームを行えば, 組合の w の選択と企業の L の選択とが図 2.1.5 の影の部分に入ってくるような均衡があるかもしれないのである. 繰り返しゲームについては 2.3 節を, またエスピノーサとリーのモデルについては練習問題 2.16 を参照されたい.

2.1.D　逐次的交渉　われわれはまず, 2.1.A 節で分析したゲームのクラスに属する 3 期間の交渉モデルを考察することから始める. その後でルービンシュタインのモデルを考察するが, これは期間の数が(可能性としては)無限になりうるモデルである. どちらのモデルでも交渉はただちに決着し, ストライキのように交渉が長引くことはない. これに対しソーベルと高橋の非対称情報下での逐次交渉モデル(Sobel and Takahashi, 1983)では, その一意的な(完全ベイジアン)均衡においてストライキが正の確率で起こりうる結果となってい

る. 4.3.B 節を参照せよ.

いまプレイヤー 1 と 2 が 1 ドルをどう分けるかを話し合っているとしよう. 彼らは交互に案を出す. つまり, まずプレイヤー 1 が案を出し, プレイヤー 2 はそれを受諾することもできるし拒否することもできる. もし 2 が拒否すれば, 今度は 2 が案を出し, それをプレイヤー 1 が受諾するか拒否するかする. 以下それが繰り返されていく. 提案が拒否された場合その案は白紙に戻され, その後のゲームの進行には影響を与えない. 各提案には 1 期の時間がかかるが, プレイヤーは性急なので, 将来の利得は 1 期あたり $\delta(0<\delta<1)$ だけ割り引かれるものとする[7].

3 期交渉ゲームの手順をより詳しく書くと, つぎのようになる.

(1a) 第 1 期の期首にプレイヤー 1 は自分が 1 ドルのうち s_1 だけを取り, プレイヤー 2 に $1-s_1$ を残すという案を出す.

(1b) プレイヤー 2 はその案を受諾するか(その場合ゲームは終わり, プレイヤー 1 は利得 s_1 を, プレイヤー 2 は利得 $1-s_1$ をただちに受け取る), その案を拒否する(その場合ゲームは第 2 期へと続いていく).

(2a) 第 2 期の期首にプレイヤー 2 はプレイヤー 1 が 1 ドルのうち s_2 だけを取り, 自分は $1-s_2$ を取るという案を出す(ここでの記法では, どちらが提案する場合も s_t がつねにプレイヤー 1 の取り分をあらわすようになっていることに注意).

(2b) プレイヤー 1 はその案を受諾するか(その場合ゲームは終わり, プレイヤー 1 は利得 s_2 を, プレイヤー 2 は利得 $1-s_2$ をただちに受け取る), その案を拒否する(その場合ゲームは第 3 期へと続いていく).

(3) 第 3 期の期首に, プレイヤー 1 は 1 ドルのうち s を受け取り, プレイヤー 2 は $1-s$ を受け取る($0<s<1$).

この 3 期モデルでは, 第 3 期の決着案 $(s, 1-s)$ は外生的に与えられる. 後に

---

7) **割引因子** δ は貨幣の将来価値を反映したものである. つまりある期の期首に受け取る 1 ドルは銀行に預ければ利子を生むので, 利子率を 1 期あたり r とすれば, 来期の期首には $1+r$ の価値になる. 同様に考えると, 来期の期首に受け取る 1 ドルは, 今期は $1/(1+r)$ ドルの価値しかない. $\delta=1/(1+r)$ とすれば, 来期の利得 π は今 $\delta\pi$ の価値しか持たず, 2 期先に受け取る利得 π は今 $\delta^2\pi$ の価値しかない等々となる. 将来利得の今期の価値は, その利得の**現在価値**と呼ばれる.

考える無限期モデルでは，この第3期の利得 s は（最初の二つの提案が拒否されて）第3期に至ったとして，それから後のゲームでのプレイヤー1の利得をあらわすことになる．

　この3期ゲームの後ろ向き帰納法による結果を解くために，まず第2期に達した場合のプレイヤー2の最適な提案を計算しよう．プレイヤー1はその期のプレイヤー2の提案 s_2 を拒否することにより，第3期に s を受け取ることができる．ただし，来期受け取る s の今期の価値は δs でしかない．したがってプレイヤー1は s_2 が $s_2 \geq \delta s$ であるとき，しかもそのときに限って s_2 を受諾する（どのプレイヤーも，もし受諾と拒否とが無差別ならば提案を受諾するものと仮定する）．よってプレイヤー2の第2期での意思決定は，（$s_2 = \delta s$ をプレイヤー1に提案して）今期 $1 - \delta s$ を受け取るか，それとも（$s_2 < \delta s$ をプレイヤー1に提案して）来期 $1 - s$ を受け取るかの選択となる．後者の選択の第2期における割引価値は $\delta(1-s)$ で，これは前者を選んで得られる $1 - \delta s$ よりも低いので，プレイヤー2の第2期における最適な提案は $s_2^* = \delta s$ である．したがってもしゲームが第2期に達すれば，プレイヤー2は s_2^* を提案して，プレイヤー1がそれを受諾することになる．

　プレイヤー1はプレイヤー2と同様プレイヤー2の第2期の問題が解けるので，プレイヤー2が第1期に自分の提案 s_1 を拒否したとしても，第2期に $1 - s_2^*$ を受け取れることを知っている．ただし，次期に $1 - s_2^*$ を受け取ることの今期の価値は $\delta(1 - s_2^*)$ である．したがってプレイヤー2は，$1 - s_1 \geq \delta(1 - s_2^*)$ つまり $s_1 \leq 1 - \delta(1 - s_2^*)$ であるとき，かつそのときに限り $1 - s_1$ を受諾する．よってプレイヤー1の第1期の意思決定は（プレイヤー2に $1 - s_1 = \delta(1 - s_2^*)$ を提案して）今期 $1 - \delta(1 - s_2^*)$ を得るか，それとも（$1 - s_1 < \delta(1 - s_2^*)$ をプレイヤー2に提案して）来期 s_2^* を得るかの選択になる．後者の割引価値は $\delta s_2^* = \delta^2 s$ であり，前者から得られる $1 - \delta(1 - s_2^*) = 1 - \delta(1 - \delta s)$ より低いので，プレイヤー1の第1期における最適な提案は $s_1^* = 1 - \delta(1 - s_2^*) = 1 - \delta(1 - \delta s)$ となる．したがってこの3期ゲームの後ろ向き帰納法による結果は，プレイヤー1が分割案 $(s_1^*, 1 - s_1^*)$ をプレイヤー2に提案して，プレイヤー2がそれを受諾するというものとなる．

　ここから無限期の場合に移る．手順は前に述べたのと同様であるが，第3期で外生的に決着がつけられる代わりに(3a)，(3b)，(4a)，(4b)，……と限りなく期が続いていく．プレイヤー1は奇数期に案を出し，プレイヤー2は

偶数期に案を出す．そして交渉はどちらかが案を受諾するまで続けられる．そこでわれわれはこれまで分析してきた応用例のように，無限期ゲームの後ろ向き帰納法による結果を後段階から解いていきたいわけであるが，ゲームが無限に続いていくので，そのような分析を始める最後の手番というものが存在しない．ただ幸いにも（シェイキッド＝サットン（Shaked and Sutton, 1984）が初めて使った）つぎのような洞察により，無限期のゲームを途中で切って，有限期の場合の論理を適用することができるのである．その洞察とは，第 3 期から始まるゲームが（もしそこに達したならばの話であるが）全体としての（第 1 期から始まる）ゲームと同じものになるということである．つまり，どちらの場合でも，プレイヤー 1 がまず提案し，その後は交互に案を出し合って，どちらか一方が案を受諾するまで交渉が続くのである．

われわれはこの無限期交渉ゲームの後ろ向き帰納法による結果をまだ正式に定義していないので，以下の議論も厳密に定式化されたものではない（もちろん厳密な定式化は可能である）．いまかりに全体のゲームで後ろ向き帰納法による結果が存在したとして，プレイヤー 1 と 2 が利得 s, $1-s$ をそれぞれ受け取ると想定してみる．ここでわれわれはこの利得を，もしゲームが第 3 期まで達したならそこから始まるはずのゲームに適用し，それから第 1 期に後ろ向きに戻って，（3 期モデルでやったように）全体のゲームの新たな後ろ向き帰納法による結果を求めてみることができる．この新たな後ろ向き帰納法による結果では，プレイヤー 1 は第 1 期に案 $(f(s), 1-f(s))$ を出し，プレイヤー 2 はそれを受諾することになる．ここで $f(s) = 1 - \delta(1 - \delta s)$ は，前に見たように，第 3 期の結果があらかじめ与えられている 3 期モデルでプレイヤー 1 が第 1 期に得る分け前である．

全体ゲームの後ろ向き帰納法による結果でプレイヤー 1 が得ることのできる最大の利得を s_H とする．上でやったように s_H をプレイヤー 1 の第 3 期の利得としてみれば，これからプレイヤー 1 の第 1 期の利得が $f(s_H)$ となる新たな後ろ向き帰納法による結果が得られる．ここで $f(s) = 1 - \delta + \delta^2 s$ は s について増加関数であるから，s_H が第 3 期の最大の利得であれば，$f(s_H)$ も第 1 期の最大の利得となる．ところが s_H はまた第 1 期の最大の利得でもあるので，結局 $f(s_H) = s_H$ ということになる．同様にして，プレイヤー 1 が全体ゲームの後ろ向き帰納法による結果で得ることのできる最小の利得を s_L とすれば，$f(s_L) = s_L$ であることにもなる．$f(s) = s$ を満たす唯一の s の値は

$1/(1+\delta)$ なので，これを s^* と書けば $s_H = s_L = s^*$ がいえ，結局全体ゲームの後ろ向き帰納法による結果が一意的に存在することになる．それは，プレイヤー1が第1期に $(s^* = 1/(1+\delta), 1-s^* = \delta/(1+\delta))$ という案を出し，プレイヤー2がそれを受諾するというものである．

2.2　完備不完全情報の2段階ゲーム

2.2.A　理論：サブゲーム完全性

本節では，前節で分析したゲームのクラスを拡大する．完備完全情報の動学ゲームのときと同様，われわれはゲームが段階を踏んで進んでいき，以前の段階のプレイの結果はどれもがつぎの段階が始まる前に観察されると仮定し続ける．ただし，前節のゲームとは異なり，今度は各段階で同時手番があることを認める．2.4節で説明されるように，この1段階の中での手番の同時性によって，本節で分析されるゲームは不完全情報を持つといわれる．それにもかかわらず，これらのゲームは，前節で考察した完全情報のゲームと同じ重要な特徴を共有している．

ここではつぎの単純なゲームを考察する．それを(芸のない呼び方ではあるが)完備不完全情報の2段階ゲームと呼ぶことにしよう．

1. プレイヤー1と2が同時に行動 a_1 と a_2 をそれぞれの実行可能集合 A_1, A_2 から選ぶ．
2. プレイヤー3と4が第1段階の結果 (a_1, a_2) を観察し，その後同時に行動 a_3 と a_4 をそれぞれの実行可能集合 A_3, A_4 から選ぶ．
3. 利得が $u_i(a_1, a_2, a_3, a_4)$, $i = 1, 2, 3, 4$ で与えられる．

多くの経済問題がこの枠組みにはまり込んでくる[8]．三つの事例(それぞれ以下で詳しくとり上げる)は，銀行の取付け，不完全国際競争，およびトーナメント(例えばある企業の副社長何人かによる次期社長の席をめぐっての競争)である．他の経済問題も，プレイヤーの数を増したりプレイヤーが複数の段階で行動するのを認めたりして，ゲームの段階を長くすればモデル化できる．ま

---

[8] 前節と同様，第2段階のプレイヤー3と4の実行可能な行動の集合 A_3, A_4 が，第1段階の結果 (a_1, a_2) に依存するようにすることもできる．とくに (a_1, a_2) の値によっては，そこでゲームが終わってしまうかもしれない．

た，プレイヤーの数を減らすことも可能である．ある応用例ではプレイヤー3 と 4 がプレイヤー 1 と 2 と同じであったり，他の例ではプレイヤー 2 やプレイヤー 4 が欠けたりすることもあろう．

われわれはこのクラスのゲームを後ろ向き帰納法の考え方に沿って解いていくが，ここではゲームの最後から後ろ向きに解くにあたって，まず最初の段階で，前節の場合のように 1 人の最大化問題を解くのではなくて，本当のゲーム（第 1 段階での結果を所与としたプレイヤー 3 と 4 による同時手番のゲーム）を解くのでなくてはならない．議論を単純化するため，本節では第 1 段階ゲームのどの実行可能な結果 (a_1, a_2) に対しても，プレイヤー 3 と 4 による第 2 段階ゲームが一意的なナッシュ均衡を持つと仮定し，それを $(a_3^*(a_1, a_2),$ $a_4^*(a_1, a_2))$ であらわす．（繰り返しゲームを扱う）2.3.A 節ではこの仮定を弱めた場合の含意について考察する．

もしプレイヤー 1 と 2 が，第 2 段階でのプレイヤー 3 と 4 の行動は $(a_3^*(a_1, a_2), a_4^*(a_1, a_2))$ で与えられると予想するならば，プレイヤー 1 と 2 の第 1 段階における行動はつぎの同時手番ゲームとして記述できよう．

1. プレイヤー 1 と 2 がそれぞれの実行可能な行動の集合 A_1, A_2 から行動 a_1 と a_2 を同時に選ぶ．
2. 利得が $u_i(a_1, a_2, a_3^*(a_1, a_2), a_4^*(a_1, a_2))$, $i=1, 2$ で与えられる．

かりに (a_1^*, a_2^*) がこの同時手番ゲームの一意的なナッシュ均衡であったとする．このとき $(a_1^*, a_2^*, a_3^*(a_1^*, a_2^*), a_4^*(a_1^*, a_2^*))$ をこの 2 段階ゲームの**サブゲーム完全な結果**(subgame-perfect outcome) と呼ぶ．この結果は完備完全情報ゲームの場合の後ろ向き帰納法による結果に自然に対応するもので，その長所をも短所をも受け継いでいる．例えば，プレイヤー 1 と 2 は後の第 2 段階でナッシュ均衡にはならない行動からなるプレイヤー 3 と 4 の脅しは信じないはずである．なぜなら，ゲームが実際に第 2 段階に達したとき，（まさにそれが第 2 段階で残っているゲームのナッシュ均衡ではないという理由により）少なくともプレイヤー 3 と 4 のうちの 1 人はそのような脅しを実行に移そうとしないはずだからである．他方かりにプレイヤー 1 とプレイヤー 3 が同一人物で，もしプレイヤー 1 が第 1 段階で a_1^* を選ばなかったとしたら，プレイヤー 4 はプレイヤー 3（すなわちプレイヤー 1）が第 2 段階で $a_3^*(a_1^*, a_2^*)$ をとるという仮

定を考え直そうと思うかもしれない.

2.2.B　銀行の取付け

2人の投資家が銀行にそれぞれ D だけ資金を預けており,銀行はその預金をある長期プロジェクトに投資しているとする.もし銀行が当該プロジェクトの完了以前にその投資を精算する必要に迫られれば,全額で $2r$ の資金を取り戻すことが可能であり,ここで $D > r > D/2$ であるとする.他方,もし銀行がその投資を最後まで続けられれば,プロジェクトから全額で $2R$ の資金を回収することが可能であり,$R > D$ であるとする.

　投資家が銀行から預金を引き出せる期日としては,つぎの二つがある.期日1は銀行の投資が満期になる前,期日2はその後である.単純化のために割引はないものと仮定する.もし投資家が2人とも期日1で預金を引き出せば,2人とも r を受け取って,ゲームは終わる.もし1人だけが期日1で引き出せば,その投資家は D を受け取り,もう1人は $2r - D$ を受け取って,ゲームは終わる.また,誰も期日1で引き出さなければ,プロジェクトは完了し,2人の投資家は期日2で預金を引き出すかどうかを決める.期日2でもし両投資家が預金を引き出せば,2人とも R を受け取り,ゲームは終わる.もし1人だけが期日2で引き出せば,その投資家は $2R - D$ を,もう一方は D を受け取り,ゲームは終わる.最後に,もしどちらも期日2で預金を引き出さなければ,銀行は R を両投資家に返して,ゲームは終わる.

	引き出す	引き出さない
引き出す	r, r	$D, 2r - D$
引き出さない	$2r - D, D$	つぎの段階

期日1

	引き出す	引き出さない
引き出す	R, R	$2R - D, D$
引き出さない	$D, 2R - D$	R, R

期日2

　2.4節でこのゲームをどうやって厳密に表現するかを考察するが,本節では非公式に話を進めていく.2人の投資家の期日1と2における利得は,(彼らがそれぞれの期日にどういう預金引き出しの意思決定をするかに依存して)つ

ぎの二つの標準型ゲームであらわされる．ただし，期日 1 の標準型ゲームが
いつもの標準型とは違うことに注意されたい．つまりもし投資家が 2 人とも
期日 1 で引き出さないと決めたならば，利得は決まらず，2 人は期日 2 の標準
型ゲームへと進むのである．

　このゲームの分析は，やはり後から逆向きに進められる．期日 2 の標準型
ゲームを見れば，$R > D$（よって $2R - D > R$）なので，「引き出す」が「引き出
さない」を強く支配しており，一意的なナッシュ均衡が存在する．それは投
資家が 2 人とも預金を引き出し，利得 (R, R) を得るというものである．割引
率が 0 なので，この利得はそのまま期日 1 の標準型ゲームに代入でき，その
結果を示したものが表 2.2.1 である．$r < D$（よって $2r - D < r$）なので，この
2 期を 1 期にまとめたゲームには二つの純粋戦略ナッシュ均衡が存在する．そ
れらは(1)両投資家が預金を引き出し，利得 (r, r) を得るものと，(2)両投資
家が預金を引き出さず，利得 (R, R) を得るものである．したがって，もとも
との 2 期間銀行取付けゲームには，二つのサブゲーム完全な結果が存在する
ことになる(よって，このゲームは厳密には 2.2.A 節で定義したゲームのク
ラスには収まらない)．すなわち，(1)両者が期日 1 で預金を引き出し，利得
(r, r) を得るものと，(2)両者が期日 1 では預金を引き出さず，期日 2 で引き
出して，期日 2 に利得 (R, R) を得るものの二つがそれらである．

	引き出す	引き出さない
引き出す	r, r	$D, 2r - D$
引き出さない	$2r - D, D$	R, R

表 2.2.1

　上記の結果のうちはじめのものは，銀行の取付けと解釈できる．両投資家と
も期日 2 まで引き出しを待っていればより高い利得が得られるにもかかわら
ず，もし投資家 1 が投資家 2 は期日 1 に預金を引き出すであろうと思うなら
ば，投資家 1 の最適反応もやはり預金を引き出すことになるのである．ただ
この銀行取付けゲームは，第 1 章の囚人のジレンマと重要な点で異なってい
る．どちらのゲームにも社会的に見て利得が非効率になるナッシュ均衡が存在
するわけであるが，囚人のジレンマではその均衡が一意的(しかも支配戦略)で
あるのに対し，ここでは効率的となる第 2 の均衡が存在している．したがっ
て，このモデルはいつ銀行の取付けが起こるかを予言しているのではなく，そ

れが一つの均衡現象として起こりうることを示しているのである．より内容豊かなモデルについては，ダイアモンド＝ダイビッグ（Diamond and Dybvig, 1983）を見ていただきたい．

2.2.C 関税と不完全国際競争

つぎに国際経済学からの応用例に目を向けよう．$i=1,2$ であらわされる二つの同じような国を考える．両国には関税率を決める政府，国内消費向けと輸出向けに財を生産する企業，国内市場で自国企業または外国企業から財を買う消費者がいる．もし i 国の市場で財の総量が Q_i なら，市場を均衡させる価格は $P_i(Q_i)=a-Q_i$ となる．i 国の企業（以下企業 i と呼ぶ）は国内消費向けに h_i，輸出向けに e_i を生産する．したがって $Q_i=h_i+e_j$ と書ける．両企業の限界費用は定数 c で，固定費用はない．よって企業 i の総生産費は $C_i(h_i,e_i)=c(h_i+e_i)$ となる．また企業は輸出にさいして関税を払わねばならない．もし企業 i が j 国に e_i だけ輸出し，政府 j が関税率を t_j に定めるならば，企業 i は政府 j に t_je_i を払う．

ゲームの手順は以下のとおりである．まず両国政府が同時に関税率 t_1,t_2 を決める．つぎに両企業はその関税率を知った上で，同時に国内消費向けおよび輸出向けの生産量 $(h_1,e_1),(h_2,e_2)$ を決める．最後に利得が，企業 i にとってはその利潤，政府 i にとってはその国の総厚生量として決定される．なお i 国の総厚生量とは，i 国の消費者の享受する消費者余剰[9]と企業 i の利潤，それに企業 j が政府 i に払う関税収入の総和である．よって企業と政府の利得はそれぞれ

$$\pi_i(t_i,t_j,h_i,e_i,h_j,e_j)=[a-(h_i+e_j)]h_i+[a-(e_i+h_j)]e_i$$
$$-c(h_i+e_i)-t_je_i$$

$$W_i(t_i,t_j,h_i,e_i,h_j,e_j)=\frac{1}{2}Q_i^2+\pi_i(t_i,t_j,h_i,e_i,h_j,e_j)+t_ie_j$$

となる．

かりに政府が関税率を t_1,t_2 のように選んだとしよう．もし $(h_1^*,e_1^*,h_2^*,e_2^*)$ が企業 1 と 2 のあいだの，残りの（2 市場）ゲームのナッシュ均衡であるとすれ

---

9) もし消費者が v だけの金額を払ってもよいと思っているときに p という価格である財を買えるとすれば，彼は $v-p$ だけの余剰を得るわけである．逆需要関数を $P_i(Q_i)=a-Q_i$ とするとき，市場 i での販売量が Q_i であれば，消費者の総余剰は $(1/2)Q_i^2$ となることが分かる．

ば，各 i に対して (h_i^*, e_i^*) が

$$\max_{h_i, e_i \geq 0} \pi_i(t_i, t_j, h_i, e_i, h_j^*, e_j^*)$$

を解くはずである．ここで $\pi_i(t_i, t_j, h_i, e_i, h_j^*, e_j^*)$ は企業 i の市場 i における利潤（これは h_i と e_j^* だけの関数となる）と市場 j における利潤（これは e_i, h_j^* および t_j だけの関数となる）の和として書けるので，企業 i の 2 市場での最大化問題は各市場ごとの一対の問題へと単純化できる．つまり h_i^* が

$$\max_{h_i \geq 0} h_i[a - (h_i + e_j^*) - c]$$

の解で，e_i^* が

$$\max_{e_i \geq 0} e_i[a - (e_i + h_j^*) - c] - t_j e_i$$

の解にならなくてはならないのである．これらの問題の解は，$e_j^* \leq a - c$ を仮定すれば

$$h_i^* = \frac{1}{2}(a - e_j^* - c) \tag{2.2.1}$$

となり，また $h_j^* \leq a - c - t_j$ を仮定すれば

$$e_i^* = \frac{1}{2}(a - h_j^* - c - t_j) \tag{2.2.2}$$

となる（以下で導出する結果はこれらの仮定のいずれとも整合的である）．(2.2.1) と (2.2.2) の最適反応関数は，どちらも両国 $i = 1, 2$ に対して成り立たねばならない．よって 4 個の未知数 $(h_1^*, e_1^*, h_2^*, e_2^*)$ に対し方程式が 4 本あることになる．幸いにもこれらの方程式は未知数が 2 個で方程式が 2 本の 2 組の体系に分解することができ，それらを解けば

$$h_i^* = \frac{a - c + t_i}{3} \quad \text{および} \quad e_i^* = \frac{a - c - 2t_j}{3} \tag{2.2.3}$$

を得る．

　クールノー・ゲームで 2 企業が選ぶ均衡生産量は $(a-c)/3$ であったが（1.2.A 節参照），この結果は限界費用が企業間で違わないという仮定の下で得られたものであった．それに対し，(2.2.3) で述べられている均衡では，政府の関税率の選択が（練習問題 1.6 のように）限界費用を非対称的なものにしてしまう．例えば，市場 i では企業 i の限界費用は c であるが，企業 j の限界

費用は $c+t_i$ となる．こうして企業 j の費用の方がより高いので，その生産量はより少なくなる．しかし，企業 j がより少なく生産しようとすれば，市場での均衡価格はより高くなり，企業 i はさらに生産を増やそうとし，企業 j はさらに生産を減らそうとする．したがって均衡においては (2.2.3) から分かるとおり，h_i^* は t_i の増加関数となり，また e_j^* は t_i の（より高い率での）減少関数となる．

さて，政府が関税率を決めた後の2企業間の第2段階ゲームを解き終えたので，つぎに第1段階での2政府間の関係を同時手番ゲームとして書くことが可能となる．それは，まず政府が同時に関税率 t_1, t_2 を選び，その後で政府 $i(i=1,2)$ の利得が $W_i(t_i, t_j, h_1^*, e_1^*, h_2^*, e_2^*)$ で与えられるゲームであり，ここで h_i^* と e_i^* は (2.2.3) が示しているように t_i と t_j の関数である．そこでこの政府間のゲームのナッシュ均衡を求めてみることにしよう．

記号をすっきりさせるため，h_i^* の t_i への依存関係と e_i^* の t_j への依存関係を書くのを省略し，$W_i(t_i, t_j, h_1^*, e_1^*, h_2^*, e_2^*)$ の代わりに $W_i^*(t_i, t_j)$ と書くことにする．これは政府 i, j が関税率 t_i, t_j を選び，企業 i, j が (2.2.3) で与えられるナッシュ均衡の行動をとったときの政府 i の利得をあらわしている．もし (t_1^*, t_2^*) がこの政府間ゲームのナッシュ均衡であるとすれば，各 i について t_i^* は

$$\max_{t_i \geq 0} W_i^*(t_i, t_j^*)$$

を解かねばならない．$W_i^*(t_i, t_j^*)$ は

$$\frac{(2(a-c)-t_i)^2}{18} + \frac{(a-c+t_i)^2}{9} + \frac{(a-c-2t_j^*)^2}{9} + \frac{t_i(a-c-2t_i)}{3}$$

となるので，その解は各 i に対して

$$t_i^* = \frac{a-c}{3}$$

となって，t_j^* からは影響を受けないことになる．つまり，このモデルでは関税率 $(a-c)/3$ を選ぶことが，各政府にとっての支配戦略となるのである（他のモデルで例えば限界費用が逓増的であったりするときには，政府の均衡戦略は支配戦略とはならない）．$t_i^* = t_j^* = (a-c)/3$ を (2.2.3) に代入して，第2段階における企業の生産量の選択を求めると，

$$h_i^* = \frac{4(a-c)}{9} \quad \text{および} \quad e_i^* = \frac{a-c}{9}$$

を得る．よって，この関税ゲームのサブゲーム完全な結果は $(t_1^* = t_2^* = (a-c)/3,\ h_1^* = h_2^* = 4(a-c)/9,\ e_1^* = e_2^* = (a-c)/9)$ である．

このサブゲーム完全な結果では，各市場での総生産量はそれぞれ $5(a-c)/9$ である．しかし，もし両政府が関税率を 0 にしたとすれば，各市場の総生産量は $2(a-c)/3$ となり，ちょうどクールノー・モデルの場合と同じになる．したがって市場 i の消費者余剰（これは先に示したように市場 i の総生産量の 2 乗の半分になる）は，両政府が関税率 0 を選んだときよりも支配戦略の関税率を選んだときの方が低くなる．実際，ゼロの関税率は

$$\max_{t_1,\,t_2 \geq 0} W_1^*(t_1, t_2) + W_2^*(t_2, t_1)$$

の解が $t_1 = t_2 = 0$ になるという意味で社会的に最適であり，よって両政府には関税率を 0 とする（つまり自由貿易を実現する）協定を結ぶ誘因が存在する（かりに負の関税すなわち補助金が可能なら，社会的に最適な状態は両政府が $t_1 = t_2 = -(a-c)$ を選ぶことになり，そのときには自国企業は国内消費向けには生産を行わず，相手国に完全競争生産量を輸出することになる）．したがってこの場合に第 2 段階で企業 i, j が $(2.2.3)$ の与えるナッシュ均衡にしたがって行動するとすれば，第 1 段階での 2 政府間関係は囚人のジレンマに陥ることになる．つまり，一意的なナッシュ均衡が支配戦略となり，それが社会的に非効率的となるのである．

2.2.D　トーナメント　労働者 2 人とその上司がいると考えよう．労働者 $i\,(i = 1$ または $2)$ は努力水準を e_i，攪乱項を ε_i として，$y_i = e_i + \varepsilon_i$ だけの生産量を生産する．生産はつぎのような手順で進行する．まず労働者がそれぞれ非負の努力水準 $e_i \geq 0$ を同時に選ぶ．つぎに攪乱項 $\varepsilon_1, \varepsilon_2$ が独立に，平均ゼロの密度関数 $f(\varepsilon)$ にしたがって決定される．最後に労働者の生産量が観察されるが，彼らの努力水準は観察されない．よって労働者の賃金水準はその生産量には依存しうるが，その努力水準に（直接に）依存することはできない．

ラジアー＝ローゼン（Lazear and Rosen, 1981）によって最初に分析されたように，労働者の上司がトーナメントの形で労働者を互いに競争させて，各

自の努力水準を上昇させようと決めたとする[10]．トーナメントの勝者(つまり，より高い生産水準を達成した者)には賃金 w_H が払われ，敗者には w_L が払われる．労働者が賃金 w をもらい e だけ努力したときの利得は $u(w, e) = w - g(e)$ で与えられる．ここで $g(e)$ は努力することに伴う不効用で，それは増加かつ凸関数(すなわち $g'(e) > 0$ かつ $g''(e) > 0$)であるとする．上司の利得は $y_1 + y_2 - w_H - w_L$ である．

ではこの応用例を，2.2.A 節で論じたゲームのクラスに入るような形であらわしてみよう．上司がプレイヤー1で，その行動 a_1 はトーナメントで払われる賃金水準 w_H, w_L を決めることである．プレイヤー2はいない．労働者はプレイヤー3, 4となり，彼らは第1段階で選ばれた賃金を見て，それから行動 a_3, a_4 つまり努力水準 e_1, e_2 を同時に決める(上司が選んだ賃金の下でトーナメントに参加するより他の雇用契約を結ぶ方がよいと労働者が考える可能性については，後で考察する)．最後にプレイヤーたちの利得が上に述べたような仕方で決定される．生産量は(また賃金も)プレイヤーの行動だけではなく撹乱項 $\varepsilon_1, \varepsilon_2$ にも依存する関数であるので，われわれはプレイヤーの期待利得を考えるのでなくてはならない．

かりに上司が賃金水準 w_H, w_L を選んだとしてみよう．もし努力水準の組 (e_1^*, e_2^*) が労働者間の残りのゲームでのナッシュ均衡であるならば，どの労働者 i にとっても e_i^* が努力の不効用を差し引いた期待賃金を最大化していなくてはならない．つまり $y_i(e_i) = e_i + \varepsilon_i$ として，e_i^* は

$$\max_{e_i \geq 0} w_H \mathrm{Prob}\{y_i(e_i) > y_j(e_j^*)\} + w_L \mathrm{Prob}\{y_i(e_i) \leq y_j(e_j^*)\} - g(e_i)$$

$$= (w_H - w_L)\mathrm{Prob}\{y_i(e_i) > y_j(e_j^*)\} + w_L - g(e_i) \tag{2.2.4}$$

の解とならねばならない[11]．(2.2.4)の1階の条件は

---

10) ここでは例の説明を簡単にするため，いくつかの技術的な詳細，例えば労働者の1階の条件が最大化にとって十分となるための条件などは無視することにする．それでもこの例の分析には，これまでの例より確率について多くの議論が入ってきている．この応用例は，飛ばして読んでも後の議論には差し障りがない．

11) (2.2.4)を書くにあたり，撹乱項の密度関数 $f(\varepsilon)$ の仮定として，2人の労働者の生産量がちょうど等しくなる事象の確率は0になるとしているので，労働者 i の期待効用でそういう事象を考える必要はない(数学的には密度関数 $f(e)$ が非原子的(atomless)であると仮定しているわけである)．もしトーナメントを完全に記述するのであれば，勝者がコインを投げて決められるとか，または(このモデルでは同じことになるが)労働者が2人とも $(w_H + w_L)/2$ を受け取るとか考えるのが自然であろう(もっともそれは分析上そう本質的なことではないが)．

$$(w_H - w_L) \frac{\partial \mathrm{Prob}\{y_i(e_i) > y_j(e_j^*)\}}{\partial e_i} = g'(e_i) \qquad (2.2.5)$$

である. 言い換えれば, 労働者 i は e_i を選ぶにあたって, 追加的な努力水準からの限界不効用 $g'(e_i)$ とそれからの限界利得とが等しくなるようにする. そして後者は, トーナメントに勝つことによる賃金上昇と勝利確率の限界的増分との積となる.

ベイズの公式から[12]

$$\begin{aligned}
\mathrm{Prob}\{y_i(e_i) > y_j(e_j^*)\} &= \mathrm{Prob}\{\varepsilon_i > e_j^* + \varepsilon_j - e_i\} \\
&= \int_{\varepsilon_j} \mathrm{Prob}\{\varepsilon_i > e_j^* + \varepsilon_j - e_i \mid \varepsilon_j\} f(\varepsilon_j) d\varepsilon_j \\
&= \int_{\varepsilon_j} [1 - F(e_j^* - e_i + \varepsilon_j)] f(\varepsilon_j) d\varepsilon_j
\end{aligned}$$

がいえるので, (2.2.5)の 1 階の条件は

$$(w_H - w_L) \int_{\varepsilon_j} f(e_j^* - e_i + \varepsilon_j) f(\varepsilon_j) d\varepsilon_j = g'(e_i)$$

と書ける. 対称的な(つまり $e_1^* = e_2^* = e^*$ であるような)ナッシュ均衡では

$$(w_H - w_L) \int_{\varepsilon_j} f(\varepsilon_j)^2 d\varepsilon_j = g'(e^*) \qquad (2.2.6)$$

となる. $g(e)$ は凸と仮定したので, 勝者に対するより大きな褒賞金($w_H - w_L$ のより大きな値)は直観どおりより多くの努力水準を促すことになる. 他方もし褒賞金の方を一定にしておけば, 生産量が撹乱項から大きく影響されるときには, 勤勉に働くことが意味をなさなくなる. なぜならその場合, トーナメントの結果は努力というより運によって左右されやすくなるからである. 例えば ε が分散 σ^2 の正規分布にしたがっていれば

$$\int_{\varepsilon_j} f(\varepsilon_j)^2 d\varepsilon_j = \frac{1}{2\sigma\sqrt{\pi}}$$

となり, これは σ の減少関数なので, e^* もまた実際に σ の減少関数となる.

---

[12] ベイズの公式は, 事象 B がすでに起こったものとして事象 A の起こる(条件付)確率 $P(A \mid B)$ を計算する式を示したものである. $P(A), P(B)$ および $P(A, B)$ をそれぞれ A, B, そして A と B の両方が起こる(事前)確率(つまり, A も B も起こる以前に考えられた確率)とすれば, ベイズの公式では $P(A \mid B) = P(A, B)/P(B)$ となる. つまり B が与えられたときの A の条件付確率は, A と B の両方が起こる確率を B が起こる事前確率で割ったものに等しい.

　ここでゲームの第1段階に戻ることにしよう．もし労働者たちが(他の雇用契約を受け入れるのではなく)このトーナメントに参加するのに同意するのであれば，彼らはw_H, w_Lという賃金に対し(2.2.6)であらわされる対称的ナッシュ均衡を選ぶものと仮定する(つまりわれわれは，非対称的均衡の可能性，また労働者の努力水準が$e_1 = e_2 = 0$という端点解で与えられる可能性を無視するわけである)．他方もし労働者たちが他の雇用契約を受け入れるとすれば，U_aという効用水準が得られるものと仮定する．対称的ナッシュ均衡では，各労働者のトーナメントに勝つ確率は1/2 (つまり$\mathrm{Prob}\{y_i(e^*) > y_j(e^*)\} = 1/2$)なので，上司がこのトーナメントに労働者を参加させようと願うなら，彼は

$$\frac{1}{2}w_H + \frac{1}{2}w_L - g(e^*) \geq U_a \tag{2.2.7}$$

を満たす賃金を選ばねばならない．U_aが十分に低く，上司が労働者をトーナメントに参加させたいと思っているならば，彼は(2.2.7)の制約の下で期待利得$2e^* - w_H - w_L$を最大化するように賃金を選択することになる．最適点では(2.2.7)が等号で成り立つので，

$$w_L = 2U_a + 2g(e^*) - w_H \tag{2.2.8}$$

である．すると期待利得は$2e^* - 2U_a - 2g(e^*)$となり，結局上司は賃金をうまく選んで，その結果として得られる努力水準e^*が$e^* - g(e^*)$を最大にするように行動することになる．よって最適の努力水準は1階の条件$g'(e^*) = 1$を満たす．これを(2.2.6)に代入することにより，最適の褒賞金$w_H - w_L$が

$$(w_H - w_L) \int_{\varepsilon_j} f(\varepsilon_j)^2 d\varepsilon_j = 1$$

を解いて得られ，それを(2.2.8)に代入すれば，個々のw_H, w_Lそのものが決定される．

2.3　繰り返しゲーム

　本節では，利害関係が繰り返される場合に，将来の行動に関する脅しや約束が現在の行動に影響を与えうるかどうかについて分析する．直観の多くは2段階モデルで得られるが，いくつかの点については無限期のモデルが必要である．またわれわれは，繰り返しゲームのサブゲーム完全なナッシュ均衡をも

定義する．われわれはこれを 2.4.B 節にいたって一般の完備情報動学ゲーム
に対しても定義するが，ここで繰り返しゲームという特殊な場合で定義する方
が，より簡単に表現できる．つまりここでこの定義を導入するのは，後の説明
を容易にするためである．

2.3.A 理論：2段階繰り返しゲーム
表 2.3.1 に標準型で与えられている
囚人のジレンマのゲームを考える．

プレイヤー 2

		L_2	R_2
プレイヤー 1	L_1	1, 1	5, 0
	R_1	0, 5	4, 4

表 2.3.1

2 人のプレイヤーはこの同時手番ゲームを 2 度行い，2 度目のゲームを始
める前に 1 度目のゲームの結果を見ることができると仮定する．また全体の
ゲームから得られる利得はたんに 2 段階のそれぞれからの利得の和であると
仮定する(つまり利得を割り引かないということである)．以下ではこの繰り
返しゲームを 2 段階の囚人のジレンマと呼ぶことにする．これは，2.2.A 節
で分析したようなゲームのクラスに属している．ここではプレイヤー 3 と 4
はプレイヤー 1 と 2 と同じ人物で，行動空間 A_3, A_4 も A_1, A_2 と同じであり，
また利得 $u_i(a_1, a_2, a_3, a_4)$ はたんに第 1 段階の結果 (a_1, a_2) からの利得と第 2
段階の結果 (a_3, a_4) からの利得を足したものである．さらにこの 2 段階の囚人
のジレンマは，2.2.A 節で仮定した条件を満たしている．つまり，第 1 段階
のどんな可能な結果 (a_1, a_2) に対しても，プレイヤー 3 と 4 のあいだで行われ
る第 2 段階のゲームは $(a_3^*(a_1, a_2), a_4^*(a_1, a_2))$ で書かれる一意的なナッシュ均
衡を持つ．事実，2 段階の囚人のジレンマは，この仮定を以下に述べるような
強い意味で満たすのである．つまり，2.2.A 節でわれわれは，第 2 段階のゲー
ムのナッシュ均衡が第 1 段階の結果に依存する可能性を容認した．だから
たんに (a_3^*, a_4^*) と書くのではなしに，$(a_3^*(a_1, a_2), a_4^*(a_1, a_2))$ という書き方を
したのである(例えば関税ゲームでは，企業の第 2 段階での均衡生産量の選択
が第 1 段階の政府の関税率の選択に依存した)．ところが 2 段階の囚人のジレ
ンマでは，第 2 段階のゲームの一意的均衡は，第 1 段階の結果にかかわりな

く (L_1, L_2) となるのである.

2.2.A 節のやり方に沿ってこのゲームのサブゲーム完全な結果を計算するため,われわれは第2段階で残っているゲームの結果がそれのナッシュ均衡になること,つまり利得が $(1,1)$ の (L_1, L_2) になることを考慮に入れて,この2段階の囚人のジレンマの第1段階を分析する.すると,2段階の囚人のジレンマの第1段階は,表2.3.2 に書かれているような1回限りのゲームとして記述できるが,これは第2段階の利得 $(1,1)$ を第1段階のゲームの各利得に加えたものである.表2.3.2 のゲームもただ一つのナッシュ均衡 (L_1, L_2) を持つ.よって2段階の囚人のジレンマのサブゲーム完全な結果はただ一つ,第1段階で (L_1, L_2),その後第2段階でも (L_1, L_2) というものだけになる.協力的行動——すなわち (R_1, R_2)——は,このサブゲーム完全な結果のどの段階においてもとられない.

プレイヤー 2

		L_2	R_2
プレイヤー 1	L_1	2, 2	6, 1
	R_1	1, 6	5, 5

表 2.3.2

　以上の推論は,より一般の場合にもあてはまる(ここでちょっとのあいだ2段階の場合を離れて,T という任意有限回の繰り返しをも認めることにする).$G = \{A_1, \cdots, A_n; u_1, \cdots, u_n\}$ を,プレイヤー1, $\cdots$, n が同時に行動空間 $A_1, \cdots, A_n$ から行動 $a_1, \cdots, a_n$ を選択し,利得が $u_1(a_1, \cdots, a_n), \cdots, u_n(a_1, \cdots, a_n)$ によって与えられる完備情報の静学ゲームとしよう.ゲーム G は繰り返しゲームの**段階ゲーム**(stage game)と呼ばれる.

　定義　G を段階ゲームとするとき,その G を T 回繰り返して行う**有限繰り返しゲーム**(finitely repeated game)を $G(T)$ であらわす.このゲームでは,毎回の繰り返しの前に,それ以前のすべてのプレイの結果が観察されることになっている.また $G(T)$ の利得は,たんに T 個の段階ゲームの利得を足し合わせたものである.

　命題　もし段階ゲーム G が一意的なナッシュ均衡を持つならば,繰り返

しゲーム $G(T)$ はどんな有限の T についても一意的でサブゲーム完全な
結果を持つ．そこでは，G のナッシュ均衡がどの段階においてもプレイ
される[13]．

ここで2段階の事例に戻って，今度は表2.3.3の場合のように段階ゲーム
G が複数のナッシュ均衡を持つ可能性を考えよう．

	L_2	M_2	R_2
L_1	1, 1	5, 0	0, 0
M_1	0, 5	4, 4	0, 0
R_1	0, 0	0, 0	3, 3

表 2.3.3

L_i, M_i であらわされた戦略は表2.3.1の囚人のジレンマに倣ったものであ
るが，ここではそれに R_i という戦略が付け加わっており，純粋戦略のナッ
シュ均衡が二つ存在している．つまり一つは囚人のジレンマの場合と同じ
(L_1, L_2)，もう一つは (R_1, R_2) である．もちろんこのように均衡を囚人のジ
レンマに付け加えるのは人為的であるが，このゲームをとり上げた理由は経済
学的というよりむしろ説明の便宜上のものである．次節になると，無限繰り返
しゲームの場合には，たとえ段階ゲームのナッシュ均衡が囚人のジレンマの場
合と同様一意に決まったとしても，ここで扱う複数均衡の性質があらわれるこ
とが示されるであろう．したがって本節では，単純な2段階の枠組みの下で
人為的な段階ゲームを分析し，それをつうじて後の無限段階の枠組みの下での
経済学的に意味のある段階ゲームの分析に備えることにしたいのである．

　表2.3.3の段階ゲームが2度行われ，第2段階の始まる前に第1段階の結
果が観察されるものとしよう．以下では，第1段階で戦略の組 (M_1, M_2) がプ
レイされるようなサブゲーム完全な結果がこの繰り返しゲームに存在するこ
とを示す[14]．2.2.A節におけるのと同様，第1段階で両プレイヤーは，第2

---

13) 同様の結論は，段階ゲーム G が完備情報の動学ゲームであったとしても成立する．例え
ば G を 2.1.A 節で定義したクラスに属する完備完全情報の動学ゲームとしてみよう．もし
G が一意的な後ろ向き帰納法による結果を持つならば，$G(T)$ もまた一意的なサブゲーム完
全な結果を持ち，そこでは G の後ろ向き帰納法による結果がどの段階においてもプレイさ
れる．同様に G を 2.2.A 節で定義したクラスの2段階ゲームとしてみると，もし G が一
意的なサブゲーム完全な結果を持つならば，$G(T)$ も一意的なサブゲーム完全な結果を持ち，
そこでは G のサブゲーム完全な結果がどの段階においてもプレイされる．
14) 厳密に言えば，われわれがサブゲーム完全な結果の概念を定義したのは，2.2.A 節で定

段階の結果がこの段階ゲームのナッシュ均衡になることを予想すると仮定する．この段階ゲームのナッシュ均衡は一つではないので，今回は両プレイヤーが，第1段階の結果が異なると第2段階のゲームの均衡も異なってくると予想することが可能である．例えば両プレイヤーが，もし第1段階の結果が (M_1, M_2) なら第2段階の結果が (R_1, R_2) になり，もし第1段階でそれ以外の8個の結果のうちの一つが起こったら第2段階の結果が (L_1, L_2) になると予想したとする．そのときのプレイヤー間の第1段階の利害関係は，表2.3.4の1回限りのゲームとしてあらわされる．これは，(M_1, M_2) の枡目に $(3,3)$ を足し，他の八つの枡目には $(1,1)$ を足してできたものである．

	L_2	M_2	R_2
L_1	2, 2	6, 1	1, 1
M_1	1, 6	7, 7	1, 1
R_1	1, 1	1, 1	4, 4

表 **2.3.4**

　表2.3.4のゲームには (L_1, L_2)，(M_1, M_2)，(R_1, R_2) の三つの純粋戦略ナッシュ均衡が存在する．そして表2.3.2の場合と同様，この1回限りのゲームのナッシュ均衡が，もとの繰り返しゲームのサブゲーム完全な結果に対応するのである．(w, x) を第1段階の結果，(y, z) を第2段階の結果として，$((w, x), (y, z))$ で繰り返しゲームの結果をあらわすこととしよう．すると表2.3.4のナッシュ均衡 (L_1, L_2) は，第1段階で (M_1, M_2) 以外が選ばれるため第2段階の結果の予想が (L_1, L_2) となるので，繰り返しゲームのサブゲーム完全な結果 $((L_1, L_2), (L_1, L_2))$ に対応する．同様に表2.3.4のナッシュ均衡 (R_1, R_2) は，繰り返しゲームのサブゲーム完全な結果 $((R_1, R_2), (L_1, L_2))$ に対応する．以上二つの繰り返しゲームのサブゲーム完全な結果は，ただ段階ゲームのナッシュ均衡を二つつなげただけのものであるが，表2.3.4の3番目のナッシュ均衡はそれらとは性格を異にしている．つまり表2.3.4の (M_1, M_2) は，(M_1, M_2) に続く第2段階の結果の予想が (R_1, R_2) となるので，繰

義したクラスのゲームに対してのみである．2段階の囚人のジレンマは，第1段階の各結果に対して残りの第2段階ゲームでナッシュ均衡が一意的に決まるので，このクラスに属している．ところが表2.3.3の段階ゲームを持つ2段階繰り返しゲームは，このクラスには属さない．というのは，この段階ゲームが複数のナッシュ均衡を持つからである．ここでサブゲーム完全な結果の定義を正式に拡張して，すべての2段階繰り返しゲームに適用できるようにしないのは，一つには定義の変更がほんのわずかなものだからであり，またもう一つには2.3.B節と2.4.B節でさらにより一般的な定義を与えるからでもある．

り返しゲームの $((M_1, M_2), (R_1, R_2))$ というサブゲーム完全な結果に対応している．したがって前に主張したとおり，この繰り返しゲームのサブゲーム完全な結果では，第1段階で協力的行動がとられうるのである．この例を一般化して，つぎのようにいうことができよう．すなわち $G = \{A_1, \cdots, A_n; u_1, \cdots, u_n\}$ が複数個のナッシュ均衡を持つ完備情報の静学ゲームである場合には，繰り返しゲーム $G(T)$ において，どの $t < T$ をとっても第 t 段階の結果が G のナッシュ均衡にはならないようなサブゲーム完全な結果が存在しうる．この点については，次節で無限繰り返しゲームを考察するときに，ふたたび論ずることになるであろう．

この例から第一に分かることは，将来の行動に関する確かな(信憑性のある)脅しや約束が現在の行動に影響を及ぼしうるということである．しかし第二の点として，サブゲーム完全性が信憑性の十分強い定義にはなっていないかもしれないということも分かる．例えば，$((M_1, M_2), (R_1, R_2))$ というサブゲーム完全な結果を導くにさいして，われわれはもし第1段階の結果が (M_1, M_2) であればプレイヤーは第2段階の結果を (R_1, R_2) と予想し，またもし第1段階の結果がそれ以外であれば第2段階の結果を (L_1, L_2) と予想すると仮定した．けれども，第2段階で (L_1, L_2) をプレイして利得 $(1, 1)$ を得るというのは，残りの段階ゲームで (R_1, R_2) をプレイして利得 $(3, 3)$ を得るのがナッシュ均衡として可能であることを思えば，馬鹿げた行動に見えるかもしれない．厳密でない言い方ではあるが，プレイヤーは再協議すると考えるのが自然であろう[15)]．つまりもし (M_1, M_2) が第1段階の結果とはならず，(L_1, L_2) が第2段階でプレイされることになれば，どのプレイヤーも，過去のことは水に流して，代わりに皆がよくなる段階ゲームの均衡 (R_1, R_2) をプレイすべきであると考えるかもしれない．しかし，第1段階の結果がどうであれ (R_1, R_2) が第2段階の結果となることが分かっているとすれば，第1段階で (M_1, M_2) をプレイする動機は消滅する．なぜならその場合，第1段階の2人のプレイヤーの利害関係はたんに表2.3.3の段階ゲームの各枡目に利得 $(3,3)$ を加えたものとなり，M_j に対するプレイヤー i の最適反応が L_i になるからである．

---

15) これが大雑把な言い方であるわけは，「再協議」という言葉が第1段階と第2段階のあいだにコミュニケーション(もしくは交渉さえも)が起こることを連想させるからである．もしそのような行為が可能であるなら，それらはゲームの記述と分析に組み入れられるべきである．ここではそのような行為は不可能であると仮定するので，われわれの意中にある「再協議」とは内省にもとづく分析のことである．

　この再協議の問題に対して一つの解決案を示すために，表2.3.5のような
ゲームをとり上げてみよう．これは表2.3.3のゲームよりさらに人為的にな
っているが，ここでもわれわれの関心は経済学にあるというより説明の便宜
にあるのだと理解していただきたい．この人為的ゲームで再協議の問題にとり
組むためにわれわれが展開する考え方は，無限繰り返しゲームの再協議の問題
にも適用できるものである．例えばファレル＝マスキン（Farrell and Maskin,
1989）を参照されたい．

	L_2	M_2	R_2	P_2	Q_2
L_1	1, 1	5, 0	0, 0	0, 0	0, 0
M_1	0, 5	4, 4	0, 0	0, 0	0, 0
R_1	0, 0	0, 0	3, 3	0, 0	0, 0
P_1	0, 0	0, 0	0, 0	4, $\frac{1}{2}$	0, 0
Q_1	0, 0	0, 0	0, 0	0, 0	$\frac{1}{2}$, 4

表 2.3.5

　ここでの段階ゲームは表2.3.3の段階ゲームに戦略 P_i と Q_i を付け加えた
ものである．このゲームには純粋戦略ナッシュ均衡が四つ，すなわち (L_1, L_2)，
(R_1, R_2) に加えて新たに (P_1, P_2)，(Q_1, Q_2) が存在する．前と同様，プレイヤ
ーは全員 (L_1, L_2) より (R_1, R_2) を選好する．さらに重要なことには，表
2.3.5では全員が (x, y) の方を (P_1, P_2)，(Q_1, Q_2) または (R_1, R_2) よりも選
好するというナッシュ均衡 (x, y) が存在しない．これらのことを指して，
(R_1, R_2) は (L_1, L_2) を**パレートの意味で支配する**（Pareto-dominate）といい，
また (P_1, P_2)，(Q_1, Q_2)，(R_1, R_2) は表2.3.5の段階ゲームのナッシュ均衡で
の利得の**パレート・フロンティア**上にあるという．

　表2.3.5の段階ゲームが2度行われ，第2段階の始まる前に第1段階の結
果が観察されると仮定しよう．さらに，第2段階の結果を両プレイヤーがつ
ぎのように予想すると仮定しよう．すなわち，もし第1段階の結果が (M_1, M_2)
なら (R_1, R_2)，もし w を M_2 以外の戦略として第1段階の結果が (M_1, w) な
ら (P_1, P_2)，もし x を M_1 以外の戦略として第1段階の結果が (x, M_2) なら
(Q_1, Q_2)，そしてもし y を M_1 以外の戦略，z を M_2 以外の戦略として第1段
階の結果が (y, z) なら (R_1, R_2)，というのがそれである．すると $((M_1, M_2)$,
$(R_1, R_2))$ がこの繰り返しゲームのサブゲーム完全な結果ということになる

が，それは各プレイヤーとも M_i，それから R_i をプレイする場合には利得 $4+3$ が得られるのに，他方第 1 段階で L_i に逸脱する場合には利得は $5+1/2$（他のやり方で逸脱する場合にはそれ以下）しか得られないからである．さらに重要なことは，前の例で問題となった点がここではうまく回避されていることである．表 2.3.3 をもとにする 2 段階繰り返しゲームでは，第 1 段階で逸脱したプレイヤーを罰するには第 2 段階でパレートの意味で支配される均衡をプレイすることしか方法がなく，そうすると処罰者本人も罰を受けてしまう結果になる．ここではそれと対照的に，パレート・フロンティア上に三つの均衡があり，一つは第 1 段階で両プレイヤーが正しい行動をとったときにそれに報いるもの，残りの二つは第 1 段階で逸脱したプレイヤーのみを罰し処罰者には報いるものとなっている．したがって第 2 段階で処罰の必要が生じたとき，上で考えた均衡は処罰者にとって最良の段階ゲームの均衡となっており，処罰者が罰の再協議に服することはありえないのである．

2.3.B 理論：無限繰り返しゲーム

今から無限繰り返しゲームに目を向ける．有限段階の場合と同様，主なテーマは将来の行動についての確かな脅しや約束が現在の行動に影響を及ぼしうるということである．有限段階の場合には，もし段階ゲーム G にナッシュ均衡が複数存在するなら，繰り返しゲーム $G(T)$ のサブゲーム完全な結果でどの $t<T$ についても第 t 段階での結果が G のナッシュ均衡にならないものが存在しうるということが示された．無限繰り返しゲームにおいては，より強い結果が示される．すなわちこの場合には，段階ゲームが一意のナッシュ均衡を持つとしてさえ，無限繰り返しゲームのサブゲーム完全な結果としてどの段階の結果も G のナッシュ均衡にならないものがありうるのである．

われわれはまず，無限に繰り返される囚人のジレンマ・ゲームを考察する．つぎには前節で定義した有限繰り返しゲームと類似の無限繰り返しゲームを考察する．これは，完備情報の静学ゲーム G が無限回繰り返され，現段階が始まる前に前段階までの結果がすべて観察されるというものである．これらの有限および無限繰り返しゲームのクラスについて，われわれはプレイヤーの戦略，サブゲーム，サブゲーム完全なナッシュ均衡を定義する（2.4.B 節では，これらの概念を上の繰り返しゲームだけではなく，一般の完備情報の動学ゲームについても定義する）．その後，これらの定義を用いてフリードマンの

定理(Friedman, 1971. これはフォーク定理とも呼ばれる)を述べ，その証明を行う[16]．

プレイヤー2

		L_2	R_2
プレイヤー1	L_1	1, 1	5, 0
	R_1	0, 5	4, 4

表 2.3.6

　表2.3.6の囚人のジレンマが無限回繰り返され，各 t について第 t 段階が始まる前にそれまでの $t-1$ 回の段階ゲームのプレイの結果が観察されているものとする．しかしこれら無限個の段階ゲームの列からの利得を単純に足し合わせても，それは無限繰り返しゲームのプレイヤーの有意義な利得の尺度とはなりえない．例えば毎期4の利得を得ることは毎期1の利得を得ることより好ましいが，利得の和は両者ともに無限大である．そこで(2.1.D節のルービンシュタインの交渉モデルで見た)割引因子を思い起こしていただきたい．割引因子 $\delta = 1/(1+r)$ とは，r を1段階あたりの利子率とするとき1段階後にもらう1ドルの今期の価値をあらわしたものであった．割引因子および無限個の段階ゲームの列からのプレイヤーの利得が与えられれば，われわれは利得の**現在価値**を計算することができる．それは今一括して銀行に預けておけば，毎期毎期の利得を銀行に預けたのとちょうど同じ結果を無限先の時点で与えるような利得額のことである．

　定義　割引因子を δ とするとき，利得の無限列 $\pi_1, \pi_2, \pi_3, \cdots$ の**現在価値**(present value)は

$$\pi_1 + \delta\pi_2 + \delta^2\pi_3 + \cdots = \sum_{t=1}^{\infty} \delta^{t-1}\pi_t$$

で定義される．

---

16) もともとのフォーク定理は，無限繰り返しゲームのすべてのナッシュ均衡の利得に関連したものであった．この結果がフォーク定理(フォークとは「民間伝承の」という意味)と呼ばれたわけは，誰も発表しなかったにもかかわらずそれが1950年代にゲーム理論家たちのあいだに広く知られていたからであった．フリードマンの定理(Friedman, 1971)は無限繰り返しゲームのある種のサブゲーム完全なナッシュ均衡の利得に関するものであり，より強い均衡概念——つまりナッシュ均衡ではなくサブゲーム完全なナッシュ均衡——を使っているので，もとのフォーク定理より強い主張となっている．それでもフリードマンの定理(およびその後の結果)には依然としてもとの名前が残っており，発表前ゲーム理論家たちにあまり知られていなかったにもかかわらず，しばしばフォーク定理と呼ばれている．

またδを使って，ここで無限繰り返しゲームと呼んでいるものを，繰り返しの回数がランダムに決まりそこでゲームが終わるような繰り返しゲームとして再解釈することもできる．各段階でのプレイが終わるごとに（歪んだ）硬貨を投げて，ゲームがそこで終わるか否かを決めるとしてみよう．ゲームがそこですぐに終わる確率を p，よってゲームが少なくとも次期までは進む確率を $(1-p)$ とすれば，つぎの段階で（もしそれがプレイされたとして）受け取られる利得 π は，現段階で硬貨が投げられる前には $(1-p)\pi/(1+r)$ だけの価値しかない．同様に2段階先のゲームで（もしそれとその1段階前のゲームがプレイされたとして）受け取られる利得 π は，現段階で硬貨が投げられる前には $(1-p)^2\pi/(1+r)^2$ だけの価値しかない．そこで $\delta=(1-p)/(1+r)$ と定義すれば，現在価値 $\pi_1+\delta\pi_2+\delta^2\pi_3+\cdots$ は貨幣の時間価値とゲーム終了の可能性の両方を反映することになるのである．

各プレイヤーの割引因子が δ で，また各プレイヤーの利得が段階ゲームからの利得の現在価値となっている無限繰り返しの囚人のジレンマ・ゲームを考えてみることにしよう．われわれは，たとえ段階ゲームのナッシュ均衡が非協力的行動 (L_1, L_2) だけであるとしても，無限繰り返しゲームのサブゲーム完全な結果では各段階で協力的行動 (R_1, R_2) がとられうることを示したい．この主張は，表2.3.3（囚人のジレンマに2番目のナッシュ均衡を付け加えて作った段階ゲーム）にもとづく2段階繰り返しゲームの分析の場合と同じアイデアにもとづいている．つまり，プレイヤーたちは今日協力すれば明日には高利得をもたらす均衡をプレイし，そうしなければ明日は低利得の均衡をプレイすることになる．2段階繰り返しゲームと無限繰り返しゲームの違いは，後者では，明日プレイされるかもしれない高利得の均衡が人為的に段階ゲームに付け加えられるのではなく，むしろ明日以降もずっと協力が続くことを表現している点にある．

かりにプレイヤー i が無限繰り返しゲームをまず協力することで始め，その後はもし両プレイヤーがそれまでの各段階で協力したなら，そしてそのときに限って，現段階以降のどの段階ゲームでも協力していくことに決めたとする．すると形式的に書けば，プレイヤー i の戦略はつぎのようなものになる．

まず第1段階では R_i をプレイする．第 t 段階では，もしそれまでの $t-1$ 段階での結果がすべて (R_1, R_2) であったなら R_i をプレイする．そうで

　　ないときは L_i をプレイする.

　この戦略はいわゆる**トリガー戦略**(trigger strategy)の例である. これがそう呼ばれるのは, プレイヤー i は誰かが協力しなくなるまで協力を続けるが, その前提が崩れたときは非協力に切り替え, 以降ずっと非協力的な行動をとり続けるからである. もし両プレイヤーがこのトリガー戦略を採用すれば, この無限繰り返しゲームの結果はどの段階も (R_1, R_2) ということになろう. 以下ではまず, δ が十分 1 に近ければ, 両プレイヤーがこの戦略をとることが無限繰り返しゲームのナッシュ均衡になることを示し, ついでそのナッシュ均衡が, 後で精確にされる意味でのサブゲーム完全になっていることを示す.

　　両プレイヤーがトリガー戦略をとることが無限繰り返しゲームのナッシュ均衡になることを示すには, プレイヤー i がトリガー戦略をとったと仮定して, δ が十分 1 に近いとプレイヤー j もまたその戦略をとるのが最適反応になることを示せばよい. いったんある段階の結果が (R_1, R_2) とは異なったものになると, プレイヤー i は以降ずっと L_i をとり続けることになるので, プレイヤー j の最適反応もずっと L_j をとり続けることになる. よってあとは, プレイヤー j について, その第 1 段階での最適反応と, それ以前のすべての結果が (R_1, R_2) であるような全段階での最適反応とを決定すればよい. そのような段階で L_j をプレイすれば 5 の利得が得られるが, その結果プレイヤー i を(それゆえプレイヤー j をも)以降ずっと非協力にさせるので, 将来の各段階での利得は 1 となる. $1+\delta+\delta^2+\cdots=1/(1-\delta)$ より, この利得の列の現在価値は

$$5+\delta\cdot 1+\delta^2\cdot 1+\cdots=5+\frac{\delta}{1-\delta}$$

である. その代わりに R_j をプレイすれば現段階の利得は 4 となり, つぎの段階では L_j と R_j のあいだのまったく同様の選択が待っている. V でもって, プレイヤー j がこの選択を(のちのちのことまで考えた上で)最適に行ったときに得られる利得の無限列の現在価値をあらわすことにしよう. もし R_j をプレイすることが最適ならば, R_j をプレイすることによりつぎの段階でまったく同様の選択に直面するわけだから,

$$V = 4+\delta V$$

つまり $V = 4/(1-\delta)$ となる．もし L_j をプレイすることが最適であれば，前に述べたように

$$V = 5 + \frac{\delta}{1-\delta}$$

となる．したがって R_j をプレイするのが最適であるのは，

$$\frac{4}{1-\delta} \geq 5 + \frac{\delta}{1-\delta} \tag{2.3.1}$$

つまり $\delta \geq 1/4$ のとき，そしてそのときに限るのである．よって（プレイヤー i がトリガー戦略を採用するとした場合），第 1 段階，および以前のすべての結果が (R_1, R_2) であるような全段階，におけるプレイヤー j の最適行動は，$\delta \geq 1/4$ のとき，そしてそのときにのみ R_j であることが分かる．この帰結を，いったんある段階での結果が (R_1, R_2) と違えば L_j をいつまでもプレイすることがプレイヤー j の最適反応になるという事実と結びつけることにより，両プレイヤーにとってトリガー戦略をプレイすることがナッシュ均衡になるのは $\delta \geq 1/4$ のとき，そしてそのときのみであるということがいえたことになる．

つぎにわれわれは，このナッシュ均衡がサブゲーム完全であることを示したい．そこでそのために，繰り返しゲームにおける戦略，繰り返しゲームにおけるサブゲーム，そして繰り返しゲームにおけるサブゲーム完全なナッシュ均衡などの概念に定義を与えることにしよう．これらの概念は，前節で扱った簡単な事例に照らしてみるため，有限，無限の繰り返しゲームの両方について定義されよう．前節では有限繰り返しゲーム $G(T)$ を，段階ゲーム $G = \{A_1, \cdots, A_n; u_1, \cdots, u_n\}$，——すなわちプレイヤー $1, \cdots, n$ が同時に行動空間 $A_1, \cdots, A_n$ から行動 $a_1, \cdots, a_n$ を選択し，利得が $u_1(a_1, \cdots, a_n), \cdots, u_n(a_1, \cdots, a_n)$ によって与えられるような完備情報の静学ゲーム——にもとづいて定義したが，今度の無限繰り返しゲームの場合についてもそれになぞらえて同様に定義しよう[17]．

定義 G を段階ゲームとするとき，その G を無限に繰り返し，かつそのさいプレイヤーの共通の割引因子が δ であるような**無限繰り返しゲーム**

---

17) 動学的段階ゲームにもとづいた繰り返しゲームを定義することも，もちろん可能である．本節では要点を簡単な形で示すために，静学的段階ゲームに話を限定した．2.3.D 節および 2.3.E 節でとり上げる応用例は，動学的段階ゲームにもとづく繰り返しゲームである．

(infinitely repeated game)を $G(\infty, \delta)$ であらわす. このゲームでは, どの t についても, t 段階のはじめにそれ以前の $t-1$ 回の段階ゲームの結果が観察されているものとする. それぞれのプレイヤーの $G(\infty, \delta)$ における利得は, これらの段階ゲームからの利得の無限列の現在価値である.

どのゲームにおいても(繰り返しゲームであってもなくても)プレイヤーの戦略とは完全な行動計画のことで, そのプレイヤーが行動をおこすことになるかもしれないそれぞれの事態でどの実行可能な行動をとるかをすべて漏れなく指定したものである. いささか脚色して言えば, プレイヤーがそうした戦略をゲームの始まる前に自分の弁護士に渡しさえすれば, その弁護士はプレイの仕方についてそれ以上指示を仰がなくともプレイヤーになり代わってゲームをプレイすることができるのである. 例えば完備情報の静学ゲームでは, 戦略とはたんに行動を意味している(そのようなゲームを第1章では $G = \{S_1, \cdots, S_n; u_1, \cdots, u_n\}$ と書いたが, それをここでは $G = \{A_1, \cdots, A_n; u_1, \cdots, u_n\}$ と書けるのもそのためである. つまり完備情報の静学ゲームでは, プレイヤー i の戦略空間 S_i は行動空間 A_i と一致するのである). しかし動学ゲームでは, 戦略はよりいっそう複雑になる.

　前節でとり上げた2段階の囚人のジレンマを考えてみよう. 各プレイヤーは2回ずつ行動するので, 戦略は (b, c) (b が第1段階での行動, c が第2段階での行動)のように行動の組で書かれると思われるかもしれない. しかし第1段階には四つの可能な結果 (L_1, L_2), (L_1, R_2), (R_1, L_2), そして (R_1, R_2) があり, それらは各プレイヤーが行動をおこすことになるかもしれない四つの別々の事態をあらわしている. したがって各プレイヤーの戦略は五つの行動の指示 (v, w, x, y, z) からなり, v が第1段階での行動, w, x, y, z はそれぞれ第1段階での結果 (L_1, L_2), (L_1, R_2), (R_1, L_2), (R_1, R_2) に対応してその後にとられる第2段階での行動をあらわすことになる. この記号を用いれば,「第1段階では b をプレイし, 第2段階では第1段階で何が起ころうとも c をプレイせよ」という指示は (b, c, c, c, c) と書かれる. しかしまた, この記号で第2段階での行動が第1段階での結果に依存する戦略を書くことも可能であり, 例えば (b, c, c, c, b) は「第1段階では b をプレイし, 第2段階ではもし第1段階で結果が (R_1, R_2) でなければ c を, (R_1, R_2) であれば b をプレイせよ」という指示をあらわすことになる. 同様に, 表2.3.3にもとづく2段階の繰り返

しゲームでは, 各プレイヤーの戦略は 10 個の指示からなる. それらは第 1 段階での行動と第 2 段階での 9 個の条件付き行動であり, 後者はそれぞれ第 1 段階での可能な結果に対応してその後何をプレイするかを示している. この 2 段階の繰り返しゲームを分析したときに, 第 2 段階での行動が第 1 段階での結果に依存した戦略を考えたことを思い出していただきたい. そこでは第 1 段階で M_i をプレイし, 第 2 段階ではもし第 1 段階での結果が (M_1, M_2) でなければ L_i をプレイし, (M_1, M_2) ならば R_i をプレイするという戦略を考えた.

有限繰り返しゲーム $G(T)$ の場合も無限繰り返しゲーム $G(\infty, \delta)$ の場合も, **第 t 段階までのプレイの歴史**(history)とは第 1 段階から第 t 段階までの各プレイヤーの選択の記録である. 例えばプレイヤーたちは第 1 段階で $(a_{11}, \cdots, a_{n1})$, 第 2 段階で $(a_{12}, \cdots, a_{n2})$, ……, 第 t 段階で $(a_{1t}, \cdots, a_{nt})$ を選んだというようになっており, そこで各プレイヤー i と各段階 s について行動 a_{is} は行動空間 A_i から選ばれたものになっているといった具合である.

定義 有限繰り返しゲーム $G(T)$ または無限繰り返しゲーム $G(\infty, \delta)$ において, プレイヤーの**戦略**とは, 各段階で, それまでの可能なプレイの歴史のそれぞれに応じプレイヤーがどの行動をとるかを指定したものである.

つぎにサブゲームに移ろう. サブゲームとはもとのゲームの一部分で, ゲームのそこまでの完全な歴史がプレイヤー間の共有知識となっているようなある任意の点を起点とし, その後がプレイされるゲームのことである(繰り返しゲーム $G(T)$ および $G(\infty, \delta)$ のサブゲームについては本節の後半でその精確な定義を与える. また一般の完備情報動学ゲームのサブゲームについては 2.4.B 節でその精確な定義を与える). 例えば 2 段階の囚人のジレンマには 4 個のサブゲームがあり, それらは第 1 段階で可能な四つの結果の後にくる第 2 段階でのゲームにそれぞれ対応している. 同様に表 2.3.3 にもとづく 2 段階繰り返しゲームには 9 個のサブゲームがあり, それらはこの段階ゲームの 9 個の可能な第 1 段階での結果にそれぞれ対応している. 有限繰り返しゲーム $G(T)$ や無限繰り返しゲーム $G(\infty, \delta)$ では, 戦略の定義がサブゲームの定義と密接に関連している. すなわちプレイヤーの戦略は, そのプレイヤーが繰り返

しゲームの第1段階およびその各サブゲームの第1段階でとる行動を指示したものとなっている.

> **定義**　有限繰り返しゲーム $G(T)$ で第 $t+1$ 段階から始まる**サブゲーム**(subgame)とは,G が $T-t$ 回プレイされる繰り返しゲームのことで $G(T-t)$ と書かれる.第 $t+1$ 段階から始まるサブゲームは,第 t 段階までの可能なプレイの歴史それぞれに対応して1個ずつ存在する.無限繰り返しゲーム $G(\infty,\delta)$ においては第 $t+1$ 段階から始まる**サブゲーム**は,それぞれもとのゲーム $G(\infty,\delta)$ と同じになる.有限期の場合と同様,$G(\infty,\delta)$ の第 $t+1$ 段階から始まるサブゲームは,第 t 段階までの可能なプレイの歴史の数と同数存在する.

　繰り返しゲームの第 t 段階(有限期の場合には $t<T$ を仮定する)だけをとり出したものは,その繰り返しゲームのサブゲーム**ではない**ことに注意していただきたい.サブゲームとはもとのゲームの一部分で,そこまでのプレイの歴史がプレイヤー間の共有知識となっているような点から始まり,さらにもとのゲームでその点から後にくるすべての手番を含むものである.第 t 段階だけを切り離して分析するのは,第 t 段階をその繰り返しゲームの最終段階とみなすのに等しい.よってそのような分析は,可能ではあるが,もとの繰り返しゲームの分析としては適当でない.

　これでいよいよサブゲーム完全なナッシュ均衡を定義する準備が整った.この定義は当然ナッシュ均衡そのものの定義に依存する.それは第1章で与えられたものと何ら変わるところはないが,ただ動学ゲームの場合はプレイヤーの戦略が複雑さを包蔵しているので気をつけなければならない.いずれにせよナッシュ均衡とは,各プレイヤーから一つずつ戦略を集めたもので,それら各プレイヤーの戦略が互いに他のプレイヤーの戦略に対して最適反応になっているものをいう.

> **定義**(ゼルテン(Selten, 1965))　ナッシュ均衡は,そこでのプレイヤーの戦略がどのサブゲームにおいてもナッシュ均衡となるとき,**サブゲーム完全**(subgame-perfect)であるという.

サブゲーム完全なナッシュ均衡は，ナッシュ均衡をさらに**精緻化**したものである．つまりサブゲーム完全であるためには，プレイヤーの戦略がまずナッシュ均衡でなくてはならず，さらにその上に追加的な基準を満たさなければならないのである．

　無限繰り返しの囚人のジレンマでトリガー戦略のナッシュ均衡がサブゲーム完全であることを示すには，トリガー戦略がその無限繰り返しゲームのどのサブゲームでもナッシュ均衡になっていることを示さねばならない．ここで，無限繰り返しゲームではどのサブゲームもが全体のゲームと等しくなっていることを思い起こそう．無限に繰り返される囚人のジレンマのトリガー戦略ナッシュ均衡では，それらのサブゲームをつぎの二つのクラス，すなわち（ⅰ）それ以前の段階での結果がすべて (R_1, R_2) になっているサブゲームと，（ⅱ）それ以前の段階で少なくとも一つの結果が (R_1, R_2) 以外のものであるサブゲーム，に分類することができる．もし両プレイヤーがゲーム全体に対してトリガー戦略をとったとすれば，まず（ⅰ）第1クラスに属するサブゲームでのプレイヤーの戦略はふたたびトリガー戦略になり，すでに示したようにそれが全体のゲームのナッシュ均衡になっている．また（ⅱ）第2クラスに属するサブゲームでのプレイヤーの戦略はたんに段階ゲームの均衡 (L_1, L_2) をいつまでも繰り返すだけとなり，これも全体のゲームのナッシュ均衡になっている．よって無限に繰り返される囚人のジレンマのトリガー戦略ナッシュ均衡はサブゲーム完全なのである．

　つぎは同様の議論を無限繰り返しゲーム $G(\infty, \delta)$ に応用してみる．するとこの議論の結果，われわれは無限繰り返しゲームに関するフリードマンの定理（Friedman, 1971）に立ち至ることになる．この定理を述べるためには，あと二つだけ定義が必要となる．まず段階ゲーム G の利得 $(x_1, \cdots, x_n)$ が G の純粋戦略による利得の凸結合（つまり非負で和が1になる重みを用いた加重平均）として書けるとき，その利得を**実現可能**(feasible)と呼ぶ．表2.3.6の囚人のジレンマの実現可能な利得の集合は，図2.3.7の影を付けた部分となる．まず純粋戦略による利得 $(1,1)$，$(0,5)$，$(4,4)$，そして $(5,0)$ が実現可能である．また $1 < x < 4$ で (x,x) と書ける利得の組は，$(1,1)$ と $(4,4)$ の加重平均として書けるので実現可能であり，$y+z=5$ で $0<y<5$ を満たす (y,z) も $(0,5)$ と $(5,0)$ の加重平均として書けるので実現可能である．それ以外で図2.3.7の影を付けた部分（の内部）に含まれる利得の組は，三つ以上の純粋戦略による利

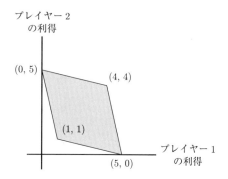

図 2.3.7

得の加重平均である．ここで純粋戦略の利得の加重平均を得るためには，プレイヤーたちは何らかの共通のランダム化手段を使うことができると考えられよう．例えば(歪みのない)硬貨を投げて，その結果で (L_1, R_2) か (R_1, L_2) かを決めるとすれば，彼らは期待利得 $(2.5, 2.5)$ を達成できるのである．

　フリードマンの定理を述べるのに必要なもう一つの定義は，プレイヤーの利得の尺度の変更に関するものである．無限繰り返しゲーム $G(\infty, \delta)$ の各プレイヤーの利得は前と同様，段階ゲームのプレイヤーの利得の無限列の現在価値とするが，この現在価値を同じ段階ゲームの利得の無限列の**平均利得**で表現する方がより便利である．平均利得とはもとの無限列の現在価値と同じ現在価値を得るために毎期もらわなくてはならない利得のことである．割引因子が δ であるとし，利得の無限列 $\pi_1, \pi_2, \pi_3, \cdots$ が現在価値 V を持つとしよう．他方もし利得 π を各段階で得るとすれば，その現在価値は $\pi/(1-\delta)$ である．ゆえに π が δ の割引因子を持つ無限列 $\pi_1, \pi_2, \pi_3, \cdots$ の平均利得であるためには，それら二つの現在価値が等しくならなくてはならず，よって $\pi = V(1-\delta)$ となるのでなくてはならない．すなわち平均利得とは，現在価値を $(1-\delta)$ 倍したものなのである．

　定義　割引因子 δ を所与とするとき，利得の無限列 $\pi_1, \pi_2, \pi_3, \cdots$ の**平均利得**(average payoff)は

$$(1-\delta) \sum_{t=1}^{\infty} \delta^{t-1} \pi_t$$

である．

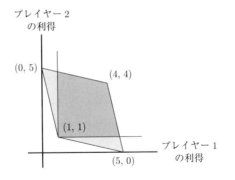

図 2.3.8

現在価値ではなく平均利得を用いることの利点は，後者が段階ゲームの利得と直接比較可能なところにある．例えば表 2.3.6 の囚人のジレンマで，両プレイヤーが各段階で利得 4 を得たとする．その利得の無限列は平均利得としては 4 であるが，現在価値は $4/(1-\delta)$ である．ただし，平均利得はただ現在価値の尺度を変えただけのものなので，平均利得の最大化は現在価値の最大化と同じことになる．

これでいよいよ無限繰り返しゲームの議論での主要定理を述べる用意ができた．

定理(フリードマン(Friedman, 1971)) G を完備情報の有限静学ゲームとする．また $(e_1,\cdots,e_n)$ を G のナッシュ均衡での利得とし，$(x_1,\cdots,x_n)$ を G のそれ以外の実現可能な利得とする．このときもし $x_i > e_i$ がどのプレイヤーについても成り立ち，かつ δ が十分 1 に近いとすれば，$(x_1,\cdots,x_n)$ を平均利得とするような無限繰り返しゲーム $G(\infty,\delta)$ のサブゲーム完全なナッシュ均衡が存在する．

この定理の証明は，無限繰り返しの囚人のジレンマについてすでに与えた推論と並行して行えるので，後の 2.3.B 節の補論に回すことにした．またこの定理を有限でも静学的でもない適当な段階ゲームに拡張するのは，簡単にできることで，ただ記号が少し複雑になるだけである．これについては以下の三つの節にある応用例を参照されたい．表 2.3.6 の囚人のジレンマにフリードマンの定理を当てはめてみれば，図 2.3.8 の濃い影の部分に入るどの点もが，割引因子が十分 1 に近いという条件の下では，繰り返しゲームのサブゲーム完

全なナッシュ均衡の平均利得として達成できることが分かるであろう.

　本節の締めくくりとして,以下では無限繰り返しゲーム理論のその後の進展のうち二つのものだけについてその概略を述べておく.ただしどちらの進展も,囚人のジレンマを考える限りでは,つぎの特別な性質のゆえに表面にはっきりあらわれてこないものである.その特別な性質とは,表2.3.6の(1回限りの)囚人のジレンマでは,プレイヤーiがL_iをプレイすることにより少なくともナッシュ均衡の利得1を保証されているということである.これに対して(1.2.A節で述べた)1回限りのクールノーの複占ゲームでは,企業はナッシュ均衡の生産量を作るだけではナッシュ均衡の利得を保証されていない.むしろ企業が必ず受け取れると確信できる利潤はゼロで,それは生産量をゼロとすることで保証されるにすぎない.一般の段階ゲームGを考え,r_iでプレイヤーiの**留保利得**(reservation payoff),つまり相手のプレイヤーが何をしようとプレイヤーiが必ず受け取ることのできる最大利得をあらわすとしよう.すると$r_i \leq e_i$(ここでe_iはフリードマンの定理に出てきた.プレイヤーiのナッシュ均衡での利得)でなくてはならないが,それはもしr_iがe_iより大きいとプレイヤーiがナッシュ均衡戦略をプレイすることが最適反応にならなくなるからである.囚人のジレンマでは$r_i = e_i$であるが,クールノーの複占ゲーム(そして一般のゲーム)では$r_i < e_i$である.

　フューデンバーグ゠マスキン(Fudenberg and Maskin, 1986)は,2人ゲームの場合,フリードマンの定理の主張にある均衡利得(e_1, e_2)が留保利得(r_1, r_2)で置き換え可能であることを示した.すなわち,もし(x_1, x_2)がGの実現可能な利得で,しかもどのiにとっても$x_i > r_i$であるならば,たとえ1人または両方のプレイヤーにとって$x_i < e_i$であっても,十分に1に近いδをとれば(x_1, x_2)を平均利得として達成する$G(\infty, \delta)$のサブゲーム完全なナッシュ均衡が存在するのである.フューデンバーグとマスキンはまたプレイヤーの数が2人より多い場合についても,定理の主張の均衡利得$(e_1, \cdots, e_n)$が留保利得$(r_1, \cdots, r_n)$で置き換え可能になるための弱い条件を与えている.

　割引因子が「十分に1に近くない」ときに,どんな平均利得がサブゲーム完全なナッシュ均衡として達成されるかという,上記のところと補完的な問題も興味を引く.この問題への一つの接近法は,δを一つ固定して,プレイヤーが(1回でも逸脱すればそれ以降は段階ゲームのナッシュ均衡に行動を切り替えるという)トリガー戦略を用いたときに,どの平均利得が達成可能かを調べ

るというものである．δ が小さいほど今期の逸脱を思いとどまらせるために来期から始める処罰の効果は薄くなる．それでもプレイヤーは通常，たんに段階ゲームのナッシュ均衡を繰り返す場合よりは利得を増すことが可能である．もう一つの接近法はアブルー（Abreu, 1988）が先鞭をつけたもので，プレイヤーが提案された戦略から逸脱するのを思いとどまらせるのにもっとも有効なやり方は，もしそのプレイヤーが逸脱したらもっとも厳しいペナルティ（信憑性のある処罰）を課すると脅かすことだという考えにもとづいている（つまり逸脱に対しては，無限繰り返しゲームのサブゲーム完全なナッシュ均衡の中で本人の利得が最低になるもので応じるという脅しをかけることである）．大概のゲームでは，段階ゲームのナッシュ均衡へと永久に行動を切り替えるのはもっとも厳しいペナルティとはならないので，トリガー戦略では達成不可能だがアブルーの方法では達成可能になる平均利得が存在する．しかし囚人のジレンマでは，段階ゲームのナッシュ均衡が留保利得を達成できるので（すなわち $r_i = e_i$ となるので），この二つの方法は同じ結果を生ぜしめる．次節ではこれら二つの方法の両方の例を与えることにする．

2.3.B 節の補論　　この補論ではフリードマンの定理を証明する．まず $(a_{e1}, \cdots, a_{en})$ を均衡利得が $(e_1, \cdots, e_n)$ となる G のナッシュ均衡とし，同様に $(a_{x1}, \cdots, a_{xn})$ を実現可能な利得 $(x_1, \cdots, x_n)$ をもたらす行動の組としよう（後者の記号法は，任意の実現可能な利得を達成するのに通常必要な共通のランダム化手段を無視しているので，たんに正しい表記を示唆するためだけのものと思っていただきたい）．さてプレイヤー i のつぎのトリガー戦略を考えよう．

> 第 1 段階では a_{xi} をプレイする．第 t 段階では，もしそれ以前の $t-1$ 段階の結果が $(a_{x1}, \cdots, a_{xn})$ ならば a_{xi} をプレイする．そうでなければ a_{ei} をプレイする．

もし全プレイヤーがこのトリガー戦略をとったとすれば，目下の無限繰り返しゲームの各段階での結果は $(a_{x1}, \cdots, a_{xn})$ となり，そのときの（期待）利得は $(x_1, \cdots, x_n)$ となる．われわれはまず，δ が十分に 1 に近いならば，プレイヤーがこの戦略をとることが当該の繰り返しゲームのナッシュ均衡になることを示す．そしてその後でそのようなナッシュ均衡がサブゲーム完全であることを

示す.

かりにプレイヤー i 以外の全員がトリガー戦略をとったとしてみよう. 1 段階でも結果が $(a_{x1}, \cdots, a_{xn})$ と異なれば, 彼らは $(a_{e1}, \cdots, a_{e,i-1}, a_{e,i+1}, \cdots, a_{en})$ をプレイするのであるから, その場合のプレイヤー i の最適反応はいつまでも a_{ei} をプレイし続けることになる. したがってあとは第 1 段階でと, それまでの結果がずっと $(a_{x1}, \cdots, a_{xn})$ であり続けたような任意の段階でとのプレイヤー i の最適反応を求めればよい. a_{di} で $(a_{x1}, \cdots, a_{xn})$ からのプレイヤー i の最良な逸脱をあらわすものとしよう. すなわち a_{di} は

$$\max_{a_i \in A_i} u_i(a_{x1}, \cdots, a_{x,i-1}, a_i, a_{x,i+1}, \cdots, a_{xn})$$

の解である. また d_i をその逸脱時の利得 $d_i = u_i(a_{x1}, \cdots, a_{x,i-1}, a_{di}, a_{x,i+1}, \cdots, a_{xn})$ とする(ここでもわれわれは共通のランダム化手段の役割を無視している. 一般には, 最適な逸脱とそのときの利得は, この手段が選ぶ純粋戦略に依存して決まる). すると, $d_i \geq x_i = u_i(a_{x1}, \cdots, a_{x,i-1}, a_{xi}, a_{x,i+1}, \cdots, a_{xn}) > e_i = u_i(a_{e1}, \cdots, a_{en})$ ということになっている.

a_{di} をプレイすれば, 現段階で d_i の利得を得られるが, それは他のプレイヤーの行動 $(a_{e1}, \cdots, a_{e,i-1}, a_{e,i+1}, \cdots, a_{en})$ を以後永久に引き出すことにもなり, それに対するプレイヤー i の最適反応が a_{ei} なので, 将来の利得は各段階とも e_i になる. こうして得られる利得の列の現在価値は

$$d_i + \delta \cdot e_i + \delta^2 \cdot e_i + \cdots = d_i + \frac{\delta}{1-\delta} e_i$$

である(どんな逸脱も他のプレイヤーによる同一の反応を引き起こすので, 利得が最大になる逸脱だけを考えておけば十分である). 他方 a_{xi} をプレイすれば, 現段階で x_i の利得が得られ, つぎの段階ではまた a_{di} と a_{xi} のあいだのまったく同じ選択に直面することになる. プレイヤー i がこの選択を(現在およびすべての将来のことまでを考慮して)最適に行ったときに得られる段階ゲームからの利得の現在価値を V_i であらわす. するともし a_{xi} をプレイするのが最適なら

$$V_i = x_i + \delta V_i$$

つまり $V_i = x_i/(1-\delta)$ が成り立つはずである. またもし a_{di} をプレイするのが最適なら, 上で求めたように

$$V_i = d_i + \frac{\delta}{1-\delta} e_i$$

となる（ここではランダム化の手段が系列無相関であると仮定する．その場合は，この手段によって選ばれうる純粋戦略がいろいろあったとしても，それぞれからの最良の逸脱のうち最高のものを d_i とすればよい）．したがって a_{xi} をプレイするのが最適となるのは

$$\frac{x_i}{1-\delta} \geq d_i + \frac{\delta}{1-\delta} e_i$$

つまり

$$\delta \geq \frac{d_i - x_i}{d_i - e_i}$$

のとき，そしてそのときのみである．よって，（他のプレイヤーがトリガー戦略を採用したとして，）第 1 段階，およびそれまでの結果がすべて $(a_{x1}, \cdots, a_{xn})$ である段階，でのプレイヤー i の最適行動が a_{xi} となるための必要十分条件は，$\delta \geq (d_i - x_i)/(d_i - e_i)$ となる．

　この結論を，いったん $(a_{x1}, \cdots, a_{xn})$ 以外の結果になったときには a_{ei} をプレイし続けるのがプレイヤー i の最適反応になるという事実と結びつければ，全プレイヤーがトリガー戦略をプレイするのがナッシュ均衡になるための必要十分条件は

$$\delta \geq \max_i \frac{d_i - x_i}{d_i - e_i}$$

となることが分かる．$d_i \geq x_i > e_i$ であることから，どの i についても $(d_i - x_i)/(d_i - e_i) < 1$ とならねばならず，よって上の分数のプレイヤーに関する最大値もまた 1 未満の数となる．

　あとはこのナッシュ均衡がサブゲーム完全になることの証明のみが残っている．つまり，トリガー戦略が $G(\infty, \delta)$ のどのサブゲームにおいてもナッシュ均衡になっていることを示せばよいのである．まずは $G(\infty, \delta)$ のどのサブゲームもが $G(\infty, \delta)$ それ自体と同じ形をしていることに注目しよう．トリガー戦略ナッシュ均衡では，それらのサブゲームは，（ i ）それ以前の段階での結果がすべて $(a_{x1}, \cdots, a_{xn})$ であるサブゲームと，（ ii ）それ以前に少なくとも 1 回はある段階で $(a_{x1}, \cdots, a_{xn})$ 以外の結果が生じているサブゲーム，の 2 種類に分けられる．もしプレイヤーが全体のゲームでトリガー戦略を採用したのであ

れば，（ⅰ）のクラスのサブゲームでのプレイヤーの戦略もまたトリガー戦略と
なり，それが全体ゲームのナッシュ均衡になることはいま上で示したとおりで
ある．また（ⅱ）のクラスのサブゲームでのプレイヤーの戦略はたんに段階ゲー
ムの均衡 $(a_{e1}, \cdots, a_{en})$ をずっと繰り返すことにほかならず，これも全体ゲーム
のナッシュ均衡となる．よって，このゲームのトリガー戦略ナッシュ均衡は
必ずサブゲーム完全となることが示された．

2.3.C クールノー型複占企業間の共謀

逸脱が生じたとき段階ゲームのナ
ッシュ均衡に永久に切り替わるトリガー戦略を用いて，無限繰り返しゲームに
協力的行動のとられる可能性を初めて示したのは，フリードマン（Friedman,
1971）である．それが当初応用されたのは，つぎに示すクールノー型寡占モデ
ルの共謀の問題であった．

1.2.A 節の静学的クールノー・ゲームをもう一度振り返ってみることにし
よう．まず，市場の総生産量が $Q = q_1 + q_2$ のときには，市場均衡価格は（$Q <$
a と仮定して）$P(Q) = a - Q$ となる．また各企業の限界費用は c で，固定費用
は 0 である．そして企業は生産量を同時に決定する．その一意的なナッシュ
均衡では，各企業は $(a-c)/3$ だけ生産し，それをクールノー生産量と呼んで，
q_C であらわす．この均衡での総生産量 $2(a-c)/3$ は独占生産量 $q_m \equiv (a-c)/2$
を超えているので，もし各企業が独占生産量の半分ずつ，つまり $q_i = q_m/2$ を
生産すれば，どちらの企業もより多くの利潤を得る．

ではこのクールノーの段階ゲームにもとづいて，両企業の割引因子が δ の
場合の無限繰り返しゲームを考えてみよう．まずは両企業がつぎのトリガー戦
略をプレイすることが，このゲームのサブゲーム完全なナッシュ均衡となるた
めの δ の値を求めてみる．

> 第 1 期には独占生産量の半分 $q_m/2$ を生産する．第 t 期には，もしそれ以
> 前の $t-1$ 期において 2 企業が毎期それぞれ $q_m/2$ ずつ生産してきたとす
> れば，そこでも $q_m/2$ を生産する．そうでなければ，クールノー生産量
> q_C を生産する．

議論の運びは前節の囚人のジレンマの場合と同じなので，ここではその概略を
述べるにとどめよう．

2 企業が $q_m/2$ だけ生産したときの 1 企業にとっての利潤は $(a-c)^2/8$ で，これを $\pi_m/2$ と書く．また 2 企業が q_C だけ生産したときの 1 企業にとっての利潤は $(a-c)^2/9$ で，これを π_C と書く．最後に，企業 i が今期 $q_m/2$ の生産を行ったとき，企業 j の今期の利潤を最大化する生産量は

$$\max_{q_j} \left(a - q_j - \frac{1}{2} q_m - c \right) q_j$$

を解いて得られる．解は $q_j = 3(a-c)/8$ となり，そのときの利潤は $9(a-c)^2/64$ となるが，それを π_d であらわすことにしよう（ここで添字の d は逸脱(devia-tion)を意味している）．よって囚人のジレンマを分析した(2.3.1)と同様

$$\frac{1}{1-\delta} \cdot \frac{1}{2} \pi_m \geq \pi_d + \frac{\delta}{1-\delta} \cdot \pi_C \tag{2.3.2}$$

のときに，2 企業が上記のトリガー戦略をプレイすることがナッシュ均衡となるのである．π_m, π_d そして π_C の値を(2.3.2)に代入すれば，$\delta \geq 9/17$ となる．前節と同様の理由により，このナッシュ均衡はサブゲーム完全である．

われわれはまた，$\delta < 9/17$ のとき企業に何が達成できるかを調べてみることもできる．前節で説明した 2 通りの方法について考えていこう．まず最初に，δ の与えられた値の下で，一度逸脱が行われるとあとは永久にクールノー生産量を作り続けるというトリガー戦略を 2 企業がプレイするとしたとき，利潤が最大になる均衡生産量を求めてみる．そのようなトリガー戦略が独占生産量の半分という低い生産量を支持しえないことは，すでに見たとおりである．しかし，δ の値がどのようなものであれ，たんにクールノー生産量を永久に繰り返すことがサブゲーム完全なナッシュ均衡になることは分かっている．それゆえトリガー戦略で支持できる最有利な生産量は，$q_m/2$ と q_C のあいだにくるはずである．これを計算するために，つぎのトリガー戦略を考えよう．

> 今期 q^* を生産する．第 t 期には，もしそれ以前の $t-1$ 期に両企業が毎期 q^* を生産したのであれば q^* を生産する．そうでない場合はクールノー生産量 q_C を生産する．

両企業が q^* を選んだときの 1 企業の利潤は $(a - 2q^* - c)q^*$ となるが，それを π^* であらわそう．また，もし企業 i が今期 q^* を生産するなら，今期企業 j の利潤を最大化する生産量は

$$\max_{q_j}(a - q_j - q^* - c)q_j$$

を解いて得られる．この解は $q_j = (a - q^* - c)/2$ で，そのときの利潤 $(a - q^* - c)^2/4$ をふたたび π_d と書く．両企業が上のトリガー戦略をプレイすることがナッシュ均衡になるのは，

$$\frac{1}{1 - \delta} \cdot \pi^* \geq \pi_d + \frac{\delta}{1 - \delta} \cdot \pi_C$$

のときである．これを変形して得られる q^* の 2 次不等式より，トリガー戦略がサブゲーム完全なナッシュ均衡となる q^* の最小値は

$$q^* = \frac{9 - 5\delta}{3(9 - \delta)}(a - c)$$

となる．これは δ に関する単調減少関数で，δ が 9/17 に近づけば $q_m/2$ に近づき，δ が 0 に近づけば q_C に近づく．

　ここで 2 番目の方法，つまりもっとも厳しいペナルティーで脅す方法に移ることにしよう．アブルー(Abreu, 1986)はこの方法を任意の割引因子を用いたより一般的なクールノー・モデルに応用している．しかし以下では，われわれのモデルでも，アブルーの方法を用いると，$\delta = 1/2$ のとき(つまり 9/17 より小さいとき)に独占生産量が達成できることを示すにとどめる．つぎのような「2 局面」戦略(「飴と鞭(carrot-and-stick)」戦略)を考えよう．

> 第 1 期には独占生産量の半分 $q_m/2$ を生産する．もし両企業が第 $t-1$ 期に $q_m/2$ を生産していれば，第 t 期にも $q_m/2$ を生産する．もし両企業が第 $t-1$ 期に x を生産していても，第 t 期には $q_m/2$ を生産する．それ以外の場合には x を生産する．

この戦略は，生産量を x にする(1 期間の)懲罰期と生産量を $q_m/2$ にする(無限期になりうる)共謀期を含んでいる．もしどちらかの企業が共謀期から逸脱すれば，懲罰期が始まる．もしどちらかの企業が懲罰期から逸脱すれば，ふたたび懲罰期がやってくる．もしどちらも懲罰期から逸脱しなければ，ふたたび共謀期が始まる．

　両企業が x を生産したときの 1 企業の利潤は $(a - 2x - c)x$ で，これを $\pi(x)$ と書く．また，今期 $\pi(x)$ を受け取りその後は永久に独占利潤の半分を受け取

る列の現在価値を $V(x)$ であらわす．すなわち

$$V(x) = \pi(x) + \frac{\delta}{1-\delta} \cdot \frac{1}{2}\pi_m$$

である．もし企業 i が今期 x を生産するなら，今期企業 j の利潤を最大化する生産量は

$$\max_{q_j}(a - q_j - x - c)q_j$$

の解である．それは $q_j = (a-x-c)/2$ で，そのとき利潤は $(a-x-c)^2/4$ である．われわれは後者を $\pi_{dp}(x)$ と書くが，ここで添字の dp は懲罰（punishment）からの逸脱（deviation）を示すものである．

もし2企業が上記の2局面戦略をとるならば，この無限繰り返しゲームのサブゲームは，（ⅰ）直前期の結果が $(q_m/2, q_m/2)$ または (x,x) となる共謀サブゲーム，と（ⅱ）直前期の結果が $(q_m/2, q_m/2)$ でも (x,x) でもない懲罰サブゲーム，の二つに分類できる．2企業がともに2局面戦略を選ぶことがサブゲーム完全なナッシュ均衡になるためには，どちらのクラスのサブゲームにおいてもその戦略にしたがうことがナッシュ均衡にならなくてはならない．このことをまず共謀サブゲームの方から見ると，この場合各企業は今期 π_d を得て来期に懲罰の現在価値 $V(x)$ を受け取るよりも，独占利潤の半分を永久に受け取る方を好まなければならないはずである．つまり

$$\frac{1}{1-\delta} \cdot \frac{1}{2}\pi_m \geq \pi_d + \delta V(x) \tag{2.3.3}$$

が成り立つのでなくてはならない．他方，懲罰サブゲームでは，各企業は今期 π_{dp} を得て来期ふたたび懲罰サブゲームを始めるよりも，今期罰を受ける方を好むのでなくてはならない．つまり

$$V(x) \geq \pi_{dp}(x) + \delta V(x) \tag{2.3.4}$$

である．$V(x)$ の式を (2.3.3) に代入すれば

$$\delta\left(\frac{1}{2}\pi_m - \pi(x)\right) \geq \pi_d - \frac{1}{2}\pi_m$$

を得るが，これは逸脱からの今期の利益が処罰による来期の損失の割引現在価値以下でなくてはならないということである（どちらの企業も懲罰期から逸脱しなければ懲罰は終了し，あたかも逸脱がなかったときのように独占利潤

を受け取れるから，来期以降の損失は 0 となる）．同様にして(2.3.4)を書き
直すと

$$\delta\left(\frac{1}{2}\pi_m - \pi(x)\right) \geq \pi_{dp} - \pi(x)$$

となり，これも上に準じて解釈される．$\delta = 1/2$ のときには，(2.3.3)は
$x/(a-c)$ が 1/8 と 3/8 のあいだになければ満たされ，(2.3.4)は $x/(a-c)$ が
3/10 と 1/2 のあいだにあれば満たされる．よって $\delta = 1/2$ のときには，$3/8 \leq$
$x/(a-c) \leq 1/2$ であれば，2 局面戦略がサブゲーム完全なナッシュ均衡として
独占生産量を達成するのである．

　ここで述べた単純なモデル以外にも，より内容豊かな動学的寡占モデルが数
多くある．本節の最後にあたって，そのようなモデルのうち二つのもの，状態
変数モデルと不完全モニタリング・モデルについて簡単に触れておこう．どち
らのモデルも寡占以外への多くの応用が可能である．例えば次節で扱う効率賃
金モデルは不完全モニタリングの一例である．

　ローテンバーグ＝サロナー(Rotemberg and Saloner, 1986，および練習問
題 2.14)は，需要関数の切片が毎期ランダムに変動することを考慮に入れて，
景気変動の起こる場合の共謀的行動について研究した．そこでは，各企業は毎
期まずその期の需要関数の切片を観察してから，その期の行動を決めると考え
られている．また他の応用モデルでは，プレイヤーは各期首に別の状態変数の
実現値を観察することになる．このとき所与の戦略から逸脱する誘因は，今期
の需要量と将来の予想需要量との両者に依存して決まると考えられる(ローテ
ンバーグとサロナーは需要量が毎期独立に決まると仮定しているので，後者の
要因は今期の需要量に依存しないが，その後の研究ではこの仮定は緩められて
いる)．

　グリーン＝ポーター(Green and Porter, 1984)は，逸脱が完全には見破られ
ないときの共謀的行動について研究している．そこでは各企業は相手企業の生
産量を直接観察するのではなく，市場均衡価格のみを観察し，それが毎期観測
不可能なランダムショックの影響を受けることになる．このような設定の下で
は，企業は低い均衡価格が一つまたはそれ以上の企業が逸脱したから生じたの
か，それとも需要を下げるショックがあったから生じたのかを区別できない．
グリーンとポーターは，価格がある臨界値より下がれば全企業がクールノー生
産量を選択し，1 期間の懲罰期に入るというトリガー価格均衡を考察した．そ

の均衡では，どの企業も決して逸脱しないが，ただショックがあまりにひどい場合には価格が臨界値より低くなり，懲罰期への移行を引き起こす引き金となりうるのである．この懲罰は偶発的に起きるものなので，本節のトリガー戦略分析で考えたような無限期間の懲罰は，この場合には最適でない．アブルーが分析したような2局面戦略は，最適になるように見えるが，事実，アブルー＝ピアース＝スタケッティ（Abreu, Pearce, and Stacchetti, 1986）はそれが最適になりうることを示している．

2.3.D　効率賃金　効率賃金モデルでは，企業の労働者の生産量が企業の払う賃金に依存すると考えられている．発展途上国の場合は，高賃金はよりよい栄養をもたらすであろうし，他方，先進国の場合は，高賃金はいっそう有能な労働者がその企業に応募する誘因となり，また既存の労働者をより勤勉に働かせることになろう．

　シャピロ＝スティグリッツ（Shapiro and Stiglitz, 1984）は，企業が高賃金を払うことによって，また怠けているところを見つかった者は解雇すると脅すことによって，労働者を勤勉に働かせるようにする動学モデルを展開した．高賃金の結果，企業は労働需要を減らすことになり，したがって高賃金で雇われている労働者がいる一方，（非自発的に）失業してしまう労働者もいることになる．失業中の労働者数が多いほど，解雇された労働者が新しい職に就くのには時間がかかるので，解雇の脅しがよりいっそう有効になる．競争均衡においては，賃金 w と失業率 u が，労働者がぎりぎり怠けずに働き，w での企業の労働需要がちょうど u に等しい失業率を実現するような水準に決まることになる．われわれは1企業1労働者の事例を分析することにより，このモデルを（競争均衡の側面は無視することになるが）繰り返しゲームの観点から考察する．

　つぎの段階ゲームを考えよう．まず企業が労働者に賃金 w を申し出る．つぎに労働者は企業のこの申し出を受け入れるか断るかする．もし労働者が w を拒否すれば，彼は自営により賃金 w_0 を稼ぐ．もし彼が w を受け入れれば，彼は勤勉に働くか（そのときには不効用 e を被る）怠ける（そのときは不効用は伴わない）を選択する．労働者が勤勉に働くかどうかの意思決定は企業には観察されないが，労働者の生産量は企業と労働者のどちらにも観察される．単純化のため，生産量は高いか低いかのどちらかであるとし，さらに低生産量は

0とするので，高生産量は$y>0$と書ける．もし労働者が勤勉に働けば，生産量は必ず高くなるが，もし労働者が怠ければ，生産量は確率pで高くなり確率$1-p$で低くなると仮定する．よってこのモデルでは，生産量が低いことは仕事を怠けていたことの明白な証拠となる．

企業が労働者を賃金wで雇ったとすると，もし労働者が勤勉であり生産量が高ければ企業の利得は$y-w$，労働者の利得は$w-e$となる．もし労働者が怠ければeは0となり，さらにもし生産量が0ならyは0となる．われわれは$y-e>w_0>py$と仮定するので，労働者が企業に雇われて勤勉に働くのは効率的であり，また労働者が企業に雇われても怠けるのであれば，それより自営した方がよいことになる．

この段階ゲームのサブゲーム完全な結果はむしろ極端なものである．すなわち，企業がwを事前に払うので，労働者は勤勉に働く誘因がなく，そこで企業は$w=0$（あるいは$w\leq w_0$である任意の賃金）を申し出，労働者は自営を選ぶという結果になるのである．しかしながら，もしその無限繰り返しゲームを考えるならば，企業はw_0を超える賃金を払って，生産量が低ければ解雇すると脅すことにより，労働者を勤勉に働かせるように仕向けることが可能となる．以下ではあるパラメータの値の下では，企業はそのような高い賃金を払ってでも労働者を勤勉に働かせた方がよいと考えることを示す．

なぜ企業と労働者が生産量に依存する賃金契約を結んで勤勉さを引き出せないのかを不思議がる人がいるかもしれない．そのような契約が実行不可能となりうる一つの理由は，生産量を測る基準の中に生産される物の質とか生産条件の予期できない障害とかいろいろの要因が入り込んでくる可能性があり，そうした理由で法廷がそういう契約の履行を強制するのが難しいというものである．いっそう一般的に言えば，生産量に依存する契約は（完全に実行不可能というよりも）不完全になりがちであり，それゆえここで考えるような繰り返しゲームによる誘因生成に役割が見出されるのである．

この無限繰り返しゲームで，後で決定される賃金$w^*>w_0$を含むつぎのような戦略を考える．まずそれまでのすべての賃金の申し出がw^*で，それらすべての申し出が受け入れられ，またそれまでのすべての生産量の水準が高いことを，プレイの歴史が**高賃金高生産**であるということにしよう．そのとき，企業の戦略は，第1期に$w=w^*$を申し出て，それ以降はもしプレイの歴史が高賃金高生産なら$w=w^*$を申し出，それ以外なら$w=0$を申し出るものとす

る．また労働者の戦略は，$w \geq w_0$ である限りは企業の申し出を受け入れ（それ以外の場合は自営を選び），もしプレイの歴史がその期の申し出までを含めて高賃金高生産なら勤勉に働く（それ以外なら怠ける）ものとする．

　企業の戦略は前の二つの節で考察したトリガー戦略に準じたものである．つまりそれまでのプレイがつねに協力的であったなら協力的に行動し，協力が一度でも崩れたなら段階ゲームのサブゲーム完全な結果に永久に切り替わることになる．労働者の戦略もトリガー戦略に準ずるが，逐次手番の段階ゲームでは労働者が2番手で動くので，少し複雑なものになる．同時手番の段階ゲームにもとづく繰り返しゲームでは，逸脱はそれぞれの段階の終わりになるまで発覚しない．ところが段階ゲームが逐次手番になると，1番手のプレイヤーの逸脱は段階の途中で見つけられ（応酬され）ることになる．労働者の戦略は，今までのプレイがずっと協力的であれば協力的行動をとるが，企業による逸脱があれば，それ以降はずっと段階ゲームのサブゲーム完全な結果がプレイされ続けることを見込んだ上で，最適に反応することになる．とくにもし $w \neq w^*$ でかつ $w \geq w_0$ なら，労働者は企業の申し出を受け入れるが，仕事は怠けることになる．

　ここでこの戦略がサブゲーム完全なナッシュ均衡になるための条件を導出することにしよう．前の二つの節と同様，以下の議論は，（ⅰ）その戦略がナッシュ均衡になるための条件を求め，（ⅱ）それがサブゲーム完全であることを示す，という二つの部分からなっている．

　企業が第1期に w^* を申し出たとする．企業のこの戦略を所与とすれば，労働者はこれを受け入れるのが最適である．もし労働者が勤勉に働けば，労働者は高生産量を生産することが確実に分かっており，それゆえ企業の次期の申し出も w^* となって，労働者は来期も今期同様の労働態度の決定に直面することが分かる．よって，もし労働者にとって勤勉に働くことが最適であるならば，その利得の現在価値は

$$V_e = (w^* - e) + \delta V_e$$

すなわち $V_e = (w^* - e)/(1 - \delta)$ となるはずである．他方もし労働者が怠けるならば，確率 p で高生産量を生産するから，その場合は来期も同様の労働態度の決定に直面する．しかし確率 $1 - p$ では低生産量を生産するから，その場合企業は以降ずっと $w = 0$ を申し出ることになり，したがって労働者は以降ずっ

と自営することになる．よってもし労働者にとって怠けることが最適であるならば，その利得の(期待)現在価値は

$$V_s = w^* + \delta \left\{ p V_s + (1-p) \frac{w_0}{1-\delta} \right\}$$

すなわち $V_s = [(1-\delta)w^* + \delta(1-p)w_0]/(1-\delta p)(1-\delta)$ となる．そして，$V_e \geq V_s$ つまり

$$w^* \geq w_0 + \frac{1-p\delta}{\delta(1-p)} e = w_0 + \left(1 + \frac{1-\delta}{\delta(1-p)} \right) e \qquad (2.3.5)$$

であれば，労働者は勤勉に働くことが最適になる．したがって労働者を勤勉に働かせるためには，企業は労働者に自営の放棄と勤勉に働くことの不効用を埋め合わせるだけの賃金 $w_0 + e$ ばかりでなく，さらに割増金 $(1-\delta)e/\delta(1-p)$ をそれに加えて払わなくてはならない．当然もし p が１に近いなら(つまり怠けていても滅多にばれないなら)，勤勉に働かせるための賃金の割増金は非常に高くならなければならない．他方もし $p=0$ なら，前の二つの節で行った完全モニタリングの場合の分析の(2.3.1)および(2.3.2)に倣って，

$$\frac{1}{1-\delta}(w^* - e) \geq w^* + \frac{\delta}{1-\delta} w_0 \qquad (2.3.6)$$

のとき労働者は勤勉に働くのが最適になることが分かるが，これはまさに(2.3.5)に $p=0$ を代入した

$$w^* \geq w_0 + \left(1 + \frac{1-\delta}{\delta} \right) e$$

に等しい．

　(2.3.5)が成り立ち，労働者の戦略が企業の戦略の最適反応となったとしても，さらに企業にとっては w^* を払うだけの価値がなければならない．労働者の戦略を所与とすれば，企業の第１期の問題は，結局(1)$w=w^*$ を払い，低生産量が観察されたら解雇すると脅して勤勉に働かせ，毎期利得 $y-w^*$ を得るか，あるいは(2)$w=0$ を払い，労働者の自営を促して毎期利得 0 を得るか，の選択となる．よってもし

$$y - w^* \geq 0 \qquad (2.3.7)$$

ならば，企業の戦略が労働者の戦略に対する最適反応となる．前に $y-e>w_0$ (つまり労働者が企業に雇われ勤勉に働くのが効率的である)と仮定したこと

を思い起こそう．しかしもし上記の戦略をサブゲーム完全なナッシュ均衡にしようとすれば，さらに仮定を強めなければならないのであって，(2.3.5)と(2.3.7)から

$$y - e \geq w_0 + \frac{1-\delta}{\delta(1-p)} e$$

とならなければならないのである．これは協力的行動が支持されるためには，δ が十分に大きくなければならないというお馴染みの制約をあらわすと解釈できよう．

　以上で，もし(2.3.5)と(2.3.7)が成り立つならば，上で与えた戦略がナッシュ均衡になることを示した．つぎにこれがサブゲーム完全であることを示すため，まずはこの繰り返しゲームのサブゲームを定義することにしよう．段階ゲームが同時手番を持つときには，繰り返しゲームのサブゲームは段階と段階のあいだで始まった．しかしここでのように逐次手番の段階ゲームを考えるときには，サブゲームは段階と段階のあいだだけでなく，各段階の途中，つまり労働者が企業からの賃金の申し出を観察した時点からも始まる．プレイヤーの戦略を所与とすれば，それらのサブゲームは，高賃金高生産の歴史の後から始まるものと，それ以外の歴史から始まるものとの二つのクラスに分けられる．われわれはすでに，前者の歴史から始まるサブゲームではプレイヤーの戦略がナッシュ均衡になることを示した．よってあとは後者の歴史から始まるサブゲームでも同じことがいえるのを示すだけであるが，その場合労働者は決して勤勉には働かないので，企業にとっては労働者が自営を選ぶように仕向けるのが最適である．また企業はつぎの段階以降 $w=0$ を申し出ることになるので，労働者は今の段階でも勤勉に働くべきではなく，今期の申し出は $w \geq w_0$ のときにのみ受け入れるべきである．

　この均衡では，自営は永久に継続する．もし労働者が一度でも怠けているところを見つければ，企業は以後いつまでも $w=0$ の申し出を続ける．また企業が一度でも $w=w^*$ から外れた額を申し出れば，労働者はそれ以降決して勤勉には働かず，企業としても労働者を雇うことはできない．ここで自営が永続することがもっともらしいか否かについて問うてみるいくつかの理由がある．まず1企業1労働者からなるモデルでは，どちらのプレイヤーも段階ゲームのサブゲーム完全な結果をずっとプレイするより，無限繰り返しゲームの高賃金高生産均衡に戻った方がより好ましいと考えるであろう．これは2.3.A節で

もでてきた再協議の論点である．ただもし処罰が実行に移されないことがプレイヤーに分かれば，そのような脅しによって支えられてきた協力的行動はもはや均衡ではなくなってしまうことをも思い起こしていただきたい．

　労働市場の問題として考えれば，1人の労働者との再協議に応じるのは他の労働者とプレイしている（またはこれからプレイすることになる）高賃金高生産の均衡を覆してしまうかもしれないので，もし企業が多数の労働者を雇っているのであれば，企業としては再協議に応じない方がよいかもしれない．またもし多数の企業があるとすれば，問題は企業 j が前に企業 i で雇われていた労働者を雇うかどうかということになる．この場合も1企業の場合と同様，企業 j は現在労働者とのあいだで続いている高賃金高生産の均衡を覆すことを恐れて，その労働者を雇わないかもしれない．日本の大企業で働き盛りの男性ホワイトカラー労働者の転職が少ないのは，こういった理由で説明がつくことかもしれない．

　他方，もし解雇された労働者がつねに自営よりもよい新たな仕事を見つけられるのであれば，ここでの自営による賃金 w_0 の役目を果たすのは，それら新たな仕事からの賃金（マイナス努力の不効用）となる．解雇された労働者がまったく損失を被らないという極端な場合には，無限繰り返しゲームでは怠けることを処罰できなくなり，労働者が勤勉に働くサブゲーム完全なナッシュ均衡は存在しなくなる．ビュロウ゠ロゴフ（Bulow and Rogoff, 1989）は，同様のアイデアを国家間の債務の問題に見事に応用しているので見ていただきたい．もし債務国が，債権国から受ける長期借入と同じ取引を国際資本市場で短期のキャッシュ・イン・アドバンス取引によって実現できるならば，債務国・債権国間の無限繰り返しゲームでは債務不履行にさいしての処罰が存在しなくなるのである．

2.3.E　時間的整合性を持つ金融政策

雇用者と労働者が名目賃金を交渉によって決め，その後金融当局が貨幣供給量を選んで，それがインフレ率を決めるという逐次手番ゲームを考えよう．もし賃金契約を完全に物価にスライドさせることが不可能であるなら，雇用者と労働者は賃金を決定するにあたってインフレ率を予想しようとするであろう．それでも物価に不完全にしかスライドしない賃金がひとたび決められてしまうと，現実のインフレが予想を上回ったときには実質賃金が下がり，雇用者は雇用と生産を拡大するであろう．したが

って金融当局はインフレの費用と，意外なインフレ(つまり予想水準を超える
インフレ)のもたらす失業の減少や生産量の増加といった便益とのあいだのト
レードオフに直面することになる．

　バロー＝ゴードン(Barro and Gordon, 1983)に倣い，われわれはこのモデ
ルの誘導形をつぎの段階ゲームの形で分析する．まず雇用者がインフレ予想
π^e を形成し，つぎに金融当局がこの予想を観察して，実際のインフレ率 π を
選ぶ．雇用者の利得は $-(\pi-\pi^e)^2$ である．すなわち雇用者はたんにインフレ
率を正しく予想することを目的としており，最大利得(＝0)は $\pi=\pi^e$ のとき達
成される．一方，金融当局はインフレ率が0になることを望んでいるが，ま
た生産量(y)がその効率的水準(y^*)に決まることをも望んでいる．われわれは
金融当局の利得を

$$U(\pi,y) = -c\pi^2 - (y-y^*)^2$$

と書き，パラメータの $c>0$ が金融当局の二つの目標のあいだのトレードオフ
をあらわすものとする．また実際の生産量は，目標とする生産量と予期されな
いインフレ率の関数として

$$y = by^* + d(\pi - \pi^e)$$

のように書けると想定しよう．ここで $b<1$ は生産物市場に独占力が存在する
ことをあらわしたもので(そのため予期されないインフレがないとすると，実
際の生産量はその効率的水準より小さくなる)，また $d>0$ は前の段落で示し
たように，予期されないインフレが実質賃金の変化をつうじて生産量を増やす
効果をあらわしたものである．これを用いると，金融当局の利得は

$$W(\pi,\pi^e) = -c\pi^2 - [(b-1)y^* + d(\pi-\pi^e)]^2$$

のように書き直すことができる．

　この段階ゲームのサブゲーム完全な結果を解くために，まず雇用者の予想
π^e を所与としたときの金融当局にとっての最適な π の値を計算してみよう．
それは $W(\pi,\pi^e)$ を最大化することにより

$$\pi^*(\pi^e) = \frac{d}{c+d^2}[(1-b)y^* + d\pi^e] \tag{2.3.8}$$

から得られる．雇用者は当局が $\pi^*(\pi^e)$ を選ぶであろうと予想するので，

$-[\pi^*(\pi^e)-\pi^e]^2$ を最大にするように π^e を選択し，その結果は $\pi^*(\pi^e)=\pi^e$ すなわち

$$\pi^e = \frac{d(1-b)}{c}y^* = \pi_s$$

となる．ここで下付きの添字 s は段階ゲーム (stage game) を指すものである．これと同じことになるが，雇用者が**合理的期待**を持つとは，その期待が金融当局の行動によって後から確証されるということであるから，$\pi^*(\pi^e)=\pi^e$ つまり $\pi^e=\pi_s$ となると考えることもできよう．雇用者が予想 $\pi^e=\pi_s$ を立てているときには，π を π_s より少し上に設定することの金融当局にとっての限界費用が，予期されないインフレのもたらす限界便益とちょうど等しくなっている．このサブゲーム完全な結果では，金融当局はインフレ率を正にすると予想され，実際にもそうするのであるが，もし当局がインフレ率をゼロにすることを公約できるなら，当局にとってはその方がよいのである．なぜなら雇用者が合理的に期待を形成する (つまり $\pi=\pi^e$ とする) 場合には，ゼロ・インフレが金融当局の利得を最大化するからである (つまり $\pi=\pi^e$ のときには $W(\pi,\pi^e)=-c\pi^2-(b-1)^2y^{*2}$ なので，$\pi=0$ が最適となる)．

　さてここで両プレイヤーがともに割引因子 δ を持つ場合の無限繰り返しゲームを考えよう．そしてつぎのような戦略を用いて，毎期 $\pi=\pi^e=0$ がサブゲーム完全なナッシュ均衡として達成されるための条件を求めることにしよう．まず雇用者は第 1 期には $\pi^e=0$ と予想する．また後続の期には，もしそこまでのすべてのインフレ予想が $\pi^e=0$ で，かつ実際のインフレ率がすべて $\pi=0$ であったとすれば，$\pi^e=0$ と予想し，そうでなければ，$\pi^e=\pi_s$ と，つまりこの段階ゲームの合理的期待の値になると予想する．同様に，金融当局は今期のインフレ予想が $\pi^e=0$ で，それ以前のすべてのインフレ予想も $\pi^e=0$，かつ実際のインフレ率がすべて $\pi=0$ であったならば，$\pi=0$ とし，また，そうでなければ $\pi=\pi^*(\pi^e)$，つまり雇用者の予想に対する最適反応 (2.3.8) を選択する．

　雇用者が第 1 期にインフレ率を $\pi^e=0$ と予想したとする．雇用者の戦略 (実際のインフレ率を観察した後で次期のためにインフレ予想を改訂するやり方) が与えられているとすれば，金融当局はつぎの二つの選択肢の中からその行動を選ぶと考えてよい．その一つは $\pi=0$ で，このときには来期 $\pi^e=0$ となり，当局は来期も同じ選択に直面する．もう一つは (2.3.8) を用いて $\pi=\pi^*(0)$ と

するもので，このときには以後永久に $\pi^e = \pi_s$ で，これに対する金融当局の最適反応は永久に $\pi = \pi_s$ を選ぶことになる．よって今期 $\pi = 0$ を選べば，各期 $W(0,0)$ の利得を得ることになり，他方今期 $\pi = \pi^*(0)$ を選べば，今期の利得は $W(\pi^*(0),0)$ となるが，来期以降の利得はずっと $W(\pi_s, \pi_s)$ となる．したがってもし(2.3.6)と同様の式

$$\frac{1}{1-\delta} W(0,0) \geq W(\pi^*(0),0) + \frac{\delta}{1-\delta} W(\pi_s, \pi_s) \qquad (2.3.9)$$

が成り立つならば，金融当局の戦略が雇用者の戦略に対する最適反応となる．

　(2.3.9)を変形すれば，$\delta \geq c/(2c+d^2)$ が得られるが，この式のパラメータ c と d はどちらも二つの効果を含んでいる．例えば，d が増せば予期されないインフレが生産量を増大させる効果が増し，金融当局が予期されないインフレを産み出す誘因が増すが，他方ではそれは同じ理由で段階ゲームの結果の π_s を増加させ，逸脱したときの処罰もまた金融当局にとってより厳しいものとなる．同様に c の増加はインフレをより耐え難いものとし，予期されないインフレを産み出す誘因を抑えるが，それとともに π_s をも減少させる．いずれの場合も後者の効果が前者の効果を上回るので，この均衡を支持するのに必要な割引因子の臨界値 $c/(2c+d^2)$ は d の減少関数，そして c の増加関数となる．

　以上で，もし(2.3.9)が成り立てば，金融当局の戦略が雇用者の戦略に対する最適反応になることを示した．その戦略の組がナッシュ均衡であることを示すには，さらに雇用者の戦略が金融当局の戦略に対する最適反応になることを示さねばならないが，これは雇用者が毎期最大利得(＝0)を得ていることから導かれる．これらの戦略の組がサブゲーム完全にもなっていることは，前節と同様の推論によって確かめられよう．

2.4　完備不完全情報の動学ゲーム

2.4.A　ゲームの展開型による表現　　第1章でわれわれは，静学ゲームを標準型に表現して分析した．本節では動学ゲームを展開型に表現して分析することにする[18]．こういう説明の仕方をすると，静学ゲームは標準型で表現されねばならず，動学ゲームは展開型で表現されねばならないように聞こえるかも

---

18) ここでの展開型の記述は厳密なものではない．精確なとり扱いについてはクレプス＝ウィルソン(Kreps and Wilson, 1982)を参照せよ．

しれないが，それは真ではない．いくつかのゲームではこの二つの型のうち一方が分析上より便利だということはあるが，どのゲームにせよ標準型でも展開型でも表現できるのである．われわれは静学ゲームがどのように展開型で表現できるかということや，動学ゲームがどのように標準型で表現できるかということについても論ずるであろう．

　まずゲームの標準型による表現とは，つぎの三つのもの，すなわち(1)ゲームのプレイヤー，(2)各プレイヤーの選択できる戦略，(3)プレイヤーの選択する戦略の組み合わせごとに各プレイヤーが受け取る利得，を指定したものであったことを 1.1.A 節の議論から思い出していただきたい．

> **定義**　**ゲームの展開型による表現**(extensive-form representation)とは，
> (1)ゲームのプレイヤー，(2a)各プレイヤーにいつ手番が回ってくるか，
> (2b)自分の手番で各プレイヤーは何ができるか，(2c)自分の手番がきたとき各プレイヤーは何を知っているか，そして(3)プレイヤーの選択する手番の組み合わせごとに各プレイヤーが受け取る利得，を指定することである．

はっきりとは言わなかったが，われわれはすでに 2.1 節から 2.3 節にかけて展開型で表現されたゲームをいくつか分析してきたのである．本節ではそれらのゲームを言葉ではなくゲームツリーを用いて記述するが，その方がゲームの記述も分析もいっそう簡単になるからである．

　展開型ゲームの例として，2.1.A 節で導入した 2 段階の完備完全情報ゲームのクラスに属するつぎのゲームを考えてみよう．

1. プレイヤー 1 がその行動 a_1 を実行可能集合 $A_1 = \{L, R\}$ から選ぶ．
2. プレイヤー 2 が a_1 を見て，その後行動 a_2 を実行可能集合 $A_2 = \{L', R'\}$ から選ぶ．
3. 利得 $u_1(a_1, a_2)$, $u_2(a_1, a_2)$ が図 2.4.1 のゲームツリーに示されたように決まる．

このゲームツリーはプレイヤー 1 の**決定節**(decision node)から始まり，そこで 1 は L か R を選ぶ．もしプレイヤー 1 が L を選べばプレイヤー 2 の決定節

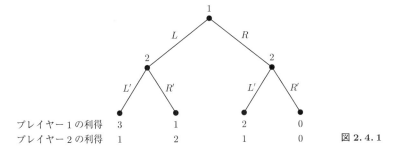

図 2.4.1

へと至り，そこで2は L' か R' を選ぶ．同様にもしプレイヤー1が R を選べ
ばプレイヤー2のもう一つの決定節へと至り，そこでも2は L' か R' かを選
ぶ．プレイヤー2の各選択の後には**終節**(terminal node)がきて(つまりそこで
ゲームが終わり)，示されたとおりの利得が支払われる．

　図2.4.1のゲームツリーを完備完全情報の任意の動学ゲーム，すなわちプ
レイヤーの手番が逐次的で，すべての先行する手番がその後の手番の選択の前
に共有知識となっており，かつまた可能な手番の組に対する各プレイヤーの利
得も共有知識となっているゲーム，に拡張することは簡単である(シュタッケ
ルベルクのモデルのように行動空間が連続的であったり，ルービンシュタイン
のモデルのように無限期間であったりする場合にも，図示が難しくはなるが，
概念上の困難はない)．以下では，まず図2.4.1の動学ゲームを標準型で表現
してみる．そしてつぎに静学ゲームを展開型で表現できることを示し，さらに
完備不完全情報の動学ゲームの展開型による表現の仕方を説明して本節を終え
る．

　標準型と展開型の定義の中での数字の使い方からも分かるとおり，標準型で
のプレイヤーの可能な戦略(項目2)と，展開型での，いつプレイヤーが手番を
持ち，そこで何ができ，何を知っているかの記述(項目2a，2b，2c)とのあい
だには，密接なつながりがある．動学ゲームを標準型で表現するには，展開型
で与えられている情報を標準型の各プレイヤーの戦略空間の形に書き直さなけ
ればならない．そうするために，2.3.B節で(非公式に)与えた戦略の定義を
いま一度思い出していただきたい．

　定義　プレイヤーの**戦略**とは完全な行動計画のことで，そのプレイヤーが
行動をおこすことになるかもしれないそれぞれの事態でどの実行可能な行

動をとるかをすべて漏れなく指定したものである.

　プレイヤーの戦略として,そのプレイヤーが行動をおこす可能性のあるありとあらゆる事態について実行可能な行動をすべて漏れなく指定するというのは,不必要と思われるかもしれない.しかし後に明らかになるように,もし戦略が行動を指定しない事態があってもいいことにしてしまうと,完備情報の動学ゲームにナッシュ均衡の考え方を適用することができなくなってしまう.つまりプレイヤー j がプレイヤー i の戦略に対する最適反応を決定する場合に,j はたんに i もしくは j が起こりそうだと思う事態についてだけではなく,すべての事態について i がどう行動するかを考える必要が生じうるのである.

　図 2.4.1 のゲームでは,プレイヤー 2 の行動は二つであるが戦略は四つある.というのは,プレイヤー 2 の手番となりうる二つの相異なる事態(つまりプレイヤー 1 の行動 L を見た後の事態と,プレイヤー 1 の行動 R を見た後の事態)があるからである.

戦略 1:(L', L') と書かれるもので,プレイヤー 1 が L をプレイしても R をプレイしても L' をプレイする.

戦略 2:(L', R') と書かれるもので,プレイヤー 1 が L をプレイしたなら L' をプレイし,R をプレイしたなら R' をプレイする.

戦略 3:(R', L') と書かれるもので,プレイヤー 1 が L をプレイしたなら R' をプレイし,R をプレイしたなら L' をプレイする.

戦略 4:(R', R') と書かれるもので,プレイヤー 1 が L をプレイしても R をプレイしても R' をプレイする.

　他方プレイヤー 1 には二つの行動があり,しかも戦略も二つ(L をプレイすることと R をプレイすること)しかない.プレイヤー 1 が二つの戦略しか持たない理由は,プレイヤー 1 の手番となりうる事態が一つ(ゲームの最初の手番,つまりプレイヤー 1 に手番が確実に回ってくる時点)しかないからで,それゆえプレイヤーの戦略空間はその行動空間 $A_1 = \{L, R\}$ と一致するのである.

　このように 2 人のプレイヤーの戦略空間を決めれば,あとはこのゲームを展開型の表現から標準型の表現へと移すことは容易となる.標準型の行にプレ

イヤー1の可能な戦略を書き入れ，列にはプレイヤー2の可能な戦略を書き入れて，それぞれの戦略の組に対応するプレイヤーの利得を計算したものが，表2.4.2である．

プレイヤー2

		(L', L')	(L', R')	(R', L')	(R', R')
プレイヤー1	L	3, 1	3, 1	1, 2	1, 2
	R	2, 1	0, 0	2, 1	0, 0

表 **2.4.2**

以上で動学ゲームが標準型で表現されることを示したので，つぎに静学ゲーム（つまり同時手番ゲーム）がどのように展開型で表現されるかを示すことにする．そのためには（囚人のジレンマとの関連で）1.1.A節で注目した点，すなわちプレイヤーは同時に行動をおこす必要はなく，各プレイヤーが他のプレイヤーの選択を知らずに自分の戦略を選択すればそれでよいという考え方を援用する．事実，囚人たちは独房にいるあいだ任意の時間に自分の行動を選べばよかったのである．これによりわれわれはプレイヤー1とプレイヤー2のあいだの（いわゆる）同時手番ゲームをつぎのように表現できる．

1. プレイヤー1はその行動 a_1 を実行可能集合 A_1 から選ぶ．
2. プレイヤー2は1の選択を見ないで，行動 a_2 を実行可能集合 A_2 から選ぶ．
3. 利得が $u_1(a_1, a_2)$, $u_2(a_1, a_2)$ として決定される．

このようにする代わりに，プレイヤー2が最初に行動を選択し，後でプレイヤー1が2の選択を見ずに自分の行動を選ぶとしても，同じことになる．いま2.1.B節を振り返ってみれば，そこでわれわれはこれと同じ時間と情報の構造を持つ生産量選択のゲームが，シュタッケルベルク・ゲーム，つまり時間の構造は同じだが企業2が企業1の行動を見るという情報構造を持つゲーム，と大きく異なることを指摘した．またそこではこの観察されない行動を持つ逐次手番ゲームが，同時手番のクールノー・ゲームと同じナッシュ均衡を持つことをも論じたのであった．

展開型ゲームにおけるこの種の以前の行動についての情報の欠如をあらわす

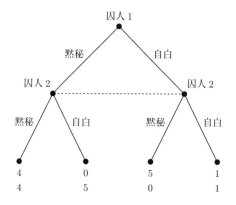

図 2.4.3

ために，ここでプレイヤーの**情報集合**という概念を導入する．

　定義　プレイヤーの**情報集合**(information set)とは，つぎの 2 条件を満たす決定節の集まりである．
　　（ⅰ）プレイヤーは情報集合のどの節でも自分の手番になっている．
　　（ⅱ）情報集合の一つの節にゲームのプレイが達したとき，そこでの手番を持つプレイヤーはその情報集合の節のうちどこに自分がいるのか（いないのか）が分からない．

　この定義の中の(ⅱ)は，一つの情報集合に属する各節ではプレイヤーの可能な行動の集合が同じになっていなくてはならないことを意味している．そうでないと，可能な行動の集合を見ることで，プレイヤーは自分がどこの節まできているのか，またきていないのかを推測できてしまうからである．
　展開型ゲームでは，決定節の集まりが一つの情報集合をなしていることを，図 2.4.3 の囚人のジレンマの展開型による表現のように，それらの節を破線で結ぶことで示す．また情報集合の中の各節が誰の手番に属するかを示すために，図 2.4.3 のように情報集合の各節にラベルを付けることもあり，またその代わりに図 2.4.4 のようにたんにそれらの節を結ぶ破線にラベルを付けることもある．図 2.4.3 の囚人 2 の情報集合が意味するところは，囚人 2 の手番になったとき彼が知っているのはその情報集合に至った（つまり囚人 1 が選択を終えた）ということだけであって，どの節に至ったか（つまり彼が何をした

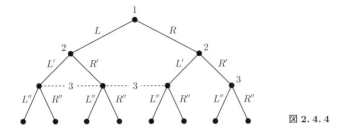

図 2.4.4

か)ということではない，というものである．第4章では囚人2が囚人1のし
たことを見ないにしても彼のしたことについて推測または信念を持つ可能性を
考えるが，その問題についてはそのときまで無視することにする．

　以前のプレイに関する情報の欠如をあらわす上で情報集合を使う2番目の
例として，つぎの完備不完全情報の動学ゲームを考える．

1. プレイヤー1がその行動 a_1 を実行可能集合 $A_1 = \{L, R\}$ から選ぶ．
2. プレイヤー2が a_1 を見て，その後行動 a_2 を実行可能集合 $A_2 = \{L', R'\}$
   から選ぶ．
3. プレイヤー3は $(a_1, a_2) = (R, R')$ かどうかを知り，その後行動 a_3 を実
   行可能集合 $A_3 = \{L'', R''\}$ から選ぶ．

このゲームの展開型による表現(利得は単純化のため無視している)は，図
2.4.4で与えられる．この展開型ではプレイヤー3は二つの情報集合を持ち，
一つはプレイヤー1の R およびプレイヤー2の R' に続く一節からなる情報
集合であり，もう一つはプレイヤー3のその他の手番をすべて含む複数の節
からなる情報集合である．したがってプレイヤー3が観察できるのは，
$(a_1, a_2) = (R, R')$ であるかないかだけとなる．

　以上で情報集合の概念を定義し終えたので，つぎに完全情報と不完全情報の
区別についてもう一つの定義を与えることが可能となる．前には完全情報を，
ゲームのどの手番においてもそこでのプレイヤーがそれまでのゲームのプレ
イの完全な歴史を知っていることと定義した．これと同値の完全情報の定義
は，どの情報集合もただ一つの節のみを含む，というものである．これに対し
て，不完全情報とは少なくとも一つの情報集合が複数の節を含むことと定義で

きる[19].　したがって(囚人のジレンマのような)同時手番ゲームの展開型による表現は，不完全情報ゲームということになる．同様に 2.2.A 節で考察した2段階ゲームは，プレイヤー1と2の行動およびプレイヤー3と4の行動が同時に起こるので，不完全情報のゲームである．こうしてより一般的に言えば，完備不完全情報の動学ゲームは，図 2.4.4 で行ったように，自分の手番で各プレイヤーが何を知っているか(そして何を知らないか)を示す複数の節を含む情報集合を用いることによって，展開型で表現することが可能となるのである．

2.4.B　サブゲーム完全なナッシュ均衡　2.3.B 節ではサブゲーム完全なナッシュ均衡の一般的定義を与えたが，われわれはその定義を繰り返しゲームにしか適用しなかった．それは戦略やサブゲームという概念を繰り返しゲームについてしか定義していなかったからである．その後 2.4.A 節になって戦略を一般的に定義したし，また本節ではサブゲームを一般的に定義するので，これでようやくサブゲーム完全なナッシュ均衡の定義を一般の完備情報動学ゲームに適用できることになる．

　2.3.B 節でやったことを思い出していただきたい．そこでは大雑把に，サブゲームをもとのゲームの一部分で，ゲームのそこまでの完全な歴史がプレイヤー間の共有知識となっているような任意の節に続く部分と定義し，そこで考えていた繰り返しゲームについてはそれを厳密に定義した．以下ではゲームの展開型による表現を使用して，完備情報の一般の動学ゲームに対し，サブゲームの厳密な定義を与えることにする．

　定義　展開型ゲームの**サブゲーム**(subgame)とは

　　(a) それ自体が一節のみを含む情報集合になっている決定節 n (ただしゲームの最初の決定節は除く)から始まり，

　　(b) ゲームツリーの n より後に続くすべての決定節および終節を含み(かつ n の後にこない節は一つも含まず)，

　　(c) どの情報集合をも切断しないものである(つまり決定節 n' がゲーム

---

19)　完全情報と不完全情報をこのように情報集合が一節のみを含むかどうかで区別することは，完備情報ゲームに限ってのことである．なぜなら第4章で見るように，完全ではあるが不完備な情報を持つゲームの展開型による表現は，必ず複数の節を含む情報集合を持つからである．しかし本章では，完備情報の場合しか考察しない．

ツリーで n の後にきたとすれば，n' を含む情報集合に属する他のすべての節もまた n の後にきて，そのサブゲームに含まれなければならない）．

(a)で括弧の中に述べたことより，われわれは全体のゲームをサブゲームとはみなさないが，これはたんにスタイルの問題である．(a)の定義から括弧に入れてあることを省いたとしても，以下の議論には何の影響も及ばない．

定義の(a)と(b)は，図 2.4.1，および囚人のジレンマをあらわした図 2.4.3 を使って説明できる．図 2.4.1 にはプレイヤー 2 のそれぞれの決定節から始まる二つのサブゲームが存在している．他方囚人のジレンマ(もしくは任意の同時手番ゲーム)にはサブゲームは存在しない．つぎに定義の(c)の意味をはっきりさせるために，図 2.4.4 のゲームを考えてみよう．そこにはサブゲームが一つだけ存在しており，それはプレイヤー 1 の R とプレイヤー 2 の R' に続くプレイヤー 3 の決定節から始まるものである．このゲームではプレイヤー 2 の決定節はどちらも一節のみを含む情報集合になっているが，そうであっても(c)の条件によりそれらの決定節からはサブゲームは始まらない．

(c)を課す一つの理由は，サブゲームをそれだけで分析し，その分析をもとのゲームに関連づけたいからである．図 2.4.4 で，もしサブゲームがプレイヤー 1 の L に続くプレイヤー 2 の決定節から始まるように定義してしまうと，プレイヤー 3 がプレイヤー 2 の手番については知らないがプレイヤー 1 の手番については知っているというようなサブゲームを作り出してしまうことになる．ところがもとのゲームでは，プレイヤー 3 はプレイヤー 1 の手番については何も知らず，ただ $(a_1, a_2) = (R, R')$ かどうかだけを観察できたのであるから，そのようなサブゲームはもとのゲームと関連を持たないのである．繰り返しゲームで第 t 期の段階ゲーム(有限期の場合は $t < T$ とする)だけをとり出してしまうと，なぜそれが繰り返しゲームのサブゲームとはみなされないかという同種の議論を思い出していただきたい．

(c)を課すもう一つの理由は，(a)だけでは，決定節 n で手番を持つプレイヤーがそこまでのゲームの完全な歴史を知っていることは保証するが，他のプレイヤーがこの歴史を知っていることまでは保証しないからである．(c)はつぎのような意味で，そこまでのゲームの完全な歴史が全プレイヤー間の共有知識となることを保証する．つまり n に続く任意の節 n' を考えると，n' で手番

を持つプレイヤーはゲームのプレイが節 n まで進行したことが分かる．よってたとえ n' が複数の節を含む情報集合に入っている場合でも，その情報集合に属するすべての節が n の後にきているのであるから，その情報集合で手番を持つプレイヤーにはゲームが n の後のどこかの節に至ったことが知られるのである（最後の議論は込み入って見えるが，その原因の一部はつぎの事実による．すなわちゲームの展開型による表現は，プレイヤー i が i の決定節で何を知っているかはあらわすが，i が j の決定節で何を知っているかははっきりあらわさない，というのがそれである）．前の段落で述べたように，図 2.4.4 では (c) を満たさないような例を作ることができた．それをここで再解釈すれば，つぎのとおりになる．いまプレイヤー 1 の L の後にくるプレイヤー 2 の決定節でプレイヤー 3 が何を知っているかを（大雑把に）述べれば，プレイヤー 3 はそこまでのゲームの歴史については知るところがないといってよかろう．なぜなら，3 はその後の決定節で 1 が L をプレイしたのか R をプレイしたのかを区別できないからである．

　さて以上でサブゲームの一般的な定義を与えたので，2.3.B 節のサブゲーム完全なナッシュ均衡の定義を使うことが可能になった．

> **定義**（ゼルテン（Selten, 1965））　ナッシュ均衡は，そこでのプレイヤーの戦略がどのサブゲームにおいてもナッシュ均衡となるとき，**サブゲーム完全**（subgame-perfect）であるという．

どんな完備情報の有限動学ゲーム（つまりプレイヤーの数が有限でそれぞれが有限個の実行可能な戦略を持つ動学ゲーム）も，混合戦略までを許せば，サブゲーム完全なナッシュ均衡を持つことは容易に示せる．その証明は後ろ向き帰納法の手順で均衡を構成していくもので，そのさいつぎの二つの点に注意すればよい．第一に，ナッシュの定理は完備情報の静学ゲームの文脈で紹介したが，実際それはすべての完備情報の有限標準型ゲームに適用することができ，そのようなゲームには静学的なものも動学的なものもあるということである．第二に，完備情報の有限動学ゲームは有限個のサブゲームを持ち，それぞれがナッシュの定理の仮定を満たすということである[20]．

---

20)　サブゲーム完全なナッシュ均衡を構成するには，まずもとのゲームツリーの終節を含む最小のサブゲームをすべて列挙することから始める（サブゲームが最小であるとはその中に別の

われわれはすでに，サブゲーム完全なナッシュ均衡と密接に関連する二つの考え方，すなわち 2.1.A 節で定義した後ろ向き帰納法による結果と，2.2.A 節で定義したサブゲーム完全な結果，を見てきた．くだいて言えば，それらの違いは均衡が戦略の集まり（ここで戦略とは完全な行動計画のこと）であるのに対し，結果は起こる可能性のあるすべての事態ではなくて実際に起こると予想される事態においてのみ何が起こるかを記述したものであるという点にある．ここで均衡と結果の相違についてより正確を期すために，またサブゲーム完全なナッシュ均衡の概念をはっきりさせるために，2.1.A 節と 2.2.A 節で定義したゲームをふたたびとり上げることにしよう．

　定義　2.1.A 節で定義した 2 段階の完備完全情報ゲームでは，後ろ向き帰納法による結果は $(a_1^*, R_2(a_1^*))$ であるが，**サブゲーム完全なナッシュ均衡**は $(a_1^*, R_2(a_1))$ である．

　このゲームではプレイヤー 1 が行動する事態はただ一つ，すなわちゲームの最初しかないので，行動 a_1^* がプレイヤー 1 の戦略となる．しかし，プレイヤー 2 にとっては $R_2(a_1^*)$ は行動（2 の a_1^* に対する最適反応）であって，戦略ではない．なぜならプレイヤー 2 の戦略は，1 の可能な第 1 段階の行動のそれぞれに対して 2 がとる行動を指定しなくてはならないからである．一方，最適反応関数 $R_2(a_1)$ はプレイヤー 2 の戦略となる．そしてこのゲームのサブゲームは，第 2 段階のプレイヤー 2 の手番から始まり（そしてそれ以外のものはない），プレイヤー 1 の A_1 に属する実行可能な行動 a_1 のそれぞれに対して一つのサブゲームが存在する．したがって $(a_1^*, R_2(a_1))$ がサブゲーム完全なナッシュ均衡であることを示すには，$(a_1^*, R_2(a_1))$ がナッシュ均衡であること，およびそれらの各サブゲームにおいてプレイヤーの戦略がナッシュ均衡になることを示さねばならない．まずサブゲームについては，それがたんなる 1 人の意思決定問題になっているので，プレイヤー 2 の行動が各サ

サブゲームを含まないことをいう）．つぎにそれぞれのサブゲームをそこでのどれかのナッシュ均衡の利得で置き換える．つまりそれらのサブゲームの始節をもとのゲームの短縮版の終節とみなすのである．そしてこれらの終節を含む短縮版ゲームの最小のサブゲームをふたたびすべて列挙し，それらの各サブゲームをふたたびそのナッシュ均衡の利得で置き換える．このようにしてゲームツリーの最後から遡っていけば，プレイヤーの戦略がどのサブゲームでもナッシュ均衡（実際にはサブゲーム完全なナッシュ均衡）となるので，サブゲーム完全なナッシュ均衡が得られることになるのである．

ブゲームで最適となることを示せばよい. これはまさに最適反応関数 $R_2(a_1)$ の解く問題である. 最後に a_1^* が $R_2(a_1)$ の最適反応となること, すなわち a_1^* が $u_1(a_1, R_2(a_1))$ を最大化することがいえ, また $R_2(a_1)$ が a_1^* の最適反応となること, すなわち $R_2(a_1^*)$ が $u_2(a_1^*, a_2)$ を最大化することがいえるので, 各プレイヤーの戦略は互いに相手の戦略に対する最適反応となり, $(a_1^*, R_2(a_1))$ がナッシュ均衡であることが示される.

2.2.A 節で考察したゲームについても似たようにして話が進むので, 詳しい説明は省略する.

定義 2.2.A 節で定義した 2 段階の完備不完全情報ゲームでは, サブゲーム完全な結果は $(a_1^*, a_2^*, a_3^*(a_1^*, a_2^*), a_4^*(a_1^*, a_2^*))$ であるが, **サブゲーム完全なナッシュ均衡**は $(a_1^*, a_2^*, a_3^*(a_1, a_2), a_4^*(a_1, a_2))$ である.

このゲームでは, 行動の組 $(a_3^*(a_1^*, a_2^*), a_4^*(a_1^*, a_2^*))$ がプレイヤー 3 と 4 のあいだの一つのサブゲーム(つまりプレイヤー 1 と 2 が (a_1^*, a_2^*) を選んだ後から始まるゲーム)のナッシュ均衡にしかなっていないのに対して, $(a_3^*(a_1, a_2), a_4^*(a_1, a_2))$ はプレイヤー 3 と 4 の戦略, すなわちプレイヤー 1 と 2 のどんな行動の組に対してもそれへの反応を記述した完全な行動計画となっている. このゲームのサブゲームは, 第 1 段階のプレイヤー 1 と 2 の行動を所与として, 第 2 段階にプレイヤー 3 と 4 のあいだでプレイされるものである. そして戦略の組 $(a_3^*(a_1, a_2), a_4^*(a_1, a_2))$ はそれぞれのサブゲームでナッシュ均衡となっているので, サブゲーム完全なナッシュ均衡の条件を満たしている.

それでは本章の主題, つまりサブゲーム完全性が信憑性のない脅しや約束に依存しているナッシュ均衡を除去するということの事例を一つ示して, 本節(および本章)を終えることにしよう. 図 2.4.1 の展開型ゲームを思い返していただきたい. もしわれわれがこのゲームに 2.1.A 節で出会っていたとすれば, それを後ろ向き帰納法によってつぎのように解いたにちがいない. もしプレイヤー 2 がプレイヤー 1 の L の選択に続く決定節に達したなら, 2 の最適反応は L' をプレイすること(利得は 1)ではなく, R' をプレイすること(利得は 2)になる. またもしプレイヤー 2 がプレイヤー 1 の R の選択に続く決定節に達したなら, 2 の最適反応は R' をプレイすること(利得は 0)ではなく L'

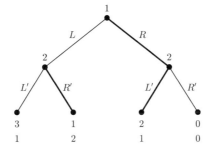

図 2.4.5

をプレイすること(利得は1)になる．プレイヤー1もプレイヤー2と同様に2
の問題が解けるので，1の第1段階での問題は，L(これはプレイヤー2がR'
を選ぶことによりプレイヤー1に利得1をもたらす)とR(これはプレイヤー
2がL'を選ぶことによりプレイヤー1に利得2をもたらす)のあいだの選択と
なる．したがってプレイヤー2の予想される行動に対するプレイヤー1の最
適反応は，第1段階でRをプレイすることとなり，このゲームの後ろ向き帰
納法による結果は図2.4.5でプレイヤー1の決定節から延びている太線が示
す(R, L')となる．また図にはプレイヤー1のLに続くプレイヤー2の決定節
から出る別の太線も描かれている．このゲームツリーを通る部分的な線は，も
しその決定節にゲームが達したなら，プレイヤー2はR'を選ぶはずであるこ
とを示したものである．

　ところでこのゲームの標準型は表2.4.2で与えられていた．もしこの標準
型ゲームが1.1.C節に登場していたなら，われわれはその(純粋戦略)ナッシ
ュ均衡を解いたことであろう．それは$(R, (R', L'))$と$(L, (R', R'))$である．
そしてこれら表2.4.2の標準型ゲームのナッシュ均衡と，図2.4.5の展開型
ゲームで後ろ向き帰納法を使って得た結果とを比較してみるならば，標準型に
よる表現のナッシュ均衡$(R, (R', L'))$は図2.4.5の**すべて**の太線に対応して
いることが分かる．2.1.A節ではわれわれは(R, L')をゲームの後ろ向き帰納
法による**結果**と呼んだ．したがって$(R, (R', L'))$は後ろ向き帰納法によるナ
ッシュ**均衡**と呼ぶのが自然なのかもしれないが，以下ではよりいっそう一般的
な述語を用い，それをサブゲーム完全なナッシュ均衡と呼ぶことにする．結果
と均衡の違いは，結果がゲームの最初の決定節から出発して終節へと至る一本
の太線のみを指し示すのに対し，均衡はそれに加えてプレイヤー1のLに続
くプレイヤー2の決定節から出る太線をも指しているところにある．つまり

均衡はプレイヤー 2 の完全な戦略を特定化しているのである.

　ではもう一つのナッシュ均衡 $(L, (R', R'))$ についてはどうであろうか. この均衡でのプレイヤー 2 の戦略は, プレイヤー 1 が L を選んだとき(これは最初のナッシュ均衡の場合と同じになる)だけでなく, プレイヤー 1 が R を選んだときにも, R' をプレイするものである. (R に続く)R' はプレイヤー 1 に利得 0 しかもたらさないので, プレイヤー 1 のこれに対する最適反応は L をプレイすることになり, そのときプレイヤー 1 は(プレイヤー 2 が R' を選択するので)利得 0 よりも高い利得 1 を得ることになる. 正確な言い方ではないが, プレイヤー 2 はもしプレイヤー 1 が R をプレイしたなら自分は R' をプレイするといって脅しをかけているともいえる(厳密にはプレイヤー 2 にとってプレイヤー 1 が行動を選ぶ前にそのような脅しをかける機会はない. もしそれがあれば展開型にも表現されるはずである). この脅しが功を奏せば(つまりプレイヤー 1 が L を選べば), 2 はそれを実行に移さずに済む. しかし, この脅しは信憑性を欠くから, それが有効となるはずはない. つまり, プレイヤー 2 がそれを実行に移す機会を得た(プレイヤー 1 が R を選んだ)としても, プレイヤー 2 は R' ではなく L' を選ぶ. もっと形式的に述べれば, ナッシュ均衡 $(L, (R', R'))$ は, その一つのサブゲームでプレイヤーの戦略がナッシュ均衡になっていないので, サブゲーム完全ではない. とくにプレイヤー 2 の R' という選択は, プレイヤー 1 の R に続くプレイヤー 2 の決定節から始まる(そしてそれだけからなる)サブゲームでは最適にはならない.

　完備完全情報のゲームでは, 後ろ向き帰納法が信憑性を欠く脅しを排除する. そこでは各情報集合が一節のみを含んでいるので, ゲームツリーの各決定節がプレイヤーの行動する可能性のある事態をあらわしている. よって展開型を逆方向に節ごとに辿っていくやり方は, プレイヤーのなしうる脅しがそれぞれ実行に移されたときのことを各プレイヤーに考えさせずにはおかない. しかし, 不完全情報のゲームでは事はそう簡単には運ばない. なぜなら, そのようなゲームは, 少なくとも一つは複数の節からなる情報集合を含んでいるからである. 同様のアプローチを試してみることはできよう. つまり展開型を逆方向に辿っていけば, いつかは複数の節を含む情報集合の中の一つの決定節に達するであろう. しかし, プレイヤーにもしその決定節に達したらどんな行動をとるかを考えさせることは, その決定節を含む情報集合に達したときにどんな行動をとるかを考えさせることとは**同じでない**. というのは, ゲームのプレイが

その情報集合に達した場合にも，まさに当該の決定節が複数の節を持つ情報集合に属するという理由により，プレイヤーはプレイがその決定節に達したのかどうか分からないからである．

　複数の節を含む情報集合の問題を後ろ向き帰納法を使ってとり扱う一つの方法は，展開型を逆方向に辿っていき，複数の節を含む情報集合に遭遇したならそれを飛ばして，一節のみを含む情報集合が見つかるまでゲームツリーを遡ることである．そしてその一節のみの情報集合で手番を持つプレイヤーがそこでどんな行動をとるかを考えるばかりでなく，それと同時に飛ばされた複数節の情報集合のそれぞれで手番を持ったプレイヤーがどんな行動をとるかを併せて考えるのである．大まかに言えば，こうした方法をとることでサブゲーム完全なナッシュ均衡を求めることができる．他方この問題をとり扱う第2の方法では，展開型を逆方向に辿っていって，複数の節を含む情報集合に遭遇したならそこで止まる．そしてその情報集合で手番を持つプレイヤーがそこでどんな行動をとるかを考えるのである（この方法をとるには，プレイヤーが情報集合の中のどの節に達したのかを確率的に評価しなくてはならない．この評価は当然ゲームツリーをより遡ったところのプレイヤーの行動に依存してくるので，ゲームツリーを下から遡る道筋を考えるだけではこの方法による解は得られない）．大略このような手順で完全ベイジアン均衡を解くことができるが，それについては第4章を参照されたい．

2.5　読書案内

2.1 節　組合を持つ企業の賃金・雇用問題をめぐって交渉が繰り返されるモデルについてはエスピノーサ＝リー（Espinosa and Rhee, 1989；練習問題2.16）を，また1回限りの交渉で企業が賃金と雇用の両方を対象にするかそれとも賃金だけを対象にするかを選べるモデルについてはステイガー（Staiger, 1991）を参照せよ．逐次的交渉に関しては，フェルナンデス＝グレイザー（Fernandez and Glazer, 1991）が，企業と組合とのあいだのルービンシュタイン型交渉モデルに，組合または企業が申し出を拒否した後に組合がストライキを行うかどうか決めるという新しい特徴を付け加えたものを考察している．そこでは複数個の効率的なサブゲーム完全均衡が存在し，それらの均衡が，完備情報があるにもかかわらず非効率的な（つまりストライキの起こる）サブゲ

ーム完全均衡を支持することになる．オズボーン＝ルービンシュタインの著書
（Osborne and Rubinstein, 1990）は多くのゲーム理論的な交渉モデルを展望
して，それらをナッシュの公理論的な交渉解に関連づけており，さらに交渉モ
デルを市場理論の基礎として用いている．

2.2節　銀行の取付けについてはジャクリン＝バタチャリヤ（Jacklin and
Bhattacharya, 1988）を見よ．マクミランの著書（McMillan, 1986）は国際経済
学へのゲーム理論の初期の応用を展望している．国家間債務に関するより最近
の研究についてはビュロウ＝ロゴフ（Bulow and Rogoff, 1989）を参照．トー
ナメントについては，労働者が自分の生産量を増加させると同時に他者の生産
を妨害することのできるモデルを考察したラジアー（Lazear, 1989；練習問題
2.8）を参照せよ．１回負けるとつぎの回に進めなくなるトーナメントの系列で
誘因を維持するのに必要な褒賞金についてはローゼン（Rosen, 1986）を見よ．

2.3節　ブノワ＝クリシュナ（Benoit and Krishna, 1985）は有限繰り返しゲー
ムを分析している．再協議については，有限繰り返しゲームの場合はブノワ＝
クリシュナ（Benoit and Krishna, 1989）を，無限繰り返しゲームの場合はファ
レル＝マスキン（Farrell and Maskin, 1989）を参照せよ．後者は関連文献の解
題をも含んでいる．ティロール（Tirole, 1988，第6章）は動学的寡占モデルの
サーベイである．アカロフ＝イェーレンの本（Akerlof and Yellen, 1986）は効
率賃金に関する多くの重要論文を含み，この問題への総合的な入門になってい
る．金融政策についてはボール（Ball, 1990）が定型化された事実の一覧，これ
までのモデルの概観，そしてインフレーションの時間経路を説明するモデルを
与えている．

2.4節　展開型ゲームの形式的とり扱いについてはクレプス＝ウィルソン
（Kreps and Wilson, 1982）を参照せよ．クレプス（Kreps, 1990，第11章）に
はよりいっそう広い範囲にわたる説明がのっている．

2.6 練習問題

2.1 節

2.1 ある親子が, ベッカー(Becker, 1974)によって初めて分析されたつぎの
ゲームをプレイすると考えよう. まず子が行動 A を選び, それが子には所得
$I_C(A)$ を, 親には所得 $I_P(A)$ をもたらす($I_C(A)$ は子が行動 A をとるための
費用を差し引いた純所得と考える). つぎに親は所得 I_C と I_P を観察し, そ
の後子に残す遺産額 B を決める. ゲームの利得は子にとっては $U(I_C+B)$,
親にとっては $V(I_P-B)+kU(I_C+B)$ とし, $k>0$ で子の幸せに対する親の
関心度をあらわす. 以下ではつぎの仮定をおく. 行動 A は非負の実数 $A \geq$
0 であらわされる. 所得関数 $I_C(A)$ および $I_P(A)$ は厳密に凹で, それぞれ
$A_C>0$, $A_P>0$ において最大値をとる. 遺産額 B は正であっても負であって
もよい. 効用関数 U および V は増加関数で, 厳密に凹である. このとき「碌
でなしの子(Rotten Kid)」の定理が成り立つことを示せ. つまりこのゲーム
では親だけが子の幸せを願い, 子は親の幸せを願わないのに, 後ろ向き帰納法
による結果では子は親子の総所得 $I_C(A)+I_P(A)$ を最大にする行動をとるこ
とを示せ.

2.2 ある親子が, ブキャナン(Buchanan, 1975)によって分析された別のゲー
ムをプレイするとしてみよう. ここでは所得 I_C, I_P は外生的に与えられてい
る. まずはじめに子が所得 I_C の中から将来に備えてどれだけ貯蓄し(S), ど
れだけ今日消費するか(I_C-S)を決定する. ついで親は子の選択を見た後で,
遺産額 B を選ぶ. 子の利得は現在と将来の効用の和 $U_1(I_C-S)+U_2(S+B)$
であらわされ, 親の利得は $V(I_P-B)+k[U_1(I_C-S)+U_2(S+B)]$ である.
効用関数 U_1, U_2, および V は増加関数で, 厳密に凹と仮定しよう. このとき
「サマリア人のジレンマ」が存在することを示せ. つまりこのゲームの後ろ向
き帰納法による結果では, 親からより多くの遺産を引き出そうとして, 子の貯
蓄が過小となること(つまり, もし S を適当に増加し B を適当に減少させれ
ば, 親と子の利得をともに上昇させうること)を示せ.

2.3 ルービンシュタインの無限期間の交渉ゲームで, プレイヤーがそれぞれ異
なる割引因子(プレイヤー 1 は δ_1, プレイヤー 2 は δ_2)を持つと仮定する. 本
文中の議論を適当に修正して, このときの後ろ向き帰納法による結果ではプレ
イヤー 1 が

$$\left(\frac{1-\delta_2}{1-\delta_1\delta_2}, \frac{\delta_2(1-\delta_1)}{1-\delta_1\delta_2} \right)$$

という分割案を示し, プレイヤー 2 がそれを受け入れることを示せ.

2.4 2 人のパートナーが一つの事業を完成させたいと思っているとする. その

事業が完成すれば各パートナーとも利得 V を受け取るが，それまではどちらも何の利益も得られない．そして事業が完成するまでには，あと R だけの費用が必要である．どちらのパートナーも事業完成に向けての将来の出資額を確約することができないので，彼らはつぎのような2期ゲームをプレイすることに心を決める．すなわちまず第1期にはパートナー1が出資額 c_1 を決定する．もしこの出資額が事業を完成させるに十分であるなら，ゲームはそこで終わり，各パートナーは V の利得を受け取る．もしこの出資額が十分でないなら（つまり $c_1 < R$），第2期にパートナー2が出資額 c_2 を決定する．もしそれら二つの出資額の和（割引は行わない）が事業を完成させるに十分であれば，ゲームは終わり，各パートナーは V を得る．もしこの和が十分でないならば，両パートナーは何も受け取らず，ゲームは終了する．

　各パートナーはいずれも他の投資機会から資金を転用することで，出資額を用意しなくてはならない．このための最適な方法は，まずもっとも利潤率の低い投資から資金を転用することである．したがって出資額を調達するための（機会）費用は，出資額の凸関数となる．出資額 c の費用はいずれのパートナーについても c^2 で書けると仮定しよう．またパートナー1は第2期の利得を割引因子 δ で割り引くと仮定する．このとき，この2期の出資ゲームの後ろ向き帰納法による一意的な結果を，各パラメータの値 $\{V, R, \delta\}$ について求めてみよ．また無限期の場合についてはアドマティ＝ペリー（Admati and Perry, 1991）を参照せよ．

2.5　会社が自社に適合した技能 S を従業員に習得してもらいたいと思っているが，当該の技能があまりに漠然としたものなので，従業員がそれを習得したかどうかを裁判所が調べるのが困難であるような状況を考えてみよう（例えば会社がその従業員に命じるのが，「わが社での仕事のやり方によく慣れておくように」とか「わが社が参入するかもしれないこれこれの市場を熟知しておくように」とかいうようなことかもしれない）．そういうときには，企業はその従業員に技能習得のための投資費用を後から払うという契約は結べない．なぜならたとえ従業員がそのための投資をしたとしても，会社は従業員が投資をしていないと言い張ることが可能で，裁判所はどちらの主張が正しいかを決めることができないからである．同様に考えると，従業員もまた，もし事前に払ってもらえれば技能習得への投資をする，という契約は結べない．

　しかし会社は，（信憑性のある）昇進の約束という手段によって，従業員が技能習得投資を行う誘因を与えることができるかもしれない．それにはつぎのようにすればよい．社内には二つの仕事があって，一つは簡単なもの（E），もう一つは困難なもの（D）であり，その技能は両方の仕事に役立つが，困難な仕事の方がその役立つ度合いが高いとしよう．つまり y_{ij} で従業員の技能水準が j（$=0$ または S）のときの仕事 i（$=E$ または D）の生産量をあらわすとして，

$y_{D0} < y_{E0} < y_{ES} < y_{DS}$ と仮定する．さらに企業は二つの仕事に対して別々の賃金 w_E と w_D を支払うことを確約できるとし，それらが他の仕事に就くことから従業員が得る賃金（これを 0 に基準化する）より高いと仮定しよう．

ゲームの手順は以下のとおりである．まず第 0 期に企業は w_E と w_D を選択し，従業員はそれを観察する．つぎに第 1 期には従業員は会社に雇われ，そのとき費用 C を払って技能 S を習得することが可能である（この第 1 期における生産活動と賃金は無視することにする．そのとき従業員はまだ技能習得前なので，もし仕事を割り当てるとしたら E が効率的である）．以下では $y_{DS} - y_{E0} > C$ と仮定するので，従業員は投資を行うことが効率的となる．第 2 期には企業は従業員が技能を習得したかどうかを見て，その従業員を第 2 期（かつ最終期）に仕事 D へと昇進させるかどうかを決定する．

従業員が仕事 i に就いて技能水準 j を持っているとき，企業の第 2 期の利潤は $y_{ij} - w_i$ となる．仕事 i に就いたときの従業員の第 2 期の利得は，その従業員が第 1 期に技能習得へ投資したかどうかに依存して w_i もしくは $w_i - C$ となる．このときこのゲームの後ろ向き帰納法による結果を求めてみよ．より複雑なモデルについてはプレンダーガスト（Prendergast, 1993）を参照せよ．

2.2 節

2.6 三つの企業が逆需要関数 $P(Q) = a - Q$（q_i が企業 i の生産量，$Q = q_1 + q_2 + q_3$）を持つ寡占市場で活動しているとする．各企業とも限界費用は c で一定で，固定費用はかからない．企業はつぎの順序で生産量を選ぶ．（1）まず企業 1 が $q_1 \geq 0$ を選ぶ．（2）企業 2 と 3 は q_1 を観察し，そののち q_2, q_3 をそれぞれ同時に選ぶ．このゲームのサブゲーム完全な結果はどうなるか．

2.7 労働組合がすべての寡占企業への唯一の労働供給源である状況を考える．例えば全米自動車労働組合（UAW）とゼネラルモーターズ社，フォード社，クライスラー社，…… との関係がそれである．ゲームの手番の順序は 2.1.C 節のモデルと同じであるとする．つまり，（1）組合が**全**企業に適用される単一の賃金要求を行う．（2）各企業は w を観察し（それを受け入れ），それぞれ L_i（企業 i の雇用水準）を同時に選ぶ．（3）組合の利得は，w_a を組合の構成員が別の仕事から稼ぐことのできる賃金，$L = L_1 + \cdots + L_n$ を組合に加入している企業による全雇用者数として，$(w - w_a)L$ となる．企業 i の利潤を $\pi(w, L_i)$ であらわすが，それがどう決まるかはつぎに示す．

どの企業の生産関数も生産量と雇用量が等しいという形のもの，つまり $q_i = L_i$ であるとする．市場均衡価格は，市場の総生産量を $Q = q_1 + \cdots + q_n$ とするとき，$P(Q) = a - Q$ である．また単純化のため，企業にかかる費用は賃金の支払いだけであると想定する．このとき，このゲームのサブゲーム完全な結果はどうなるか．そのサブゲーム完全な結果において，企業数はいかに

(そしてなぜ)組合の効用に影響を及ぼすか.

2.8　2.2.D 節のトーナメント・モデルを修正し,ラジアー(Lazear, 1989)が
分析したように,労働者 i の生産量が $y_i = e_i - (1/2)s_j + \varepsilon_i$ (ここで $s_j \geq 0$ は
労働者 j の妨害工作をあらわす変数)で与えられ,労働者 i の(生産活動および
妨害工作からの)不効用が $g(e_i) + g(s_i)$ であると考える.このとき最適な褒賞
金 $w_H - w_L$ が(本文中でのように)妨害工作の可能性がない場合と比べて少な
くなることを示せ.

2.9　2 国からなる経済を考える.第 1 期には両国とも高い関税を設定するの
で,貿易は行われない.国内では賃金と雇用が 2.1.C 節でとり上げた独占組
合モデルの場合のように決定される.第 2 期にはすべての関税が撤廃され,
組合はその国の賃金を決定し,企業は国の内外両市場向けに生産を行う.

　両国とも,Q をその国における総生産量として,逆需要関数 $P(Q) = a - Q$
を持つと仮定する.また各企業の生産関数を $q = L$ とするので,賃金が生産に
必要な唯一の費用となる.さらに組合の効用関数を $U(w, L) = (w - w_0)L$ と
する.ここで w_0 は労働者が他の仕事から得られる賃金である.このとき第 1
期のゲームにおける後ろ向き帰納法による結果を求めよ.

　つぎに第 2 期のゲームを以下のように考える.まず二つの組合が同時に賃
金 w_1 と w_2 を選ぶ.企業はその賃金水準を観察したのち,国内および国外
市場向けの生産水準を設定する.企業 i のそれらの生産水準を h_i, e_i で書き
あらわすことにする.生産はすべて自国でなされると仮定するので,総費用
は $w_i(h_i + e_i)$ となる.このときこのゲームのサブゲーム完全な結果を求め
よ.そして関税が撤廃されると,賃金,雇用および利潤(したがって組合の効
用および消費者余剰も)がすべて増加することを示せ.ホイジンガ(Huizinga,
1989)にはここでとり上げた問題に関する別の事例があげられている.

2.3 節

2.10　以下にあげる同時手番ゲームが 2 度プレイされ,第 1 段階の結果は第 2
段階の始まる前に観察されるものとする.将来利得の割引はない.x は 4 より
大きい数とするので,1 回限りのゲームでは $(4, 4)$ は均衡利得とならない.こ
のとき(両プレイヤーが)つぎの戦略をプレイすることがサブゲーム完全なナッ
シュ均衡になるためには,x がどの範囲にあればよいか求めよ.

　第 1 段階では Q_i をプレイする.もし第 1 段階の結果が (Q_1, Q_2) なら,
　第 2 段階では P_i をプレイする.もし第 1 段階の結果が (y, Q_2) (ここで
　$y \neq Q_1$)であるなら,第 2 段階では R_i をプレイする.もし第 1 段階の結
　果が (Q_1, z) (ここで $z \neq Q_2$)であるなら,第 2 段階では S_i をプレイする.
　もし第 1 段階の結果が (y, z) (ここで $y \neq Q_1$ かつ $z \neq Q_2$)であるなら,第
　2 段階では P_i をプレイする.

	P_2	Q_2	R_2	S_2
P_1	$2, 2$	$x, 0$	$-1, 0$	$0, 0$
Q_1	$0, x$	$4, 4$	$-1, 0$	$0, 0$
R_1	$0, 0$	$0, 0$	$0, 2$	$0, 0$
S_1	$0, -1$	$0, -1$	$-1, -1$	$2, 0$

2.11　下の同時手番ゲームが2度プレイされ，第1段階の結果は第2段階の始まる前に観察されるとする．将来利得の割引はない．さてこのゲームのサブゲーム完全な純粋戦略ナッシュ均衡では，第1段階で利得 $(4, 4)$ を達成することが可能であるか．もし可能であるなら，その戦略を記せ．もし不可能なら，その理由を述べよ．

	L	C	R
T	$3, 1$	$0, 0$	$5, 0$
M	$2, 1$	$1, 2$	$3, 1$
B	$1, 2$	$0, 1$	$4, 4$

2.12　繰り返しゲームの戦略とは何か．繰り返しゲームのサブゲームとは何か．サブゲーム完全なナッシュ均衡とは何か．

2.13　練習問題 1.7 の（同質財を生産する）静学的ベルトラン複占モデルを思い起こしていただきたい．そこでは企業が同時に価格を選び，$p_i < p_j$ なら企業 i の製品に対する需要は $a - p_i$，$p_i > p_j$ ならそれは 0，$p_i = p_j$ ならそれは $(a - p_i)/2$ となり，かつ限界費用は $c < a$ であった．ここではそれを段階ゲームとした無限繰り返しゲームを考える．このとき，そのサブゲーム完全なナッシュ均衡において，企業が独占価格を維持するためトリガー戦略（逸脱が起こったのちは永久に段階ゲームのナッシュ均衡へと切り替える戦略）を用いることができるのは，$\delta \geq 1/2$ のとき，かつそのときに限ることを示せ．

2.14　練習問題 2.13 の無限に繰り返されるベルトラン・ゲームで，需要がランダムに変動する場合を考える．すなわち各期において需要関数の切片が確率 π で a_H，確率 $1 - \pi$ で $a_L (< a_H)$ になるとし，異なった期の需要はそれぞれ独立とする．また各期においてその期の需要水準は，企業が価格を選択する前に両企業に明らかになると仮定する．さて，この二つの需要水準に応じた独占価格（p_H および p_L）はどうなるか．また，サブゲーム完全なナッシュ均衡において，企業がその独占価格を維持する（つまり $i = H$ または L として需要が a_i のときに p_i をプレイする）ためにトリガー戦略を使える最小の δ の値 δ^* を求めよ．さらに，$1/2$ と δ^* のあいだのそれぞれの δ の値に対し，サブゲーム

完全なナッシュ均衡で，企業がトリガー戦略を使って需要の多いときには価格 $p(\delta)$ を，需要の少ないときには価格 p_L を付けることができるような最高の価格 $p(\delta)$ を求めてみよ（ローテンバーク＝サロナー（Rotemberg and Saloner, 1986）を参照せよ）．

2.15　クールノー型寡占に n 個の企業が存在し，$Q = q_1 + \cdots + q_n$ として逆需要関数は $P(Q) = a - Q$ で与えられるものとする．さてこの段階ゲームにもとづく無限繰り返しゲームを考えるとき，サブゲーム完全なナッシュ均衡で企業がトリガー戦略を使って独占産出量を支持できるための最小の δ はどういう値か．また n を変化させると，その答えはどのように変わるか．理由も含めて考えてみよ．さらに δ が小さすぎて，トリガー戦略で独占産出量を支持できない場合に，トリガー戦略で支持できる対称的なサブゲーム完全なナッシュ均衡のうち利潤が最大になるものはどれか．

2.16　2.1.C 節で分析した賃金・雇用モデルでは，後ろ向き帰納法による結果が社会的効率性を満たさなかった．しかし現実には，企業と組合が交渉してまず今年からの 3 年契約を結び，3 年後にはまた交渉してつぎの契約をとり決めるといった具合に，交渉が何回も繰り返される．したがってその関係はエスピノーサ＝リー（Espinosa and Rhee, 1989）がやったように，繰り返しゲームとして分析した方がより正確かもしれない．

　この問題では，無限繰り返しゲームのサブゲーム完全なナッシュ均衡が 1 回限りのゲームの後ろ向き帰納法による結果よりパレート優越的になるための条件を導出する．1 回限りのゲームの後ろ向き帰納法による結果での組合の効用と企業の利潤をそれぞれ U^*, π^* と書こう．また賃金と雇用の組 (w, L) によってもたらされる別の効用・利潤の組 (U, π) を考える．さらに両プレイヤーともに（3 年ごとの）割引因子が δ であると仮定しよう．このときつぎのことが成立するための (w, L) に関する条件を導出せよ．(1) (U, π) が (U^*, π^*) よりパレート優越的となる．(2) 逸脱が起きたのちは (U^*, π^*) が永久にプレイされるとして，(U, π) が無限繰り返しゲームのサブゲーム完全なナッシュ均衡での結果となる．

2.17　一つの企業と毎期新たに現れる労働者（各々 1 期間しか生きない）とのあいだで展開されるつぎの無限繰り返しゲームを考えよう．毎期労働者は努力 c を費やして産出量 y を生産するか，あるいは費用をかけずに何も生産もしないかのどちらかを選ぶ．もし生産を行えば生産物は企業の所有に帰するが，以下に述べるようにそれを賃金の形で労働者に分け与えることができる．各期の期首に労働者は別の仕事を選び，（努力する費用を差し引いて）0 の価値を受け取ることができると仮定する．したがって労働者に 0 を下回る賃金を押しつけることはできない．また $y > c$ つまり努力することは効率的であると仮定しよう．

　各期内ではつぎの順序で事が進行する. まず労働者が努力するかしないかを選び, その後産出量水準が企業と労働者の両者に観察され, 最後に企業が労働者に支払う賃金を決定する. 事前の賃金契約はどのようなものも実行不可能と仮定するので, 企業は何の制約も受けずに賃金水準を決定することができる. したがって1回限りのゲームでは, サブゲーム完全を仮定すれば企業は労働者の産出量とは無関係に賃金を0とし, その結果労働者は努力しないことになる.

　では無限期間の問題を考えてみよう. 各労働者は1期間しか生きないとしたが, t 期の期首には t 期に働く労働者は $t-1$ 期までのゲームの歴史を観察できると仮定する(前世代の労働者から次世代の労働者にこの知識が伝えられていくと考えればよい). 企業は将来を1期あたり δ で割り引くとする. このとき割引因子が十分高いと仮定して, 企業側と各労働者側がどのような戦略をとれば, 無限期ゲームのサブゲーム完全均衡で各労働者が努力して y を生産することになるかを述べよ. またその均衡が存在するための必要十分条件を示せ.

2.4 節

2.18 (任意のゲームにおける)戦略とは何か. 情報集合とは何か. (任意のゲームにおける)サブゲームとは何か.

2.19 2.1.D 節で3期間のルービンシュタインの交渉モデルを分析したさい, われわれは後ろ向き帰納法による結果を計算した. ではそのサブゲーム完全なナッシュ均衡はどうなるか.

2.20 無限期のルービンシュタインの交渉モデルで, つぎの戦略を考える(案 $(s, 1-s)$ と書いたときには, それがどちらの側から申し出られたものであっても, つねにプレイヤー1が s を取り, プレイヤー2が $1-s$ を取るという意味であったことを想起していただきたい). $s^* = 1/(1+\delta)$ として, プレイヤー1はつねに $(s^*, 1-s^*)$ を提案し, $s \geq \delta s^*$ であるときに限って案 $(s, 1-s)$ を受け入れる. 他方プレイヤー2はつねに $(1-s^*, s^*)$ を提案し, $1-s \geq \delta s^*$ であるときに限って案 $(s, 1-s)$ を受け入れる. これらの戦略がナッシュ均衡であることを示せ. またこの均衡がサブゲーム完全であることを示せ.

2.21 2.1 節の手榴弾ゲームを展開型と標準型で表現せよ. 純粋戦略ナッシュ均衡はどうなるか. 後ろ向き帰納法による結果はどうなるか. サブゲーム完全なナッシュ均衡はどうなるか.

2.22 2.2.B 節の銀行取付けゲームを展開型と標準型で表現せよ. 純粋戦略サブゲーム完全ナッシュ均衡はどうなるか.

2.23 取引を希望している売り手と買い手がいる. 取引の前に買い手は投資を行い, 取引される品物の買い手にとっての価値を高めることが可能である. た

だし，この投資は売り手には観察されず，その品物の売り手の考える価値(こ
れを 0 と基準化する)にも影響を与えない(こうした事例としては，ある企業
が他の企業を買収する状況を考えてみればよい．買収する側の企業は合併の
少し前に今後導入する製品に少し変更を加え，それが買収される側の企業の
製品と合併後うまく調和するように考えることができる．もし製品開発に時
間がかかり，かつ製品の寿命が短い場合には，このような投資は合併後に行っ
たのでは間に合わない)．買い手はもともとその品物の価値を $v > 0$ と評価し
ている．そして I だけ投資をするとその価値が $v+I$ へと上昇するが，それに
は I^2 だけの費用がかかる．また，ゲームの手順はつぎのようになっている．
第 1 に買い手が投資水準 I を選び，I^2 だけの費用を負担する．第 2 に売り手
は I を観察せずに品物の売値 p を申し出る．第 3 に買い手は売り手の申し出
を受け入れるか拒否するかする．もし買い手が受け入れれば，買い手の利得
は $v+I-p-I^2$ となり，売り手のそれは p となる．もし買い手が拒否すれば，
それらは $-I^2$ と 0 となる．以上のことを考えた上で，このゲームには純粋戦
略のサブゲーム完全なナッシュ均衡が存在しないことを示せ．また買い手が二
つの投資水準だけをそれぞれ正の確率で選び，売り手も二つの価格水準だけ
をそれぞれ正の確率で選ぶような混合戦略サブゲーム完全ナッシュ均衡を
求めよ．

2.7　参考文献

Abreu, D., 1986. "Extremal Equilibria of Oligopolistic Supergames." *Journal of Economic Theory* 39: 191-225.

―――, 1988. "On the Theory of Infinitely Repeated Games with Discounting." *Econometrica* 56: 383-96.

Abreu, D., D. Pearce, and E. Stacchetti, 1986. "Optimal Cartel Equilibria with Imperfect Monitoring." *Journal of Economic Theory* 39: 251-69.

Admati, A., and M. Perry, 1991. "Joint Projects without Commitment." *Review of Economic Studies* 58: 259-76.

Akerlof, G., and J. Yellen, eds., 1986. *Efficiency Wage Models of the Labor Market.* Cambridge, England: Cambridge University Press.

Ball, L., 1990. "Time-Consistent Policy and Persistent Changes in Inflation." National Bureau of Economic Research Working Paper #3529 (December).

Barro, R., and D. Gordon, 1983. "Rules, Discretion, and Reputation in a Model of Monetary Policy." *Journal of Monetary Economics* 12: 101-21.

Becker, G., 1974. "A Theory of Social Interactions." *Journal of Political Economy* 82: 1063-93.

Benoit, J-P., and V. Krishna, 1985. "Finitely Repeated Games." *Econometrica* 53: 905-22.

———, 1989. "Renegotiation in Finitely Repeated Games." Harvard Business School Working Paper #89-004.

Buchanan, J., 1975. "The Samaritan's Dilemma." In *Altruism, Morality, and Economic Theory*, E. Phelps, ed. New York: Russell Sage Foundation.

Bulow, J., and K. Rogoff, 1989. "Sovereign Debt: Is to Forgive to Forget?" *American Economic Review* 79: 43-50.

Diamond, D., and P. Dybvig, 1983. "Bank Runs, Deposit Insurance, and Liquidity." *Journal of Political Economy* 91: 401-19.

Espinosa, M., and C. Rhee, 1989. "Efficient Wage Bargaining as a Repeated Game." *Quarterly Journal of Economics* 104: 565-88.

Farrell, J., and E. Maskin, 1989. "Renegotiation in Repeated Games." *Games and Economic Behavior* 1: 327-60.

Fernandez, R., and J. Glazer, 1991. "Striking for a Bargain Between Two Completely Informed Agents." *American Economic Review* 81: 240-52.

Friedman, J., 1971. "A Non-cooperative Equilibrium for Supergames." *Review of Economic Studies* 38: 1-12.

Fudenberg, D., and E. Maskin, 1986. "The Folk Theorem in Repeated Games with Discounting and Incomplete Information." *Econometrica* 54: 533-54.

Green, E., and R. Porter, 1984. "Noncooperative Collusion under Imperfect Price Information." *Econometrica* 52: 87-100.

Huizinga, H., 1989. "Union Wage Bargaining and Industry Structure." Stanford University, Mimeo.

Jacklin, C., and S. Bhattacharya, 1988. "Distinguishing Panics and Information-based Bank Runs: Welfare and Policy Implications." *Journal of Political Economy* 96: 568-92.

Kreps, D., 1990. *A Course in Microeconomic Theory.* Princeton, NJ: Princeton University Press.

Kreps, D., and R. Wilson, 1982. "Sequential Equilibrium." *Econometrica* 50: 863-94.

Lazear, E., 1989. "Pay Equality and Industrial Politics." *Journal of Political Economy* 97: 561-80.

Lazear, E., and S. Rosen, 1981. "Rank-Order Tournaments as Optimum Labor Contracts." *Journal of Political Economy* 89: 841-64.

Leontief, W., 1946. "The Pure Theory of the Guaranteed Annual Wage Contract." *Journal of Political Economy* 54: 76-79.

McMillan, J., 1986. *Game Theory in International Economics.* Chur, Switzerland: Harwood Academic Publishers.

Osborne, M., and A. Rubinstein, 1990. *Bargaining and Markets.* San Diego: Academic Press.

Prendergast, C., 1993. "The Role of Promotion in Inducing Specific Human Capital Acquisition." *Quarterly Journal of Economics* 108: 523-34.

Rosen, S., 1986. "Prizes and Incentives in Elimination Tournaments." *American Economic Review* 76: 701-15.

Rotemberg, J., and G. Saloner, 1986. "A Supergame-Theoretic Model of Business Cycles and Price Wars during Booms." *American Economic Review* 76: 390-407.

Rubinstein, A., 1982. "Perfect Equilibrium in a Bargaining Model." *Econometrica* 50: 97-109.

Selten, R., 1965. "Spieltheoretische Behandlung eines Oligopolmodells mit Nachfragetragheit." *Zeitschrift für Gesamte Staatswissenshaft* 121: 301-24.

Shaked, A., and J. Sutton, 1984. "Involuntary Unemployment as a Perfect Equilibrium in a Bargaining Model." *Econometrica* 52: 1351-64.

Shapiro, C., and J. Stiglitz, 1984. "Equilibrium Unemployment as a Discipline Device." *American Economic Review* 74: 433-44.

Sobel, J., and I. Takahashi, 1983. "A Multistage Model of Bargaining." *Review of Economic Studies* 50: 411-26.

Stackelberg, H. von, 1934. *Marktform und Gleichgewicht.* Vienna: Julius Springer.（大和瀬達二・上原一男訳,「市場形態と均衡」, フリッシュ, シュタッケルベルク, ヒックス,『寡占論集』, 至誠堂, 1970 年所収）

Staiger. D., 1991. "Why Do Union Contracts Exclude Employment?" Stanford University, Mimeo.

Tirole, J., 1988. *The Theory of Industrial Organization.* Cambridge: MIT Press.

3 不完備情報の静学ゲーム

本章では**不完備情報**(incomplete information)のゲームの研究を始めることにする．それはまた**ベイジアン・ゲーム**(Bayesian game)と呼ばれることもある．完備情報ゲームでは，プレイヤーの利得関数が共有知識であったことを思い出していただきたい．それに引き換え不完備情報ゲームでは，他のプレイヤーの利得関数に対して不確かなプレイヤーが少なくとも1人はいる．不完備情報静学ゲームのよく知られた例は，オークションである．各入札者はそこで売られる財の自分にとっての価値は知っているが，他の入札者にとっての価値は分からない．そして付け値は封筒に入れて提出されるので，プレイヤーの手番は同時手番であると考えられる．しかし，経済学的にもっとも興味深いベイジアン・ゲームは，動学的なゲームである．やがて第4章で見るように，私的情報があるときには，当然情報を持つ側はそれを相手に伝え(もしくはそれで相手を迷わせ)ようとし，また情報を持たない側はそれを手に入れ，それに対処しようとする．そしてこれらは本来動学の問題である．

3.1節では静学ベイジアン・ゲームの標準型とそこでのベイジアン・ナッシュ均衡を定義する．これらの定義は抽象的であり，少々込み入っているので，われわれはまず簡単な例つまり非対称情報の下でのクールノー競争の例を用いて，主要な概念を説明することにする．

3.2節では三つの応用を考える．その第一は，第1章で与えた混合戦略の解釈を厳密に考察するというものである．そこではプレイヤー j の混合戦略が j の純粋戦略の選択に対するプレイヤー i の不確実性をあらわすものとし，他方 j の選択はごくわずかな私的情報の値に依存して決まると考える．第二には，入札者の評価が私的情報であり，売り手の評価は既知である場合のオークションについて分析する．第三には，売り手と買い手がともに自分の評価に関して私的情報を持っている場合(例えば企業は労働者の限界生産力を知っており，

労働者は自分が他にどんな仕事に就けるかを知っている場合)について考察する. われわれが分析する取引ゲームは, ダブルオークションと呼ばれるものである. そこでは売り手が販売希望価格を示し, 同時に買い手も購入希望価格を示す. そしてもし後者が前者を上回るなら, それら二つの価格の平均値において取引が成立する.

3.3 節では**顕示原理**(Revelation Principle)の主張を述べ, それを証明する. そしてプレイヤーが私的情報を持つときに, この原理がゲームの設計にどのように適用できるかについて簡単に触れる.

3.1 理論：静学ベイジアン・ゲームとベイジアン・ナッシュ均衡

3.1.A 例：非対称情報の下でのクールノー競争

クールノー型寡占モデルを考え, $Q = q_1 + q_2$ を市場の総生産量として逆需要関数が $P(Q) = a - Q$ であらわされるとする. 企業 1 の費用関数は $C_1(q_1) = cq_1$ であるが, 企業 2 の費用関数は確率 θ で $C_2(q_2) = c_H q_2$, 確率 $1 - \theta$ で $C_2(q_2) = c_L q_2$ であるとする ($c_L < c_H$). さらに情報の非対称性を仮定するが, これは, 企業 2 が自分の費用関数と企業 1 の費用関数をともに知っているのに対し, 企業 1 は自分の費用関数を知っていても企業 2 の限界費用についてはそれが確率 θ で c_H となり確率 $1 - \theta$ で c_L となることしか知らないというものである(企業 2 がこの産業へ新規参入してきたと考えてもいいし, 企業 2 が新技術を開発したばかりと考えてもいい). さらにこれらすべてのことは共有知識であると仮定する. つまり企業 1 は企業 2 の方が情報面で優位に立っていることを知っており, 企業 2 もまた企業 1 がこのことを知っているのを承知しており, 等々と仮定する.

企業 2 は, 自分の限界費用が高いときには, 当然それが低いときとは違った(おそらくはより小さい)生産量を選ぼうとする. また企業 1 の側でも, 企業 2 がこのように費用に応じて生産量を調整してくると予想する. $q_2^*(c_H)$ と $q_2^*(c_L)$ で企業 2 の費用の関数としての生産量の選択をあらわすものとし, q_1^* で企業 1 の単一の生産量の選択をあらわすものとする. 企業 2 の費用が高いときには, 企業 2 は

$$\max_{q_2} [(a - q_1^* - q_2) - c_H] q_2$$

の解として $q_2^*(c_H)$ を選ぶであろうし，同様に企業 2 の費用が低いときには，企業 2 は

$$\max_{q_2}[(a - q_1^* - q_2) - c_L]q_2$$

の解として $q_2^*(c_L)$ を選ぶであろう．最後に企業 1 は確率 θ で企業 2 の費用が高くなることを知っており，また費用に応じて企業 2 の生産量の選択が $q_2^*(c_H)$ または $q_2^*(c_L)$ になることをも予想するはずである．したがって企業 1 は，期待利得を最大化するように

$$\max_{q_1} \theta[(a - q_1 - q_2^*(c_H)) - c]q_1 + (1 - \theta)[(a - q_1 - q_2^*(c_L)) - c]q_1$$

を解いて q_1^* を選ぶことになる．

　これら三つの最大化問題の 1 階の条件は

$$q_2^*(c_H) = \frac{a - q_1^* - c_H}{2},$$
$$q_2^*(c_L) = \frac{a - q_1^* - c_L}{2},$$

および

$$q_1^* = \frac{\theta[a - q_2^*(c_H) - c] + (1 - \theta)[a - q_2^*(c_L) - c]}{2}$$

である．ここではこれらの 1 階の条件で上記の最大化問題の解が特徴づけられるものと仮定する（練習問題 1.6 を思い出せば分かるように，完備情報のクールノー型複占モデルでは，企業の費用が大きく異なると費用の高い方の企業が均衡で生産を中止することになる．ここのモデルでそういう問題が起きないようにするための十分条件を求めることは，読者の練習問題とする）．3 本の1 階の条件を解けば

$$q_2^*(c_H) = \frac{a - 2c_H + c}{3} + \frac{1 - \theta}{6}(c_H - c_L),$$
$$q_2^*(c_L) = \frac{a - 2c_L + c}{3} - \frac{\theta}{6}(c_H - c_L),$$

および

$$q_1^* = \frac{a - 2c + \theta c_H + (1 - \theta)c_L}{3}$$

を得る.

$q_2^*(c_H), q_2^*(c_L)$ および q_1^* を, **完備**情報で費用が c_1 と c_2 である場合のクールノー均衡と比較してみることにしよう. 両企業の均衡生産量がともに正になるような c_1 と c_2 の値を選んだとすれば, 完備情報の場合は企業 i は $q_i^* = (a - 2c_i + c_j)/3$ を生産する. それとは対照的に, 不完備情報の場合には $q_2^*(c_H)$ は $(a - 2c_H + c)/3$ より大きく, $q_2^*(c_L)$ は $(a - 2c_L + c)/3$ より小さくなる. これは企業2がその費用に応じて生産量を調整するだけでなく, 企業1がそうできないことまで考慮に入れて行動するからである. 例えば企業2の費用が高いときには, そのことで企業2は生産量を減らすことになるが, また企業1が期待利潤を最大化するような生産量を選ぶがゆえに, 企業2の費用が高いことを知っているときに比べればより少ない量しか生産しないことが分かるので, この理由からすれば企業2は生産量を増すことになる(この例で誤解を招きやすいのは, 完備情報のゲームでそれぞれの費用に対応する企業1のクールノー生産量の期待値が q_1^* にちょうど等しくなっている点であろう. 一般にはそうはならないのであって, 例えば企業 i の総費用が $c_i q_i^2$ となる場合を考えてみればよい).

3.1.B　静学ベイジアン・ゲームの標準型による表現

完備情報の n 人ゲームの標準型による表現は $G = \{S_1, \cdots, S_n; u_1, \cdots, u_n\}$ と書け, ここで S_i はプレイヤー i の戦略空間, $u_i(s_1, \cdots, s_n)$ は各プレイヤーが戦略 $(s_1, \cdots, s_n)$ を選んだときのプレイヤー i の利得であったことを思い起こそう. しかしまた2.3.B節で述べたように, 完備情報の同時手番ゲームではプレイヤーの戦略はその行動と同じであり, したがって G を $G = \{A_1, \cdots, A_n; u_1, \cdots, u_n\}$ のように書くこともできた. ここで A_i はプレイヤー i の行動空間, $u_i(a_1, \cdots, a_n)$ は各プレイヤーが行動 $(a_1, \cdots, a_n)$ を選んだときのプレイヤー i の利得である. **不完備**情報の静学ゲームの手順を記述する前に, その準備としてまず**完備**情報の静学ゲームの手順をつぎのようにまとめておこう. (1)プレイヤーは同時に行動を選び(プレイヤー i はその実行可能集合 A_i の中から a_i を選び), その後で(2)利得 $u_i(a_1, \cdots, a_n)$ を受け取る.

ここで不完備情報の同時手番ゲームすなわち静学ベイジアン・ゲームの標準型による表現に移ることにしよう. この場合まずは各プレイヤーが, 自分の利得関数は知っているが他のプレイヤーの利得関数については不確かであるとい

う状況をいかに表現するかが問題である．そのためにプレイヤー i の可能な利得関数を $u_i(a_1, \cdots, a_n; t_i)$ であらわすとする．t_i はプレイヤー i の**タイプ**と呼ばれるもので，可能なタイプの集合(**タイプ空間**) T_i の元である．それぞれの t_i がプレイヤー i の持つそれぞれ異なった利得関数と対応している．

　抽象的な例として，プレイヤー i が2種類の利得関数を持つ場合を想定してみる．このことをわれわれはプレイヤー i が二つのタイプ t_{i1}, t_{i2} を持ち，プレイヤー i のタイプ空間が $T_i = \{t_{i1}, t_{i2}\}$ で，プレイヤー i の2種類の利得関数が $u_i(a_1, \cdots, a_n; t_{i1})$ と $u_i(a_1, \cdots, a_n; t_{i2})$ であるというようにいう．また各プレイヤーのタイプがそのプレイヤーの異なった利得関数に対応するという考え方を用いて，そのプレイヤーが異なった実行可能集合を持つことも，つぎのようにしてあらわすことができる．例えばプレイヤー i の実行可能集合が確率 q で $\{a, b\}$，確率 $1-q$ で $\{a, b, c\}$ であったとする．こうした事態をわれわれは，i には二つのタイプ(t_{i1} と t_{i2} で t_{i1} の確率が q)があり，i の実行可能集合はどちらのタイプでも $\{a, b, c\}$ であるが，タイプ t_{i1} が行動 c を選んだときにはその利得が $-\infty$ になると定義することで処理できるのである．

　より具体的な例として，前節でとり上げたクールノー・ゲームを考えてみよう．企業の行動は生産量 q_1, q_2 の選択である．企業2には2種類の費用関数が可能なので，その利潤(利得)関数についても

$$\pi_2(q_1, q_2; c_L) = [(a - q_1 - q_2) - c_L]q_2,$$

および

$$\pi_2(q_1, q_2; c_H) = [(a - q_1 - q_2) - c_H]q_2$$

の二つが考えられる．企業1にとっては，利得関数は

$$\pi_1(q_1, q_2; c) = [(a - q_1 - q_2) - c]q_1$$

の一つだけである．このときに企業2のタイプ空間は $T_2 = \{c_L, c_H\}$ であり，企業1のタイプ空間は $T_1 = \{c\}$ であるというのである．

　プレイヤーのタイプをこのように定義すれば，プレイヤー i が自分の利得関数を知っていることは，プレイヤー i が自分のタイプを知っていることと同値になる．同様に，プレイヤー i が他のプレイヤーの利得関数を知らないことは，プレイヤー i が $t_{-i} = (t_1, \cdots, t_{i-1}, t_{i+1}, \cdots, t_n)$ で書かれる他のプレイヤ

ーのタイプを知らないことに等しい．われわれは T_{-i} で可能な t_{-i} 全体の集合をあらわし，確率分布 $p_i(t_{-i}|t_i)$ でプレイヤー i が自分のタイプ t_i を知っているときの，他のプレイヤーのタイプ t_{-i} に関する**信念**(belief)をあらわすことにする．3.2節で分析されるすべての応用例では（そして専門論文のほとんどの場合も）プレイヤーのタイプが独立になっており，$p_i(t_{-i}|t_i)$ が t_i には依存しないので，プレイヤー i の信念を $p_i(t_{-i})$ と書くことができる．しかし，プレイヤーのタイプが相関を持つ状況もあるので，ここでの静学ベイジアン・ゲームの定義ではその状況も許されるように i の信念を $p_i(t_{-i}|t_i)$ と書いておく[1]．

　タイプや信念といった新たな概念をこれまでに見てきた完備情報の静学ゲームの標準型の諸成分に結び付けると，静学ベイジアン・ゲームの標準型による表現ができあがる．

　定義　n 人静学ベイジアン・ゲームの**標準型による表現**とは，プレイヤーの行動空間 $A_1, \cdots, A_n$，タイプ空間 $T_1, \cdots, T_n$，信念 $p_1, \cdots, p_n$，および利得関数 $u_1, \cdots, u_n$ を特定化することである．プレイヤー i の**タイプ** t_i はプレイヤー i が個人的に知っているもので，プレイヤー i の利得関数 $u_i(a_1, \cdots, a_n; t_i)$ を決定し，可能なタイプの集合 T_i に属する．プレイヤー i の**信念** $p_i(t_{-i}|t_i)$ は i 自身のタイプ t_i を所与としたとき，他の $n-1$ 人のプレイヤーのタイプ t_{-i} に関する不確実性をあらわしている．われわれはこのゲームを $G = \{A_1, \cdots, A_n; T_1, \cdots, T_n; p_1, \cdots, p_n; u_1, \cdots, u_n\}$ であらわす．

　ハルサーニ(Harsanyi, 1967)にしたがい，以下では静学ベイジアン・ゲームの手順をつぎのようなものと仮定する．(1)自然(nature)がそれぞれの t_i を可能なタイプの集合 T_i から選んでプレイヤーのタイプ・ベクトル $t = (t_1, \cdots, t_n)$ を決める．(2)自然は t_i をプレイヤー i には明かすが他のプレイヤーには明か

---

1) 2企業が新技術の開発で鎬を削っている場面を想像してみよ．各企業が技術開発に成功する確率は部分的にはその技術開発の困難さに依存するが，その困難さは誰にも分かっていないとする．また各企業は自分が成功したかどうかだけを知ることができ，相手企業が成功したかどうかは知らないものとしよう．それでも，もし企業1が技術開発に成功したならば，その技術が容易に開発される可能性が高いことになり，企業2が成功する可能性も高まることになる．すると企業2のタイプに関する企業1の信念は，企業1自体のタイプに依存することになる．

さない．(3)各プレイヤー i はその行動 a_i を実行可能集合 A_i から同時に選択する．(4)利得 $u_i(a_1, \cdots, a_n; t_i)$ が受け取られる．ステップ(1)と(2)で自然による虚構の手番を導入することで，われわれは**不完備**(incomplete)情報ゲームを**不完全**(imperfect)情報ゲームとして記述した．不完全情報ゲームとは，(第2章で見たように)ゲームのある段階で手番を持つプレイヤーがそこまでのゲームの歴史を完全には知らないようなゲームである．ここでの場合，自然はプレイヤー i のタイプをステップ(2)でプレイヤー i には明かすがプレイヤー j には明かさないので，ステップ(3)でプレイヤー j が行動を選ぶとき，彼はそこまでのゲームの完全な歴史を知らないのである．

　静学ベイジアン・ゲームの標準型による表現を完全なものにするためには，あと二つほど多少とも技術的な点を説明しておかなくてはならない．第一は，プレイヤー i が自分の利得関数についてばかりでなく他のプレイヤーの利得関数についても私的情報を持つようなゲームがあるという点である．例えば練習問題 3.2 では，3.1.A 節の非対称情報のクールノー・モデルが修正されて，費用は対称的かつ共有知識であるが一方の企業は需要量を知っており他方の企業はそれを知らない場合を考えている．このとき需要水準は両プレイヤーの利得関数に影響を与えるので，情報を持つ企業のタイプが情報を持たない企業の利得関数にも入ることになる．n 人ゲームでは，プレイヤー i の利得が $(a_1, \cdots, a_n)$ だけでなくすべてのタイプ $(t_1, \cdots, t_n)$ にも依存することを認めれば，この可能性を表現できる．このとき利得関数は $u_i(a_1, \cdots, a_n; t_1, \cdots, t_n)$ となる．

　第二の技術的な点は，信念 $p_i(t_{-i} | t_i)$ にかかわるものである．われわれは以下，静学ベイジアン・ゲームの手順のステップ(1)で，自然がタイプ $t = (t_1, \cdots, t_n)$ を選ぶとき，それを事前確率分布 $p(t)$ にしたがって選ぶことが共有知識になっていると仮定する．するとその後自然が t_i をプレイヤー i に明かしたときには，そのプレイヤーは信念 $p_i(t_{-i} | t_i)$ をベイズの公式[2]

---

2) ベイズの公式は，事象 B がすでに起こったものとして事象 A の起こる(条件付)確率 $P(A | B)$ を計算する式を示したものである．$P(A)$, $P(B)$ および $P(A, B)$ をそれぞれ A, B, そして A と B の両方が起こる(事前)確率(つまり，A も B も起こる以前に考えられた確率)とすれば，ベイズの公式では $P(A | B) = P(A, B) / P(B)$ となる．つまり B が与えられたときの A の条件付確率は，A と B の両方が起こる確率を B が起こる事前確率で割ったものに等しい．

$$p_i(t_{-i} \mid t_i) = \frac{p(t_{-i}, t_i)}{p(t_i)} = \frac{p(t_{-i}, t_i)}{\displaystyle\sum_{t_{-i} \in T_{-i}} p(t_{-i}, t_i)}$$

を用いて計算でき，さらに他のプレイヤーもまた，プレイヤーiがiのタイプ
に依存して持っているはずの信念，すなわちT_iに属する各t_iに対応する信念
$p_i(t_{-i}|t_i)$を計算できることになる．またすでに述べたとおり，われわれはし
ばしばプレイヤーのタイプが独立であると仮定する．そのときには$p_i(t_{-i})$は
t_iに依存しないが，それでもなお事前分布$p(t)$からそれを計算することがで
きる．この場合には，他のプレイヤーは彼らのタイプに関するプレイヤーiの
信念を知ることになる．

3.1.C　ベイジアン・ナッシュ均衡の定義　　以下で静学ベイジアン・ゲーム
の均衡概念を定義することにしたい．そのためにはまずこのゲームでのプレ
イヤーの戦略空間を定義しなくてはならない．2.3.B節および2.4.B節で見
たように，プレイヤーの戦略とは完全な行動計画，すなわちそのプレイヤーが
行動をおこすことになるかもしれないそれぞれの事態で，どの実行可能な行動
をとるかを指定したものであった．したがって自然がまずプレイヤーのタイプ
を決めることでゲームが始まる静学ベイジアン・ゲームでは，プレイヤーiの
(純粋)戦略はプレイヤーiのタイプの**それぞれ**に対して実行可能な行動を一つ
ずつ決めるのでなければならない．

> **定義**　静学ベイジアン・ゲーム$G = \{A_1, \cdots, A_n; T_1, \cdots, T_n; p_1, \cdots, p_n; u_1,$
> $\cdots, u_n\}$におけるプレイヤーiの**戦略**とは，関数$s_i(t_i)$のことであり，そ
> れはT_iの各t_iに対し，もし自然によってt_iが選ばれたならそのタイプが
> 実行可能集合A_iから選択するであろう行動$s_i(t_i)$を定めるものである．

完備情報の(静学および動学)ゲームと異なり，ベイジアン・ゲームでは戦略
空間がそのゲームの標準型による表現の中には含まれていない．その代わり
に，静学ベイジアン・ゲームでは戦略空間がタイプ空間と行動空間とを用い
て構成されるのである．つまりプレイヤーiの可能な(純粋)戦略の集合S_iは，
定義域がT_iで値域がA_iの関数全体の集合となる．例えば**分離**戦略(separat-
ing strategy)では，T_iに属する各タイプt_iがA_iの中からそれぞれ異なるa_i

を選び，また**一括**戦略(pooling strategy)では，すべてのタイプが同一の行動を選ぶ．この分離戦略と一括戦略との区別は，第4章で見る不完備情報の動学ゲームの分析のさいに重要となってくる．その区別をここで紹介したわけは，タイプ空間 T_i と行動空間 A_i の組から構成される戦略にもさまざまな種類のものがあることを示したかったからである．

　プレイヤー i の戦略として，i のとりうるすべてのタイプに対して行動を定めるのは不必要と思われるかもしれない．実際，自然がタイプを一つ選びそれをプレイヤーに明かしてしまえば，そのプレイヤーは自然が他のタイプを自分に割り当てた場合にとったであろう行動について心を煩わせる必要はないように見える．しかし一方で，プレイヤー i は他のプレイヤーがどういう行動をとるかを考慮しなければならず，彼らの行動は彼らが考えるプレイヤー i の行動，それも T_i に属する各 t_i ごとの i の行動に依存する．したがって自分のタイプが決まった後でどう行動するかを決めるときにも，プレイヤー i は T_i から他のタイプが選ばれたときに自分は何をしたであろうか，を考えねばならないのである．

　例として3.1.A節の非対称情報のクールノー・ゲームを考えてみよう．そこではゲームの解が $q_2^*(c_H), q_2^*(c_L)$ および q_1^* の三つの生産量の選択からなることを論じた．すぐ上の戦略の定義を使うと，$(q_2^*(c_H), q_2^*(c_L))$ の組が企業2の戦略，q_1^* が企業1の戦略ということになる．企業2がその費用に応じて異なる生産量を選ぶというのは想像に難くない．しかしそれと同様に重要なことは，企業1がその一つの生産量を決めるさいにも，企業2の生産量がこのように企業2の費用に依存することを考慮に入れなければならないということである．したがってもし均衡概念が，企業1の戦略が企業2の戦略の最適反応になっていることを要求するのであれば，企業2の戦略は各費用タイプに応じた生産量の**組**にならねばならない．さもないと企業1は，本当にその戦略が企業2の戦略に対する最適反応になっているのかどうかを計算できなくなってしまうのである．

　一般に，どのタイプであれそれが自然によって選ばれたときにプレイヤーが何をするかを戦略として定めるのを怠れば，ナッシュ均衡の概念をベイジアン・ゲームに適用することはできなくなる．この議論は第2章で見た議論に似通ったものである．つまり完備情報の動学ゲームにおいても，プレイヤー i の戦略として i が行動するかもしれないすべての事態に対して実行可能な行動

を定めるのは不必要にも思えるが，もしある事態でのプレイヤーの行動を定め忘れると，その場合もナッシュ均衡の概念を完備情報の動学ゲームに適用することができなくなる可能性があったのである．

　これでベイジアン・ゲームの戦略の定義が済んだので，つぎにいよいよベイジアン・ナッシュ均衡の定義に移ることにする．定義の記述は複雑であるが骨子は単純で，これまで見てきたこと，すなわち各プレイヤーの戦略が他のプレイヤーの戦略の最適反応とならなければならないことを中心に考えればよい．つまりベイジアン・ナッシュ均衡とは，たんにベイジアン・ゲームにおけるナッシュ均衡のことなのである．

> **定義**　静学ベイジアン・ゲーム $G = \{A_1, \cdots, A_n; T_1, \cdots, T_n; p_1, \cdots, p_n; u_1, \cdots, u_n\}$ において戦略 $s^* = (s_1^*, \cdots, s_n^*)$ が（純粋戦略）**ベイジアン・ナッシュ均衡**であるとは，各プレイヤー i と T_i に属する i の各タイプ t_i に対して $s_i^*(t_i)$ が
>
> $$\max_{a_i \in A_i} \sum_{t_{-i} \in T_{-i}} u_i(s_1^*(t_1), \cdots, s_{i-1}^*(t_{i-1}), a_i, s_{i+1}^*(t_{i+1}), \cdots, s_n^*(t_n); t) p_i(t_{-i} \mid t_i)$$
>
> の解になっていることである．つまりどのプレイヤーも，たとえそれが一つのタイプの一つの行動のみを含むものであったにせよ，その戦略をそれ以上変更したがらないということである．

　有限の静学ベイジアン・ゲーム（つまり n が有限で $(A_1, \cdots, A_n)$ も $(T_1, \cdots, T_n)$ もすべて有限集合であるゲーム）において，混合戦略まで許せばベイジアン・ナッシュ均衡の存在を示すことは難しくない．その証明は，完備情報の有限ゲームの場合の混合戦略の存在証明と同様なので，ここでは省略する．

3.2　応用

3.2.A　混合戦略再論　1.3.A 節で触れたように，ハルサーニ(Harsanyi, 1973)はプレイヤー j の混合戦略が j の純粋戦略の選択に対するプレイヤー i の不確実性をあらわすものとし，一方 j の選択はごくわずかな私的情報の値に依存して決まってくるという考えを提唱した．いまやわれわれはその考えを

より正確な表現で述べることが可能になった．それは，完備情報ゲームの混合戦略ナッシュ均衡は（ほとんどの場合）そのゲームと緊密に関連し情報がわずかに不完備であるだけのゲームの純粋戦略ベイジアン・ナッシュ均衡と解釈できる，ということである（そのような解釈のできない場合が稀にはあるが，それは無視して話を進めよう）．以前の話といっそう関連させて言えば，混合戦略ナッシュ均衡の重要な特徴は，プレイヤー j が戦略をランダムに選ぶという点にあるよりプレイヤー i が j の選択について確信が持てないという点にある．そしてこの確信のなさは，j がランダムに選択することか，あるいはまた（この方がより真実に近いと思われるが）情報がわずかに不完備であることかのいずれからも生じるのである．つぎの例で見てみよう．

		パット	
		オペラ	ボクシング
クリス	オペラ	2, 1	0, 0
	ボクシング	0, 0	1, 2

両性の闘い

　両性の闘いを思い出していただきたい．そこには (オペラ, オペラ), (ボクシング, ボクシング) という二つの純粋戦略ナッシュ均衡と，クリスが「オペラ」を 2/3 の確率でプレイし，パットが「ボクシング」を 2/3 の確率でプレイするという一つの混合戦略ナッシュ均衡が存在した．

　ここでクリスとパットは昔からの知り合いであるが，それでも互いの利得について完全には知り尽くしていないと想定してみる．とくに，2 人がオペラに行ったときのクリスの利得は $2+t_c$ で t_c はクリス個人にだけ知られている値であり，2 人がボクシングに行ったときのパットの利得は $2+t_p$ で t_p はパット個人にだけ知られている値であると仮定し，さらに t_c と t_p は $[0, x]$ 上の一様分布からそれぞれ独立に選ばれるものと想定する（$[0, x]$ 上の一様分布を選んだのは重要なことではないが，ここでは t_c と t_p の値がもとのゲームの利得をほんのわずかしか攪乱しないようなゲームを作りたいので，x は小さい値と考えている）．他の利得はすべてもとのゲームの場合と同じである．標準型の静学ベイジアン・ゲームの抽象的な表現 $G = \{A_c, A_p; T_c, T_p; p_c, p_p; u_c, u_p\}$ を用いれば，行動空間は $A_c = A_p = \{$ オペラ, ボクシング $\}$，タイプ空間は $T_c = T_p = [0, x]$，信念はすべての t_c と t_p に対し $p_c(t_p) = p_p(t_c) = 1/x$，そして利得は以下のようになる．

		パット	
		オペラ	ボクシング
クリス	オペラ	$2+t_c, 1$	$0,0$
	ボクシング	$0,0$	$1, 2+t_p$

不完備情報の下
での両性の闘い

われわれはこの不完備情報を持つ両性の闘いゲームで，クリスは t_c が臨界値 c を超えると「オペラ」をプレイしそれ以外は「ボクシング」をプレイするような，またパットは t_p が臨界値 p を超えると「ボクシング」をプレイしそれ以外は「オペラ」をプレイするような，純粋戦略ベイジアン・ナッシュ均衡を構成する．この均衡ではクリスが「オペラ」をプレイする確率は $(x-c)/x$，パットが「ボクシング」をプレイする確率は $(x-p)/x$ となる．以下でわれわれは，情報の不完備性がなくなるにつれて（すなわち x が 0 に近づくにつれて），この純粋戦略ベイジアン・ナッシュ均衡でのプレイヤーの行動が，もとの完備情報ゲームの混合戦略ナッシュ均衡での彼らの行動に近づいていくことを証明する．これは x が 0 に近づくにつれて $(x-c)/x$ と $(x-p)/x$ の両方が $2/3$ に近づくということである．

クリスとパットが上で述べた戦略をプレイするとしてみよう．まずは x の値を所与として，その戦略がベイジアン・ナッシュ均衡になるような c と p の値を求めてみる．パットの戦略が与えられたとすると，クリスが「オペラ」をプレイして得る期待利得および「ボクシング」をプレイして得る期待利得はそれぞれ

$$\frac{p}{x}(2+t_c) + \left[1 - \frac{p}{x}\right] \cdot 0 = \frac{p}{x}(2+t_c)$$

および

$$\frac{p}{x} \cdot 0 + \left[1 - \frac{p}{x}\right] \cdot 1 = 1 - \frac{p}{x}$$

となる．よって「オペラ」をプレイするのが最適となるのは，

$$t_c \geq \frac{x}{p} - 3 = c \tag{3.2.1}$$

が成り立つとき，かつそのときのみである．同様にクリスの戦略を所与とすると，パットが「ボクシング」をプレイして得る期待利得および「オペラ」をプレイして得る期待利得はそれぞれ

$$\left[1-\frac{c}{x}\right]\cdot 0+\frac{c}{x}(2+t_p)=\frac{c}{x}(2+t_p)$$

および

$$\left[1-\frac{c}{x}\right]\cdot 1+\frac{c}{x}\cdot 0=1-\frac{c}{x}$$

となる．よって「ボクシング」をプレイするのが最適となるのは，

$$t_p\geq\frac{x}{c}-3=p \tag{3.2.2}$$

が成り立つとき，かつそのときのみである．(3.2.1)と(3.2.2)を同時に解けば，$p=c$ および $p^2+3p-x=0$ を得る．この2次方程式を解けば，クリスが「オペラ」をプレイする確率 $(x-c)/x$ とパットが「ボクシング」をプレイする確率 $(x-p)/x$ が両方とも

$$1-\frac{-3+\sqrt{9+4x}}{2x}$$

となることがいえ，x が0に近づくにつれてそれが2/3に近づくことも分かる．したがって情報の不完備性が消失していけば，不完備情報ゲームのこの純粋戦略ベイジアン・ナッシュ均衡でのプレイヤーの行動が，もとの完備情報ゲームの混合戦略ナッシュ均衡での彼らの行動に近づくことになるのである．

3.2.B オークション　本節では最高価格・封縅付け値の(つまり付け値が封じて提出され，最高値を付けた人が勝つ)つぎのようなオークションを考えることにしよう．入札者は2人で，$i=1,2$ として区別される．入札者 i はその財に対して v_i という評価を持ち，したがってもし i が競り落として価格 p を支払えば，i の利得は v_i-p となる．ここで2人の入札者の評価は $[0,1]$ 上の一様分布からそれぞれ独立に選ばれる．さらに入札額は非負の値でなくてはならない．そして入札者は同時に付け値を提出し，より高い値を付けた方が財を勝ち取ってその付け値を支払う．もう1人の入札者は何も受け取らず，また何も支払わない．また付け値が等しいときには，勝者はコインを投げて決められる．最後に，入札者は危険に対して中立的である．そして以上すべてのことは2人の共有知識であるとする．

　この問題を静学ベイジアン・ゲームとして定式化するには，行動空間，タイプ空間，信念および利得関数を特定化しなくてはならない．プレイヤー i

の行動は(非負の)付け値 b_i を提出することであり，彼のタイプはその評価 v_i である(抽象的なゲーム $G = \{A_1, A_2; T_1, T_2; p_1, p_2; u_1, u_2\}$ の記号を用いれば，行動空間は $A_i = [0, \infty)$ で，タイプ空間は $T_i = [0, 1]$ である)．各人の評価は独立であるので，v_j に対するプレイヤー i の信念は v_i の値にかかわりなく $[0, 1]$ 上の一様分布となる．最後にプレイヤー i の利得関数は

$$u_i(b_1, b_2; v_1, v_2) = \begin{cases} v_i - b_i & b_i > b_j \text{ のとき} \\ (v_i - b_i)/2 & b_i = b_j \text{ のとき} \\ 0 & b_i < b_j \text{ のとき} \end{cases}$$

と書ける．

　このゲームのベイジアン・ナッシュ均衡を導出するにあたり，まずプレイヤーの戦略空間を構成することから始めよう．静学ベイジアン・ゲームにおいては，戦略はタイプから行動への関数であった．したがってプレイヤー i の戦略は，i がそのタイプ(つまり評価)に応じてそれぞれどんな付け値を選ぶかを定めた関数 $b_i(v_i)$ となる．ベイジアン・ナッシュ均衡ではプレイヤー1の戦略 $b_1(v_1)$ がプレイヤー2の戦略 $b_2(v_2)$ の最適反応となり，その逆も成り立つ．式であらわすと，戦略の組 $(b_1(v_1), b_2(v_2))$ がベイジアン・ナッシュ均衡であるとは，$[0, 1]$ に属する各 v_i に対し $b_i(v_i)$ が

$$\max_{b_i} (v_i - b_i) \text{Prob}\{b_i > b_j(v_j)\} + \frac{1}{2}(v_i - b_i)\text{Prob}\{b_i = b_j(v_j)\}$$

の解になることである．

　説明を簡単にするために，以下では $b_1(v_1) = a_1 + c_1 v_1$ と $b_2(v_2) = a_2 + c_2 v_2$ と書ける線形均衡を求めることにする．ただしこのとき，われわれがプレイヤーの戦略空間を線形戦略のみを含むように制限しているの**ではない**ことには注意すべきである．むしろわれわれはプレイヤーが自由に戦略を選べるとした上で，線形の均衡が存在するかどうかを調べるのである．それでも結局は，プレイヤーの評価が一様に分布していることにより，線形均衡が存在するだけでなく，それが(以下で精確に述べられる意味において)一意であることが判明する．そして $b_i(v_i) = v_i/2$ であること，つまり各プレイヤーは自分の評価額の半分を付け値として提出することになる．この付け値は入札者がオークションで当面する根本的なトレードオフ，つまり付け値が高いほど財を勝ち取る可能性が高まるが，一方付け値が安いほど勝ったときの利得が大きくなること，を

反映したものである.

プレイヤー j が戦略 $b_j(v_j) = a_j + c_j v_j$ をとると仮定しよう. v_i を一つ固定してプレイヤー i の最適反応を求めると,それは

$$\max_{b_i} (v_i - b_i) \text{Prob}\{b_i > a_j + c_j v_j\}$$

を解いて得られるが,そのさいわれわれは $b_i = b_j(v_j)$ となる確率が 0 であるという事実を用いている($b_j(v_j) = a_j + c_j v_j$ であって v_j が一様分布にしたがうので,b_j もまた一様分布になる).そして,プレイヤー i がプレイヤー j の最低入札額より低い値を付けるのは無駄なことであるし,j の最大入札額より高い値を付けるのも愚かなことであるので,$a_j \leq b_i \leq a_j + c_j$ と考えられ,

$$\text{Prob}\{b_i > a_j + c_j v_j\} = \text{Prob}\left\{v_j < \frac{b_i - a_j}{c_j}\right\} = \frac{b_i - a_j}{c_j}$$

が成立する.よってプレイヤー i の最適反応は

$$b_i(v_i) = \begin{cases} (v_i + a_j)/2 & v_i \geq a_j \text{ のとき} \\ a_j & v_i < a_j \text{ のとき} \end{cases}$$

となる.ここでもし $0 < a_j < 1$ であれば,$v_i < a_j$ となる v_i が存在してしまい,$b_i(v_i)$ は線形ではなくて,はじめ水平でその後正の傾きを持つようになってしまう.しかしわれわれは線形均衡を求めているので,上記の理由から $0 < a_j < 1$ のケースは除外し,$a_j \geq 1$ または $a_j \leq 0$ のケースのみを考えていく.ところが前者もまた均衡とはならない.なぜなら,評価額の高いタイプはそれの低いタイプと比べて少なくとも同額の入札額を付けるのが最適であることから $c_j \geq 0$ がいえ,そうすると $a_j \geq 1$ は $b_j(v_j) \geq v_j$ を意味して,最適ではなくなるからである.したがってもし $b_i(v_i)$ を線形とするなら,$a_j \leq 0$ でなくてはならず,そのときには $b_i(v_i) = (v_i + a_j)/2$,つまり $a_i = a_j/2$ および $c_i = 1/2$ とならねばならない.

　以上の分析は,プレイヤー i が戦略 $b_i(v_i) = a_i + c_i v_i$ を採用するという仮定の下で,プレイヤー j に対しても繰り返すことができる.その結果は $a_i \leq 0$,$a_j = a_i/2$ および $c_j = 1/2$ となり,よって前の結果と合わせると $a_i = a_j = 0$ および $c_i = c_j = 1/2$ となって,先に示したとおり $b_i(v_i) = v_i/2$ が得られる.

　このゲームに他のベイジアン・ナッシュ均衡が存在するかどうか,また入札者の評価の分布が変化したら均衡での付け値の行動がどう変化するかを知りた

いと思う読者もいるかもしれない．しかしどちらの問いに対しても，ここでの手法(線形戦略を仮定してそれが均衡となるための係数を求めるという)を用いただけでは答えは得られない．つまりこのゲームの他の均衡が持ちうる関数形をすべて事前に推測するのはできない相談であるし，評価が他の分布にしたがう場合には線形均衡が存在しなくなるのである．以下の補論においては対称的なベイジアン・ナッシュ均衡[3]を導出するが，そこでもふたたび評価の分布が一様分布の場合を考える．そしてプレイヤーの戦略が厳密に増加的かつ微分可能という仮定の下で，対称的なベイジアン・ナッシュ均衡が一意に決まり，それがすでに求めた線形均衡に等しくなることを証明する．そこでの手法は，広範囲の分布の型に対しても，また入札者が n 人の場合にも，容易に拡張することができる[4]．

3.2.B 節の補論　プレイヤー j が戦略 $b(\cdot)$ を採用し，それが厳密に増加的かつ微分可能と仮定する．このとき v_i を一つ固定してプレイヤー i の最適な入札額を求めると，それは

$$\max_{b_i} (v_i - b_i) \mathrm{Prob}\{b_i > b(v_j)\}$$

の解となる．ここで $b^{-1}(b_j)$ によって入札額が b_j となるために入札者 j が持たねばならない評価額をあらわすことにする．つまり $b_j = b(v_j)$ なら $b^{-1}(b_j) = v_j$ である．すると v_j が $[0,1]$ 上で一様に分布しているので，$\mathrm{Prob}\{b_i > b(v_j)\} = \mathrm{Prob}\{b^{-1}(b_i) > v_j\} = b^{-1}(b_i)$ となる．よってプレイヤー i の最大化問題の 1 階の条件は

$$-b^{-1}(b_i) + (v_i - b_i)\frac{d}{db_i}b^{-1}(b_i) = 0$$

と書ける．この 1 階の条件は，入札者 i の評価が v_i であるとき，入札者 j の戦略 $b(\cdot)$ に対する入札者 i の最適反応を陰関数の形で定めたものである．戦略 $b(\cdot)$ が対称的なベイジアン・ナッシュ均衡であるとすれば，1 階条件の解は

---

3) ベイジアン・ナッシュ均衡は，全プレイヤーが同一の戦略をとるとき対称的と呼ばれる．すなわち対称的なベイジアン・ナッシュ均衡においては一つの関数 $b(v_i)$ が存在して，プレイヤー 1 の戦略 $b_1(v_1)$ が $b(v_1)$，プレイヤー 2 の戦略 $b_2(v_2)$ も $b(v_2)$ となり，この一つの戦略がそれ自体に対する最適反応となるのである．当然，プレイヤーの評価は通常異なっているので，2 人が同じ戦略を用いても，その入札額は通常異なったものとなろう．

4) この補論は飛ばして進んでも，以下の本文の理解には支障はない．

$b(v_i)$ とならねばならないはずである. つまり入札者 j が $b(\cdot)$ という戦略をプレイする限り, どんな評価額を持つ入札者 i も戦略 $b(\cdot)$ から逸脱しようと思わないはずである. そこでこの条件を課すことにして1階の条件に $b_i = b(v_i)$ を代入すれば

$$-b^{-1}(b(v_i)) + (v_i - b(v_i)) \frac{d}{db_i} b^{-1}(b(v_i)) = 0$$

を得る. ここで当然 $b^{-1}(b(v_i)) = v_i$ であり, また $d\{b^{-1}(b(v_i))\}/db_i = 1/b'(v_i)$ である. つまり入札額を1単位変化させるには入札者 i の評価がどれだけ変化しなければならないかを $d\{b^{-1}(b_i)\}/db_i$ が示し, 評価が1単位変化すれば入札額がどれだけ変化するかを $b'(v_i)$ が示している. 以上のことから $b(\cdot)$ はつぎの1階の微分方程式

$$-v_i + (v_i - b(v_i)) \frac{1}{b'(v_i)} = 0$$

を満たすことになり, これをいっそう便利な形に変形すれば $b'(v_i)v_i + b(v_i) = v_i$ となる. この微分方程式の左辺はまさしく $d\{b(v_i)v_i\}/dv_i$ にほかならない. よって両辺を積分すれば, k を積分定数として

$$b(v_i)v_i = \frac{1}{2}v_i^2 + k$$

が得られる. k を消去するには境界条件が必要であるが, 運のいいことに単純な経済的理法, つまりどのプレイヤーも自分の評価額より高い値を付けることはないという条件が, それに相当する. したがってどの v_i に対しても $b(v_i) \leq v_i$ と考えることができ, とくに $b(0) \leq 0$ と考えてよい. ところが付け値は非負に制限されているので $b(0) = 0$ となり, これより $k = 0$, よって前に主張したとおり $b(v_i) = v_i/2$ となるのである.

3.2.C ダブルオークション　つぎにチャタジー = サミュエルソン (Chatterjee and Samuelson, 1983) のように, 買い手と売り手がそれぞれ自分の評価について私的情報を持っている場合を考察しよう (ホール = ラジアー (Hall and Lazear, 1984) では買い手が企業, 売り手が労働者となっている. 企業は労働者の限界生産力を知っており, 労働者は自分が他にどんな仕事に就けるかを知っている. 練習問題3.8を見よ). ここでわれわれが分析するのは, ダブルオークションと呼ばれる取引のゲームである. 売り手は販売希望価格 p_s

を提示し，それと同時に買い手も購入希望価格 p_b を提示する．もし $p_b \geq p_s$ なら $p=(p_b+p_s)/2$ の価格で取引が成立し，もし $p_b < p_s$ なら取引は成立しない．

売り手の財に対する買い手の評価を v_b，売り手の評価を v_s とする．それらの評価は私的情報とし，$[0,1]$ 上の一様分布から独立に選ばれるものとする．買い手が価格 p でその財を手に入れたときの効用は v_b-p で，取引が成立しなければその効用は 0 となる．また売り手が価格 p でその財を売れば効用は $p-v_s$ となるが，取引が成立しなければ売り手の効用も 0 である（これらの効用関数はそれぞれ当事者の効用の変化を測るものである．取引が成立しなければ効用は変化しないので，それは 0 となる．しかし価格 p で取引がなされたときの売り手の効用を例えば p とし，取引がなされなかったときの売り手の効用を v_s としても，以下の議論には変わりはないであろう）．

この静学ベイジアン・ゲームの買い手の戦略は，自分のそれぞれの評価ごとに申し出る価格を定めた関数 $p_b(v_b)$ である．同様に売り手の戦略も自分のそれぞれの評価ごとに要求する価格を定めた関数 $p_s(v_s)$ である．そして戦略の組 $\{p_b(v_b), p_s(v_s)\}$ がつぎの 2 条件を満たせば，それはベイジアン・ナッシュ均衡になる．まず $[0,1]$ 上の各 v_b に対し，$p_b(v_b)$ が

$$\max_{p_b} \left[v_b - \frac{p_b + E[p_s(v_s) \mid p_b \geq p_s(v_s)]}{2} \right] \mathrm{Prob}\{p_b \geq p_s(v_s)\} \qquad (3.2.3)$$

の解にならねばならない．ただし $E[p_s(v_s) \mid p_b \geq p_s(v_s)]$ は，売り手の要求が買い手の申し出 p_b より小さいという条件の下での，売り手の要求する価格の期待値をあらわしている．つぎに $[0,1]$ 上の各 v_s に対し，$p_s(v_s)$ も

$$\max_{p_s} \left[\frac{p_s + E[p_b(v_b) \mid p_b(v_b) \geq p_s]}{2} - v_s \right] \mathrm{Prob}\{p_b(v_b) \geq p_s\} \qquad (3.2.4)$$

の解にならねばならない．ただし $E[p_b(v_b) \mid p_b(v_b) \geq p_s]$ は，買い手の申し出が売り手の要求金額 p_s よりも大きいという条件の下での，買い手の申し出価格の期待値をあらわす．

このゲームには非常に多数のベイジアン・ナッシュ均衡が存在する．例としてまずつぎの単一価格均衡，つまり取引が成立する可能性のある価格が一つしかない均衡を考えることにしよう．これは区間 $[0,1]$ から x を任意に選び，買い手の戦略はもし $v_b \geq x$ なら x を申し出てそれ以外なら 0 を申し出るものとし，売り手の戦略はもし $v_s \leq x$ なら x を要求しそれ以外なら 1 を要求すると

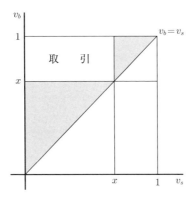

図 3.2.1

するものである．この買い手の戦略を所与とすると，売り手は結局 x で取引を成立させるかそれとも取引を行わないかの選択を迫られることになる．そして売り手の戦略は，売り手のタイプが x での取引をより選好するのであればそれを行い，そうでなければ取引を行わないというものなので，結局それは買い手の戦略に対する最適反応となっている．同様に考えれば買い手の戦略もまた売り手の戦略に対する最適反応となり，これらの戦略がベイジアン・ナッシュ均衡になることが分かる．この均衡では，図 3.2.1 の「取引」で示される部分に入る (v_s, v_b) の組に対して取引が成立する．つまり $v_b \geq v_s$ となる (v_s, v_b) の組では取引することが効率的となるのであるが，図で影を付けた二つの領域では取引は行われない．

　ではつぎにダブルオークションの線形ベイジアン・ナッシュ均衡を導出しよう．前節の場合と同様，ここでわれわれはプレイヤーの戦略空間を，線形戦略のみを含むように制限している**のではない**．むしろプレイヤーは自由に戦略を選べるとした上で，線形の均衡が存在するかどうかを調べるのである．単一価格均衡や線形均衡以外にも多くの均衡が存在するが，後で述べるように線形均衡は効率性の点から見て興味深い性質を持っている．

　売り手の戦略を $p_s(v_s) = a_s + c_s v_s$ とする．すると p_s は $[a_s, a_s + c_s]$ 上に一様に分布することになるので，(3.2.3)は

$$\max_{p_b}\left[v_b - \frac{1}{2}\left\{p_b + \frac{a_s + p_b}{2}\right\}\right]\frac{p_b - a_s}{c_s}$$

と書け，その 1 階の条件を解くと

$$p_b = \frac{2}{3}v_b + \frac{1}{3}a_s \tag{3.2.5}$$

を得る．よってもし売り手が線形戦略をとるならば，買い手の最適反応もまた線形となることが分かる．同様に買い手の戦略を $p_b(v_b) = a_b + c_b v_b$ とすれば，p_b は $[a_b, a_b + c_b]$ 上の一様分布となり，(3.2.4)が

$$\max_{p_s} \left[\frac{1}{2} \left\{ p_s + \frac{p_s + a_b + c_b}{2} \right\} - v_s \right] \frac{a_b + c_b - p_s}{c_b}$$

と書ける．この1階の条件を解くと

$$p_s = \frac{2}{3}v_s + \frac{1}{3}(a_b + c_b) \tag{3.2.6}$$

を得，よって買い手が線形戦略をとるなら売り手の最適反応もまた線形となる．このようにプレイヤーの線形戦略が互いの最適反応になるならば，(3.2.5)より $c_b = 2/3$, $a_b = a_s/3$ となることが，そして(3.2.6)より $c_s = 2/3$, $a_s = (a_b + c_b)/3$ となることがいえる．ゆえに図3.2.2で示されているように，

$$p_b(v_b) = \frac{2}{3}v_b + \frac{1}{12} \tag{3.2.7}$$

および

$$p_s(v_s) = \frac{2}{3}v_s + \frac{1}{4} \tag{3.2.8}$$

が線形均衡となる．

　ダブルオークションで取引が行われるための必要十分条件は $p_b \geq p_s$ となることであった．そこで(3.2.7)と(3.2.8)を変形することにより，線形均衡で取引が行われるための必要十分条件は図3.2.3で示されるとおり $v_b \geq v_s + (1/4)$ となる（これと整合的なことであるが，図3.2.2を見ると，売り手のタイプが3/4より大きければその要求額が買い手の最高の申し出額 $p_b(1) = 3/4$ を超え，また買い手のタイプが1/4より小さければその申し出額が売り手の最低の要求額 $p_s(0) = 1/4$ を下回ることが分かる）．

　ここで図3.2.1と図3.2.3を比較してみよう．両図は単一価格均衡と線形均衡の場合にそれぞれどの評価額の組で取引が行われるかを示したものである．そのどちらの場合も，もっとも価値の高い取引（つまり $v_s = 0$ かつ $v_b = 1$）は行われる．しかし単一価格均衡では価値の高い取引でも行われないもの（つまり ε を小さい数とするとき $v_s = 0$ かつ $v_b = x - \varepsilon$）がある一方，ほとんど価

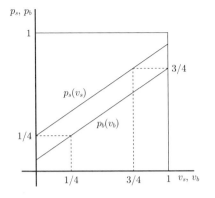

図 3.2.2

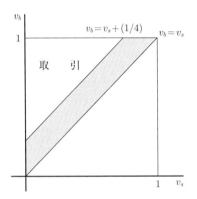

図 3.2.3

値のない取引でも行われるもの(つまり $v_s=x-\varepsilon$ かつ $v_b=x+\varepsilon$)がある. そ
れとは対照的に, 線形均衡ではほとんど価値のない取引はまったく行われない
が, 1/4 以上の価値のある取引はすべて行われる. これは両プレイヤーの受け
取る期待利得の点から見ると線形均衡の方が単一価格均衡に勝ることを示して
いるが, 同時に他の均衡ではプレイヤーの期待利得がさらに高まるという期待
も抱かせる.

　ところが, マイアーソン゠サタースウェート(Myerson and Satterthwaite,
1983)は, ここで考えられているように評価が一様分布をしていれば, ダブル
オークションでの線形均衡が他の(単一価格均衡に限らず)どんなベイジアン・
ナッシュ均衡よりも高い期待利得をプレイヤーにもたらすことを証明した. こ
れは取引が効率的であるとき(つまり $v_b \geq v_s$ のとき), かつそのときに限って
取引が行われるようなダブルオークションのベイジアン・ナッシュ均衡は存

在しないことを意味している．また彼らはこの後者の結果がより一般的に成立することをも示した．すなわち，もし v_b が $[x_b, y_b]$ 上に連続に分布しており，また v_s も $[x_s, y_s]$ 上に連続に分布していて，$y_s > x_b$ かつ $y_b > x_s$ ならば，買い手と売り手が自発的に参加するどんな交渉ゲームをとってきても，取引が効率的であるときかつそのときに限って取引が行われるようなベイジアン・ナッシュ均衡は存在しないということを示したのである．次節においては，この一般的な主張を証明するのに顕示原理がいかに用いられるかを簡単に示すことにしたい．最後に，以上の結果をホールとラジアーの雇用モデルにあてはめると，つぎのようになる．すなわち，もし企業が労働者の限界生産力 (m) に対して私的情報を持っており，労働者も自分の就ける他の仕事 (v) について私的情報を持っているとすれば，企業と労働者が自発的に参加するどんな交渉ゲームを考えても，雇用が効率的 $(m \geq v)$ であるとき，しかもそのときに限って雇用契約が交わされるようなものは存在しない．

3.3　顕示原理

顕示原理(Revelation Principle)は，ベイジアン・ゲームの文脈ではマイアーソン(Myerson, 1979)に端を発する(またその関連分野では他の研究にも負うている)が，プレイヤーが私的情報を持つ場合のゲームを設計するにさいして重要な道具の一つとなっている．それは前の二つの節でとり上げたオークションや2個人間取引の問題だけでなく，その他の多種多様な問題にも適用することができる．本節では静学ベイジアン・ゲームにおける顕示原理を述べ，それを証明する(動学ベイジアン・ゲームをも含むように証明を拡張するのは容易である)．しかし，その前に，顕示原理がオークションや2個人間取引の問題にどう用いられるかを手短かに述べておくことにしよう．

1人の売り手がうまくオークションを企画して，自分の期待収入を最大化しようとしている場面を考える．もし売り手が考慮に入れるべきさまざまなオークションのやり方をいちいち特定化していたら大変なことになろう．例えば3.2.B節のオークションでは最高値を付けた入札者がお金を払って財を受け取ることになっていたが，他の可能性も沢山ある．入札者が入札への参加料を払わねばならないこともあるであろうし，さらに一般的には入札で敗れた人の何人かが金を払わされる場合もあり，またその額がその人の入札額や他の人の

入札額に依存する場合もあろう. あるいはまた売り手が留保価格を決めて, それ以下の額の入札を認めないようにするかもしれない. それも一般化すれば, 入札後に売り手が財をある確率で自分のところにとどめておくこともあり, 財を手放すときでも必ずしも最高値の入札者がそれを手に入れるとは限らない.

ところが幸運にも, 売り手は顕示原理を用いることにより, この問題を2通りの方法ではるかに単純化することができるのである. まず第一には, 売り手はつぎのクラスのゲームだけに注目すればよい.

1. 入札者は同時に自分のタイプ(つまり評価)を公にする(嘘をついてもかまわない). つまり入札者 i は, i の真のタイプ t_i にかかわりなく, i のタイプの集合 T_i の中からどのタイプ τ_i でも選び, それが自分のタイプであると公言することができる.
2. 入札者のタイプの選択 $(\tau_1, \cdots, \tau_n)$ に応じて入札者 i は $x_i(\tau_1, \cdots, \tau_n)$ を払い, 財を確率 $q_i(\tau_1, \cdots, \tau_n)$ で受け取る. ここでどのタイプの組み合わせ $(\tau_1, \cdots, \tau_n)$ に対しても確率の和 $q_1(\tau_1, \cdots, \tau_n) + \cdots + q_n(\tau_1, \cdots, \tau_n)$ は1以下でなくてはならない.

この種のゲーム(つまり各プレイヤーの行動が自分のタイプを公言するだけの静学ベイジアン・ゲーム)は, **直接メカニズム**(direct mechanism)と呼ばれる.

さらに第二には, 売り手は顕示原理を用いることにより, それらの直接メカニズムの中から各入札者が真実を告げることがベイジアン・ナッシュ均衡になるようなもののみに注意を向ければよいことが分かる. つまり, 各プレイヤー i の均衡戦略が T_i の各 t_i に対し $\tau_i(t_i) = t_i$ となるような支払関数と確率関数 $\{x_1(\tau_1, \cdots, \tau_n), \cdots, x_n(\tau_1, \cdots, \tau_n); q_1(\tau_1, \cdots, \tau_n), \cdots, q_n(\tau_1, \cdots, \tau_n)\}$ にのみに着目すればよいのである. 真実の表明がベイジアン・ナッシュ均衡になるような直接メカニズムは, **誘因両立的**(incentive-compatible)と呼ばれている.

オークションのやり方以外の問題に対しても, 顕示原理を上の2点で用いることが可能である. つまりどのベイジアン・ゲームの, どのベイジアン・ナッシュ均衡も, 適当に選んだ新しいベイジアン・ゲームの新たなベイジアン・ナッシュ均衡として表現できる. ここで「表現できる」とは, プレイヤーのタイプの各組み合わせ $(t_1, \cdots, t_n)$ に対し, 新たな均衡におけるプレイヤーの行

動と利得が古い均衡における行動と利得に等しくなることをいう．そしてもとのゲームが何であれ，新しいベイジアン・ゲームはつねに直接メカニズムにすることができ，またもとの均衡が何であれ，新しいゲームの新たな均衡はつねに真実を表明するものにすることができるのである．これを形式的に書けば，つぎのようになる．

　定理（顕示原理）　いかなるベイジアン・ゲームのいかなるベイジアン・ナッシュ均衡も，誘因両立的な直接メカニズムによって表現することができる．

　3.2.B 節で分析したオークション・モデルでは，入札者の評価が互いに独立であることを仮定した．その上にまた（入札者の評価を定義するとき，暗黙のうちに）入札者 j の評価を知ることが入札者 i の評価を変えないということをも仮定した（もっとも通常は j の評価を知れば i の入札値は変化する）．これら二つの仮定を，入札者が独立で私的な評価を持つ場合と呼ぶことにする．この場合についてはマイアーソン（Myerson, 1981）が，どの直接メカニズムが真実を表明する均衡を持つか，さらにそれらのうちでどの均衡が売り手の期待利得を最大にするかを求めている．すると顕示原理によって，どんなオークション・モデルも売り手にそれ以上の期待利得をもたらすベイジアン・ナッシュ均衡は持たないことが保証される．なぜならそのようなオークションのそうした均衡は直接メカニズムの真実表明均衡によって表現されるはずであり，そのような誘因両立的な直接メカニズムはすべて考察済みだからである．マイアーソンはまた，3.2.B 節のオークション・モデルの対称的なベイジアン・ナッシュ均衡が（他のいくつかのよく知られたオークション・モデルの対称均衡と同じく）この利得最大の真実表明均衡と同値になることをも示している．

　顕示原理の有用性を示す第 2 の例として，3.2.C 節で述べた 2 個人間取引の問題をとり上げよう．そこでは売り手と買い手がプレイできる取引ゲームのうちダブルオークションの場合を分析した．その場合取引が成立すれば買い手は売り手になにがしかの額を支払い，取引が成立しなければ支払いはなされなかったが，それ以外の可能性もいくらでも考えられる．例えば取引が成立しなくても（買い手から売り手へまたはその逆に）支払いがなされることもありうるし，取引成立の確率が 0 と 1 のあいだにくることもありうる．また取引成立

の条件として買い手の申し出金額が売り手の要求額を(正または負の)ある一定額だけ超えるように定めることもできるし，さらにその額が両者の提示する金額に依存して変わるようにさえすることができるであろう．

　これらの可能性はつぎのようなクラスの直接メカニズムを考察することでとり扱うことができる．それは買い手と売り手が同時にそれぞれのタイプ τ_b と τ_s を表明し，その後買い手が売り手に正または負の値をとる $x(\tau_b, \tau_s)$ を支払い，買い手が財を確率 $q(\tau_b, \tau_s)$ で受け取るというものである．マイアーソンとサタースウェートはまずこれらについてどの直接メカニズムが真実表明均衡を持つかを求め，そののち売り手，買い手の双方がどのタイプであってもゲームに自発的に参加する条件を課した(つまりこれは，双方のどのタイプも均衡での期待利得がゲームに参加しないときの利得——どのタイプの買い手にとっても 0，タイプ t_s の売り手にとっては t_s——よりも低くならないという条件である)．そして最後に彼らは，それらの誘因両立的な直接メカニズムのどれをとってみても，確率 1 で取引が成立することとそれが効率的になることが同値になるようなものが存在しないことを証明した．ここで顕示原理を用いると，買い手と売り手の双方が自発的に参加する交渉ゲームで，ベイジアン・ナッシュ均衡において取引の成立とその効率性とが同値になるものが存在しないことがいえるのである．

　顕示原理を厳密に記述し証明するために，まず静学ベイジアン・ゲーム $G = \{A_1, \cdots, A_n; T_1, \cdots, T_n; p_1, \cdots, p_n; u_1, \cdots, u_n\}$ において $s^* = (s_1^*, \cdots, s_n^*)$ がベイジアン・ナッシュ均衡であったとしよう．以下でわれわれはその s^* を表現する真実表明均衡を持つような直接メカニズムを構成するわけである．そこで用いられる直接メカニズムは，タイプ空間と信念については G と同じであるが，新しい行動空間と新しい利得関数を持つ静学ベイジアン・ゲームである．新しい行動空間は単純なもので，直接メカニズムでのプレイヤー i の実行可能な行動は i の可能なタイプについての表明(嘘の表明をも含む)になっている．つまりプレイヤー i の行動空間は T_i となる．他方，新しい利得関数はより複雑で，それはもとのゲーム G に依存するだけでなく，そのゲームのもとの均衡 s^* にも依存する．ここで重要な点は，s^* が G の均衡になるということを用いて，真実表明が直接メカニズムの均衡になることを保証するという考え方にある．この点については以下に見るとおりである．

　まず s^* が G のベイジアン・ナッシュ均衡であるとは，各プレイヤー i に

ついて s_i^* が他のプレイヤーの戦略 $(s_1^*, \cdots, s_{i-1}^*, s_{i+1}^*, \cdots, s_n^*)$ に対する i の最適反応になっていることを意味している. もっとはっきり言えば, T_i に属する i の各タイプ t_i について, $s_i^*(t_i)$ が i にとって, 他のプレイヤーの戦略の組 $(s_1^*, \cdots, s_{i-1}^*, s_{i+1}^*, \cdots, s_n^*)$ を所与としたときの A_i の中での最適行動になっているのである. つまり, i のタイプが t_i で他のプレイヤーの戦略がふたたび $(s_1^*, \cdots, s_{i-1}^*, s_{i+1}^*, \cdots, s_n^*)$ であるなら, i に $s_i^*(t_i)$ を含む A_i の部分集合から行動を選ばせたとしても, i の最適行動は $s_i^*(t_i)$ のままで変化しない. そして直接メカニズムの利得関数は, まさに各プレイヤーがこのような選択に直面するように選ばれているのである.

われわれはまず新しいゲームのプレイヤーによるタイプの表明 $\tau = (\tau_1, \cdots, \tau_n)$ をもとのゲームの均衡戦略 s^* に代入し, その結果としてのもとのゲームでの行動 $s^*(\tau) = (s_1^*(\tau_1), \cdots, s_n^*(\tau_n))$ をさらにもとのゲームの利得関数に代入することによって, 直接メカニズムの利得関数を定義する. 形式的に書けば $t = (t_1, \cdots, t_n)$ として, i の利得関数は

$$v_i(\tau, t) = u_i[s^*(\tau); t]$$

となる. そしてこの利得は, 中立的な部外者がプレイヤーたちに近づいて, つぎのように言ったとすれば, その結果得られるであろう利得となっている.

　　私は君たちがもう自分のタイプを知っていて, 今まさにゲーム G の均衡 s^* をプレイするところであることを知っている. でもここに, 直接メカニズムという新しいゲームがある. それをプレイしてみる気があるなら, まず第一に, 君たち1人1人に後で G をプレイするとき私の指示にしたがって行動することを約束する契約書に署名してもらう. つぎに第二には, 君たち1人1人にこれが自分のタイプ τ_i だということを紙に書いて私に提出してもらう. すると第三に, 私は新ゲームでの各プレイヤーのタイプの報告 τ_i およびもとのゲームでの各プレイヤーの均衡戦略 s_i^* を用いて, もしプレイヤーのタイプが本当に τ_i だったら均衡 s^* で各プレイヤーがとったであろうところの行動, つまり $s_i^*(\tau_i)$ を計算する. そして最後に, 私はその計算で求めた行動を君たち1人1人が実行するように指示し, 君たちはその結果としての利得を手に入れる(それはこれらの行動と君たちの真のタイプに依存するであろう).

　では，真実表明がこの直接メカニズムのベイジアン・ナッシュ均衡であることを示して顕示原理の証明を終え，本章を締めくくることにしよう．プレイヤー i は T_i の中からタイプ τ_i を選ぶことにより，事実上 A_i から $s_i^*(\tau_i)$ を選ぶことになる．そしてもし他のすべてのプレイヤーが真実表明を行うとすれば，彼らの事実上の戦略は $(s_1^*, \cdots, s_{i-1}^*, s_{i+1}^*, \cdots, s_n^*)$ となる．しかし前述のように，もし彼らがその戦略をとるなら，プレイヤー i のタイプが t_i のときの i の最適行動は $s_i^*(t_i)$ を選ぶことになる．よってもし他のプレイヤーが真実を表明するのなら，タイプが t_i のプレイヤー i が表明する最適なタイプは t_i となる．つまり真実表明が均衡となるのである．これをもっと形式的に述べれば，静学ベイジアン・ゲーム $\{T_1, \cdots, T_n; T_1, \cdots, T_n; p_1, \cdots, p_n; v_1, \cdots, v_n\}$ では，各プレイヤー i が真実表明戦略つまりどの $t_i \in T_i$ についても $\tau_i(t_i) = t_i$ となる戦略をプレイすることがベイジアン・ナッシュ均衡になる，ということになろう．

3.4 読書案内

　マイアーソン(Myerson, 1985)はベイジアン・ゲーム，ベイジアン・ナッシュ均衡，および顕示原理についてより詳しく紹介している．勝者の呪い(winner's curse)の紹介を含むオークションに関する文献サーベイとしては，マカフィー゠マクミラン(McAfee and McMillan, 1987)を見ていただきたい．ビュロウ゠クレンペラー(Bulow and Klemperer, 1991)は 3.2.B 節のオークション・モデルを拡張して，証券市場などにおける合理的な価格暴騰や暴落の説得的な説明を与えた．非対称情報の下での雇用についてはディア(Deere, 1988)を参照せよ．そこでは労働者が時間を通じていくつもの企業と接触し，各企業がその限界生産力を私的に知っているという動学モデルが分析されている．顕示原理の応用としては，バロン゠マイアーソン(Baron and Myerson, 1982)が未知の費用構造を持つ独占企業の規制の問題に対して，またハート(Hart, 1983)が暗黙の契約と非自発的失業の問題に対して，さらにサッピントン(Sappington, 1983)がエージェント理論に対してそれぞれそれを応用している．

3.5　練習問題

3.1 節

3.1　静学ベイジアン・ゲームとは何か. そのゲームにおける(純粋)戦略とは何か. そのゲームにおける(純粋戦略)ベイジアン・ナッシュ均衡とは何か.

3.2　$Q = q_1 + q_2$ を総生産量とし, 逆需要関数が $P(Q) = a - Q$ となる市場でのクールノー型複占を考える. そこでは両企業とも総費用が $c_i(q_i) = c q_i$ であらわされるが, 需要側には不確実性が存在している. つまり確率 θ で需要が多くなり($a = a_H$), また確率 $1 - \theta$ でそれが少なくなる($a = a_L$). それに加えて情報の非対称性があり, 企業 1 には需要の多い少ないが分かるが, 企業 2 にはそれが分からない. 以上のことすべてを共有知識とし, 2 企業が同時に生産量を選ぶものとしよう. このときそれぞれの企業にとっての戦略空間はどうなるか. またどの均衡においても生産量が正になるような a_H, a_L, θ および c に関する仮定を示せ. そのときこのゲームのベイジアン・ナッシュ均衡はどうなるか.

3.3　差別化された製品のベルトラン型複占で非対称情報を持つつぎのモデルを考える. 企業 i に対する需要は $q_i(p_i, p_j) = a - p_i - b_i \cdot p_j$ で示される. 費用はどちらの企業にとっても 0 である. また企業 j の付ける価格に対する企業 i への需要の感応度は高いか低いかのいずれかである. つまり $b_H > b_L > 0$ として b_i は b_H と b_L のいずれかの値をとる. どちらの企業でも確率 θ で $b_i = b_H$, 確率 $1 - \theta$ で $b_i = b_L$ となり, これは b_j の実現値とは独立に決定される. さらにどちらの企業も自分の b_i は知っているが相手の b_j の値は知らない. そして以上すべてが共有知識である. このときこのゲームにおける行動空間, タイプ空間, 信念および効用関数はどうなるか. 戦略空間は何か. またこのゲームの対称的な純粋戦略ベイジアン・ナッシュ均衡を特徴づける条件は何か. それを解いて均衡を求めよ.

3.4　つぎの静学ベイジアン・ゲームのすべての純粋戦略ベイジアン・ナッシュ均衡を求めよ.

1. 自然が同様に確からしい確率でもって, ゲームの利得がゲーム 1 のようになるか, ゲーム 2 のようになるかを決定する.

2. プレイヤー 1 は自然がゲーム 1 と 2 のどちらを選んだかを知るが, プレイヤー 2 はそれを知らない.

3. プレイヤー 1 は T または B を選び, プレイヤー 2 はそれと同時に L または R を選ぶ.

4. 利得が自然の選んだゲームの利得によって与えられる.

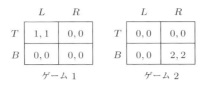

ゲーム 1　　　　　ゲーム 2

3.2 節

3.5 1.3 節では，ペニー合わせゲーム（完備情報の静学ゲーム）が純粋戦略ナッシュ均衡を持たないこと，しかし一つの混合戦略ナッシュ均衡を持つことを見た．それは各プレイヤーがともに H を確率 $1/2$ でプレイするものであった．

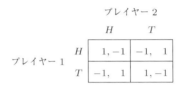

これに対応する不完備情報ゲームの純粋戦略ベイジアン・ナッシュ均衡を求め，情報の不完備性が消滅するにつれてプレイヤーの行動がもとの完備情報ゲームの混合戦略ナッシュ均衡での行動に近づいていくことを示せ．

3.6 最高価格・封緘付け値のオークションを考え，入札者の評価が $[0,1]$ 上で独立かつ一様に分布しているものとする．このときもし n 人の入札者がいるならば，自分の評価額の $(n-1)/n$ 倍の額を入札するという戦略がこのオークションの対称的ベイジアン・ナッシュ均衡になることを示せ．

3.7 最高価格・封緘付け値のオークションを考え，入札者の評価が $[0,1]$ 上で独立かつ同一の厳密に正の密度関数 $f(v_i)$ にしたがって分布しているものとする．入札者が 2 人の事例について対称的ベイジアン・ナッシュ均衡を計算せよ．

3.8 3.2.C 節で分析されたダブルオークションの買い手と売り手の解釈を変更して，ホール＝ラジアー（Hall and Lazear, 1984）でのように，それぞれが労働の限界生産力 (m) を知っている企業と，自分が他の仕事でどれだけ稼げるか (v) を知っている労働者であるとする．このようにすると，取引とは労働者が企業に雇われることを意味し，その取引価格は労働者の賃金 w となる．もし取引が行われるならば，企業の利得は $m-w$，労働者の利得は w となり，取引が行われなければ企業の利得は 0，労働者の利得は v となる．

　本文と同様に m と v が $[0,1]$ 上の一様分布から独立に選ばれるものとする．このときまず，以下で比較の対象とするために，このダブルオークションの線形均衡での各プレイヤーの期待利得を計算せよ．その後，このダブルオークションに代わるものとして，つぎの二つの取引ゲームを考えよ．

　ゲームI：両当事者はそれぞれの私的情報を手に入れる前に，もし労働者が企業によって雇用されるなら労働者の賃金は w とし，またどちらの側も雇用関係を結びたくなければ費用をかけずにそうできることをとり決めた契約に署名する．両当事者は，自分の私的情報の値を手に入れた後で，それぞれ賃金 w を「受諾」するか「拒否」するかを同時に表明する．もし両者が「受諾」を表明したなら取引が行われ，そうでないなら取引は行われない．このとき $[0, 1]$ から任意に選ばれた w の値に対するこのゲームのベイジアン・ナッシュ均衡はどうなるか．図3.2.3と同様の図を用いて，取引の行われるタイプの組を図示してみよ．また，プレイヤーの期待利得の和を最大化する w の値を求め，その期待利得の和の最大値も計算せよ．

　ゲームII：両当事者はそれぞれの私的情報を手に入れる前に，労働者が企業に就職するかどうか，そしてもし就職するならどういう賃金水準でそうするかを，つぎの動学ゲームを用いて決めることを定めた契約に署名する（厳密にはこのゲームは第4章の枠組みに入るものである．しかし，本章でやったことと第2章でやったことを組み合わせればこのゲームが解けるということを論ずれば，前もって第4章の考え方を窺うことができよう）．両当事者がそれぞれ自分の私的情報の値を手に入れた後，企業は労働者に提示する賃金水準 w を選び，労働者はそれを受諾するか拒否するかを決める．このゲームを解くにあたっては後ろ向き帰納法を用い，2.1.A節で類似の完備情報ゲームを分析したときと同様つぎのように考えればよい．まず w と v を所与とするとき，労働者がどんな行動をとるかを考えてみよ．つぎにもし企業が労働者のとる行動をそのように予想するなら，m を所与として，企業がどんな行動をとるかを考えよ．そのときプレイヤーの期待利得の和はどうなるか．

3.6 参考文献

Baron, D., and R. Myerson, 1982. "Regulating a Monopolist with Unknown Costs." *Econometrica* 50: 911-30.

Bulow, J., and P. Klemperer, 1991. "Rational Frenzies and Crashes." Stanford University Graduate School of Business Research Paper #1150.

Chatterjee, K., and W. Samuelson, 1983. "Bargaining under Incomplete Information." *Operations Research* 31: 835-51.

Deere, D., 1988. "Bilateral Trading as an Efficient Auction over Time." *Journal of Political Economy* 96: 100-15.

Hall, R., and E. Lazear, 1984. "The Excess Sensitivity of Layoffs and Quits to Demand." *Journal of Labor Economics* 2: 233-57.

Harsanyi, J., 1967. "Games with Incomplete Information Played by Bayesian

Players, Parts I, II, and III." *Management Science* 14: 159–82, 320–34, 486–502.

————, 1973. "Games with Randomly Disturbed Payoffs: A New Rationale for Mixed Strategy Equilibrium Points." *International Journal of Game Theory* 2: 1–23.

Hart, O., 1983. "Optimal Labour Contracts under Asymmetric Information." *Review of Economic Studies* 50: 3–35.

McAfee, P., and J. McMillan, 1987. "Auctions and Bidding." *Journal of Economic Literature* 25: 699–738.

Myerson, R., 1979. "Incentive Compatibility and the Bargaining Problem." *Econometrica* 47: 61–73.

————, 1981. "Optimal Auction Design." *Mathematics of Operations Research* 6: 58–73.

————, 1985. "Bayesian Equilibrium and Incentive Compatibility: An Introduction." In *Social Goals and Social Organization.* L. Hurwicz, D. Schmeidler, and H. Sonnenschein, eds. Cambridge: Cambridge University Press.

Myerson, R., and M. Satterthwaite, 1983. "Efficient Mechanisms for Bilateral Trading." *Journal of Economic Theory* 28: 265–81.

Sappington, D., 1983. "Limited Liability Contracts between Principal and Agent." *Journal of Economic Theory* 29: 1–21.

4 不完備情報の動学ゲーム

本章では，いま一つ別の均衡概念である**完全ベイジアン均衡**という概念を導入する．これでもって，四つの章に四つの均衡概念が登場したことになる．完備情報の静学ゲームではナッシュ均衡，完備情報の動学ゲームではサブゲーム完全なナッシュ均衡，不完備情報の静学ゲームではベイジアン・ナッシュ均衡，そして不完備情報の動学ゲームでは完全ベイジアン均衡といった具合である．これはそれぞれのゲームのクラスを研究するたびに目新しい均衡概念を発明しているように見えるかもしれないが，実はこれらの均衡概念は密接な関連を持っている．われわれはより内容豊かなゲームへと進むにつれて均衡概念を段々強めていき，より単純なゲームに適した均衡概念をより内容豊かなゲームに適用すると，生き残ってしまうもっともらしくない均衡を排除するように努めてきたのである．どの場合でもより強い均衡概念は，より内容豊かなゲームにおいてのみより弱い均衡概念と異なるのであって，より単純な方のゲームではそれらの違いは存在しない．とくに完全ベイジアン均衡は，不完備情報の静学ゲームではベイジアン・ナッシュ均衡に等しく，完備完全情報の動学ゲームでは（また2.2，2.3節で論じたゲームを含む多くの完備不完全情報の動学ゲームでも）サブゲーム完全なナッシュ均衡に等しい．そして完備情報の静学ゲームではナッシュ均衡に等しくなるのである．

完全ベイジアン均衡は，サブゲーム完全なナッシュ均衡がナッシュ均衡を精緻化するために（つまりその要件を強めるために）発明されたのと同様に，ベイジアン・ナッシュ均衡を精緻化するために発明されたものである．われわれが完備情報の動学ゲームでサブゲーム完全性を課したのは，ナッシュ均衡では脅しや約束が信憑性を持たなくてはならないという考えを表現できなかったからであるが，ここで完全ベイジアン均衡を考えるのもベイジアン・ナッシュ均衡がちょうどそれと同じ欠点を持っているからである．想起していただきたいこ

とだが，プレイヤーの戦略がサブゲーム完全なナッシュ均衡であるためには，それが全体のゲームでナッシュ均衡になっているだけではなく，それぞれのサブゲームでもナッシュ均衡になっていなければならなかった．本章でわれわれは，そのサブゲームの概念を継続ゲーム(continuation game)というより一般的な概念で置き換える．ここで前者が一節のみを含む情報集合からしか始まることができないのに対し，後者は任意の完全な情報集合(それが一節のみからなっていようがいまいが)から始まることができるものである．そうすればあとは以前に準じた議論で進めばよい．つまりプレイヤーの戦略が完全ベイジアン均衡であるためには，それが全体のゲームでベイジアン・ナッシュ均衡になっているだけではなく，それぞれの継続ゲームにおいてもベイジアン・ナッシュ均衡になっているのでなければならない．

　4.1節では完全ベイジアン均衡の主要な特徴をあまり形式張らない形で見ていくことにする．そのためにわれわれは，上で強調したことを逆にした第2の(補完的な)見方を一時的に採用する．つまり完全ベイジアン均衡を，ベイジアン・ナッシュ均衡の場合と同様，プレイヤーの信念を明示的に分析にとり込むことによってサブゲーム完全なナッシュ均衡の条件を強めたものと見るのである．この第2の見方は，ハルサーニ(Harsanyi, 1967)に倣ってわれわれが，不完備情報ゲームをあたかも不完全情報ゲームであるかのように記述するところから生じたものである．そこでは自然がプレイヤーiのタイプをiには明かすがjには明かさず，したがってプレイヤーjはゲームの完全な歴史を知りえない．すると不完備情報の動学ゲームでベイジアン・ナッシュ均衡を強めるために考え出された均衡概念が，完備不完全情報の動学ゲームでサブゲーム完全なナッシュ均衡を強めるためにも使えるようになるのである．

　4.2節では不完備情報ゲームの中でもっとも広く応用されているゲームのクラスである**シグナリング・ゲーム**について分析する．抽象的に言えば，シグナリング・ゲームには2人のプレイヤー(1人が私的情報を持っており，もう1人はそれを持っていない)がいて，2個の手番(最初が情報を持つプレイヤーの送るシグナル，つぎが情報を持たないプレイヤーの返答)がある．肝心な点は，情報を持つプレイヤーのあるタイプが，もし別のタイプであったら高くつき過ぎて送らないであろうようなシグナルを進んで送ることにより，コミュニケーションを図りうるということである．われわれはまずシグナリング・ゲームの完全ベイジアン均衡を定義し，そこで存在しうる各種の均衡(コミュニケーシ

ョンの度合いがゼロのものから 100% のものに至るまで)について述べる.そしてその後でスペンス(Spence, 1973)の独創的な就職市場シグナリング・モデルを考察し,またマイアーズ=メイリュフ(Myers and Majluf, 1984)の企業投資モデルとヴィッカーズ(Vickers, 1986)の金融政策モデルをも考察する.

4.3 節では完全ベイジアン均衡のその他の応用例について触れる.まずはクロフォード=ソーベル(Crawford and Sobel, 1982)による**チープトーク・ゲーム**(つまりメッセージが無料で送れるシグナリング・ゲーム)の分析をとり上げるが,それは大統領の拒否権発動という脅しの問題や連邦準備制度理事会による政策表明の問題,そして組織におけるコミュニケーション(もしくは「声」("voice"))の問題などに応用されている.チープトーク・ゲームでは,コミュニケーションの度合いが,異なったタイプそれぞれのシグナルの費用というより,むしろプレイヤーの関心の共通性によって決定される.その後でわれわれはソーベル=高橋(Sobel and Takahashi, 1983)の逐次的交渉モデルを研究するが,そこでは企業側が高賃金を払えないことを実証するためにはストライキに耐えてみせねばならないことが示される(2.1.D 節で見たルービンシュタインの完備情報交渉モデルと比較してみよ.そのモデルでは均衡でストライキは起こらない).最後には有限回繰り返される囚人のジレンマで合理的な協力を達成するさいに**評判**が果たす役割を見事に分析したクレプス=ミルグロム=ロバーツ=ウィルソンの論文(Kreps, Milgrom, Roberts, and Wilson, 1982)についても触れることにしたい(一意的なナッシュ均衡を持つ段階ゲームをもとにした有限繰り返しゲームでは,サブゲーム完全なナッシュ均衡もまた一意になることを 2.3.A 節で証明したが,そこでの議論をも参照されたい).

4.4 節ではふたたび理論に戻ることにする.これは本書の最終節であるが,これまでに扱ってきた題材の最後のまとめというよりも,むしろ今後の研究の方向を指し示すものとなっている.われわれは完全ベイジアン均衡の二つの精緻化について順次に例をあげて説明するが,そのうちの 2 番目のものがチョー=クレプス(Cho and Kreps, 1987)の**直観的基準**(Intuitive Criterion)である.

4.1 完全ベイジアン均衡への入門

つぎのような完備不完全情報の動学ゲームを考えよう.まずプレイヤー 1

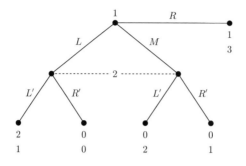

図 4.1.1

が L, M, そして R の三つの行動のうちから一つを選ぶ．もしプレイヤー 1 が R を選べば，プレイヤー 2 の手番を俟たずしてゲームは終わる．もしプレイヤー 1 が L か M を選べば，プレイヤー 2 は R が選ばれなかったことを知り（しかし L と M のどちらが選ばれたのかは知らずに），その後で L' と R' の二つの行動のうちから一つを選ぶ．そこでゲームは終了する．利得は図 4.1.1 に展開型で与えられている．

プレイヤー 2

		L'	R'
	L	2, 1	0, 0
プレイヤー 1	M	0, 2	0, 1
	R	1, 3	1, 3

表 4.1.2

表 4.1.2 にあるこのゲームの標準型を使うと，純粋戦略のナッシュ均衡が (L, L') と (R, R') の二つあることが分かる．それらのナッシュ均衡がサブゲーム完全であるかどうかを決めるには，展開型の表現を用いてこのゲームのサブゲームを定義すればよい．サブゲームとはそれ自体が一節のみを含む情報集合である決定節（ただしゲームの最初の決定節は除く）から始まるものなので，図 4.1.1 のゲームはサブゲームを持たない．そしてゲームにサブゲームがないのであれば，サブゲーム完全性の条件（つまりプレイヤーの戦略がどのサブゲームでもナッシュ均衡となっているという条件）が満たされることは自明である．よってサブゲームのないゲームにおいては，サブゲーム完全なナッシュ均衡とナッシュ均衡の定義は同値になり，図 4.1.1 では (L, L') も (R, R') もともにサブゲーム完全なナッシュ均衡である．それでも (R, R') は明らかに信

憑性のない脅しに依存している．なぜなら，もしプレイヤー2の手番になれ
ば L' が R' を支配するので，自分の手番になったら R' を選ぶという2の脅し
に乗って，プレイヤー1が R を選ぶ理由は何もないからである．

　これまでの均衡概念を強めて，図4.1.1の (R, R') のようなサブゲーム完全
なナッシュ均衡を排除する一つの方法は，つぎの2条件を課すことである．

条件1　各情報集合ごとに，そこで手番を持つプレイヤーは，その情報集
合のどの節がゲームのプレイの結果として到達されたかについてある**信念**
(belief)を持たねばならない．複数の節を含む情報集合については，信念
とはその情報集合の節上の確率分布のことである．一節のみを含む情報集
合については，プレイヤーの信念はその唯一の決定節に確率1を割り当
てることになる．

条件2　信念を所与とするとき，プレイヤーの戦略は**逐次合理的**(sequen-
tially rational)でなければならない．すなわち各情報集合において，そこ
で手番を持つプレイヤーのとる行動(およびその後の戦略)は，そこでの信
念と他のプレイヤーのその後の戦略を所与として最適になっていなくては
ならない(ここで「その後の戦略」とは，その情報集合が到達された後で
起こりうるすべての可能な事態に対応する完全な行動計画のことである)．

　図4.1.1で言えば，条件1はもしゲームがプレイヤー2の複数の節を含む
情報集合に到達したなら，プレイヤー2はどの節に到達したか(つまりプレイ
ヤー1が L と M のうちどちらをプレイしたか)についてある信念を持たねば
ならないということである．この信念は，図4.1.3のようにゲームツリーの
対応する各節に付けられた確率 $p, 1-p$ であらわされる．

　プレイヤー2の信念が与えられると，R' をプレイしたときの期待利得は $p \cdot$
$0 + (1-p) \cdot 1 = 1-p$ となり，L' をプレイしたときの期待利得は $p \cdot 1 + (1-p) \cdot$
$2 = 2-p$ となる．p のどの値に対しても $2-p > 1-p$ が成り立つので，条件2
によってプレイヤー2が R' を選ぶことはない．よって各プレイヤーが信念を
持ち，その信念の下で最適に行動すると仮定するだけで，この例におけるもっ
ともらしくない均衡 (R, R') を排除することができるのである．

　条件1と2は，プレイヤーが信念を持ち，その下で最適に行動すると定め

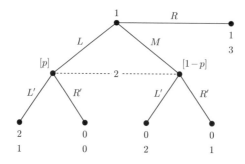

図4.1.3

たものであるが，その信念自体が理に適ったものであるとは定めていない．そこでプレイヤーの信念にさらなる条件を課すために，われわれは情報集合のうち均衡経路上にあるものと均衡経路上にないものとを区別することにする．

　定義　所与の展開型ゲームにおいて均衡が一つ与えられているとする．このゲームが均衡戦略に沿ってプレイされたとき，ある情報集合が正の確率で到達されるのであれば，それは**均衡経路上にある**(on the equilibrium path)という．またゲームが均衡戦略に沿ってプレイされたとき，そこに到達される確率がゼロのときには，それは**均衡経路上にない**(off the equilibrium path)という（ここで「均衡」とは，ナッシュ均衡，サブゲーム完全均衡，ベイジアン均衡，また完全ベイジアン均衡のどれをも意味しうるものとする）．

　条件3　均衡経路上にある情報集合においては，信念はベイズの公式とプレイヤーの均衡戦略とによって決定される．

例えば図4.1.3のサブゲーム完全なナッシュ均衡 (L, L') においては，プレイヤー2の信念は $p=1$ でなくてはならない．なぜならプレイヤー1の均衡戦略（すなわち L）を所与とすれば，プレイヤー2は情報集合内のどちらの節が到達されたか分かるからである．また条件3の説明の第2の（仮想的な）例として，かりにプレイヤー1が L を確率 q_1 で，M を確率 q_2 で，R を確率 $1-q_1-q_2$ でプレイする混合戦略の均衡があったとしてみよう．このときは条件3によれば，プレイヤー2の信念は $p=q_1/(q_1+q_2)$ となる．

　条件1から3までが完全ベイジアン均衡の考え方をあらわしている．この均衡の決定的に新しい点はクレプス＝ウィルソン（Kreps and Wilson, 1982）に負うものであるが，それは均衡の定義にあたって信念が戦略と同程度に重要な位置を占めるようになったことである．形式的には，均衡はもはや各プレイヤーの戦略だけからなるのではなく，各プレイヤーが手番を持つ情報集合における信念をも含んでいるのでなければならない[1]．このようにプレイヤーの信念を明示的に考慮に入れることの利点は，前章までで各プレイヤーが信憑性のある戦略を選ばなくてはならないとしてきたのと同様に，各プレイヤーが理に適った信念を保持しなくてはならないと主張できることである．そしてこの条件は，均衡経路上でも（条件3の場合），また均衡経路以外でも（この後に出てくる条件4および4.4節に出てくる他の条件の場合）ともに課されるものである．

　4.2.A節のシグナリング・ゲームや4.3.A節のチープトーク・ゲームを含む単純な経済学への応用では，条件1から3は完全ベイジアン均衡の考え方をあらわしているだけでなく，その定義そのものになっている．しかしより複雑な応用では，もっともらしくない均衡を排除するためにさらに条件を課すことが必要になってくる．著者によって完全ベイジアン均衡の定義はそれぞれ異なっているが，どの定義の場合も条件1から3を含んでおり，そのほとんどが条件4をも含み，さらにそれ以上の条件を課しているものもある[2]．本章では，条件1から4までを完全ベイジアン均衡の定義と考えることにする[3]．

1）　クレプス＝ウィルソンは**逐次的均衡**（sequential equilibrium）を定義することによって，均衡に関するこの視点を定式化した．これは多くの経済学上の応用において完全ベイジアン均衡と同値になる均衡概念であるが，この概念の方が完全ベイジアン均衡よりもわずかに強くなる場合もある．逐次的均衡は完全ベイジアン均衡と比べて定義や適用の仕方が複雑なので，ほとんどの著者は今では後者を用いている．また後者の均衡概念を用いているにもかかわらず，それを（不正確に）逐次的均衡と呼んでいる人もいる．クレプス＝ウィルソンはどの有限ゲーム（つまりプレイヤーの数，タイプおよび可能な手番の数が有限であるゲーム）にも逐次的均衡が存在することを示したので，そのことからどの有限ゲームにも完全ベイジアン均衡が存在することがいえる．

2）　条件1から4で扱われていない問題の雰囲気をつかむためには，つぎのようなことを考えてみればよい．かりにプレイヤー2と3が同じ事象を観察し，その後ともにプレイヤー1の均衡からの逸脱を観察したとしてみよう．このとき，プレイヤー1が私的情報を持つ不完備情報ゲームにおいて，プレイヤー2と3はプレイヤー1のタイプに関して同じ信念を持つべきであろうか？　また完備情報のゲームにおいて，プレイヤー2と3はプレイヤー1による過去の観察されなかった手番の選択について同じ信念を持つべきであろうか？　同様に，もしプレイヤー2と3が同じ事象を観察し，その後プレイヤー2が均衡から逸脱したならば，プレイヤー3はプレイヤー1のタイプについての信念を，または1の観察されなかった手番の選択についての信念を変えるべきであろうか？

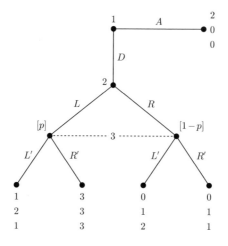

図 4.1.4

条件 4   均衡経路上にない情報集合においては，信念は，それが可能な場
合，ベイズの公式とプレイヤーの均衡戦略とによって決定される．

定義   完全ベイジアン均衡(perfect Bayesian equilibrium)は条件 1 から
4 までを満たす戦略と信念からなる．

　当然，条件 4 は，「可能な場合」といったような漠然とした表現を含まない
より正確な言い方で述べた方がよい．以下の各節で分析する経済学への応用例
では，その都度そうするように努めることにしたい．さしあたっては図 4.1.4
と図 4.1.5 の 3 人ゲームを用いて条件 4 を説明し，それが必要となる理由を
述べておくことにしよう(図の利得は，上から順にそれぞれプレイヤー 1, 2, 3
のものである)．

　図 4.1.4 のゲームはサブゲームを一つ持っていて，それはプレイヤー 2 の
一節のみを含む情報集合から始まる．このプレイヤー 2 と 3 によるサブゲー
ムの唯一のナッシュ均衡は (L, R') であり，それゆえ全体のゲームにおける唯

---

3) フューデンバーグ＝ティロール(Fudenberg and Tirole, 1991)は広範なクラスの不完備情
　報の動学ゲームに対して完全ベイジアン均衡の厳密な定義を与えた．彼らの定義は脚注 2 に
　述べたような問題をも扱うことができる．しかし，本章で分析する簡単なゲームではそのよ
　うな問題は起こってこないので，彼らの定義は条件 1 から 4 と同値になる．フューデンバー
　グ＝ティロールはまた完全ベイジアン均衡がクレプス＝ウィルソンの逐次的均衡と同値になる
　ための条件も与えている．

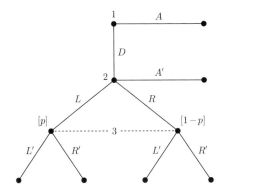

図 4.1.5

一のサブゲーム完全なナッシュ均衡は (D, L, R') である．これらの戦略およびプレイヤー 3 にとっての信念 $p=1$ は条件 1 から 3 までを満たす．またこの均衡経路上にこない情報集合はないので，条件 4 は言うまでもなく満たされ，よってこれは完全ベイジアン均衡でもある．

　いまここで戦略 (A, L, L') と信念 $p=0$ をとり上げてみよう．この戦略からはどのプレイヤーも自分から進んで逸脱しようとは思わないので，これはナッシュ均衡である．またこの戦略と信念の組は条件 1 から 3 までをも満たす．つまりプレイヤー 3 は信念を持ち，それを所与として最適に行動しているし，プレイヤー 1 と 2 も他のプレイヤーのその後の戦略を所与として最適に行動している．しかしながら，このナッシュ均衡はサブゲーム完全ではない．というのはこのゲームに一つだけあるサブゲームの一意的なナッシュ均衡は (L, R') だからである．したがって条件 1 から 3 は必ずしもプレイヤーの戦略がサブゲーム完全なナッシュ均衡になることを保証しないのである．ここでの問題はプレイヤー 3 の信念 $(p=0)$ がプレイヤー 2 の戦略 (L) と整合的でないことであるが，条件 1 から 3 はプレイヤー 3 の信念には何の制限も加えていない．これはゲームがこの戦略にしたがってプレイされると，3 の情報集合が到達されないからである．しかし，条件 4 はプレイヤー 3 の信念がプレイヤー 2 の戦略によって決定されることを要求する．つまり，もし 2 の戦略が L なら 3 の信念は $p=1$ になり，もし 2 の戦略が R なら 3 の信念は $p=0$ になるのである．そしてもし 3 の信念が $p=1$ なら条件 2 によって 3 の戦略は R' になるので，結局，戦略 (A, L, L') と信念 $p=0$ は条件 1 から 4 までは満たさないことが分かる．

　条件4の二つ目の説明として，図4.1.4を図4.1.5のように修正してみよう．ここではプレイヤー2は3番目の行動としてA'を選択でき，そのときにはゲームが終わる（簡単化のためにこのゲームの利得は省略した）．前と同様，もしプレイヤー1の均衡がAであるならプレイヤー3の情報集合は均衡経路上にないが，今度は条件4をもってしてもプレイヤー2の戦略からプレイヤー3の信念は決められないかもしれない．つまりもし2の戦略がA'なら，条件4は3の信念に対して何の制約も加えない．しかし，もし2の戦略がLをq_1の確率で，Rをq_2の確率で，そしてA'を$1-q_1-q_2$の確率でプレイするものであり，ここで$q_1+q_2>0$であるならば，条件4により3の信念は$p=q_1/(q_1+q_2)$とならねばならない．

　本節を閉じるにあたり，完全ベイジアン均衡と前章までに導入した均衡との関係について簡単に述べておく．ナッシュ均衡においては各プレイヤーの戦略は他のプレイヤーの戦略に対する最適反応となっていなくてはならず，どのプレイヤーも強く支配される戦略を選ぶことはなかった．完全ベイジアン均衡では条件1と2が，どのプレイヤーの戦略も，どの情報集合から始めても強く支配されることはないという条件と同値になっている（ある情報集合から始めたときの強い支配の概念の厳密な定義については4.4節を見よ）．ナッシュ均衡とベイジアン・ナッシュ均衡は，均衡経路上にない情報集合ではこの条件を課されていない．またサブゲーム完全なナッシュ均衡でさえ，均衡経路上にない情報集合のうちあるもの，例えばどんなサブゲームにも含まれない情報集合，においてはこの条件を課されない．完全ベイジアン均衡はこれらの抜け穴を塞ぐもので，そこではどのプレイヤーも，均衡経路上にない情報集合から始めて強く支配される戦略をプレイさせられることはない．

　前述のように，完全ベイジアン均衡概念の一つの長所は，プレイヤーの信念を明示的なものにすることで，条件3と4だけではなく（均衡経路上にない信念に関して）それ以上の条件を課すことを可能にした点にある．例えば，完全ベイジアン均衡の場合プレイヤーiは均衡経路上にない情報集合から始めて強く支配される戦略をプレイさせられることはないので，もしプレイヤーiがそうした戦略をプレイするだろうとプレイヤーjが信じるとすれば，それは合理的な信念であるとはいえないであろう．しかし，完全ベイジアン均衡はプレイヤーの信念を明示的に考えているので，サブゲーム完全なナッシュ均衡を求めたときのように，ゲームツリーを後から遡っていってそのような均衡を求め

ることは，しばしば不可能となる．事実，条件2はある所与の情報集合での
プレイヤーの行動を，一部はそこでのプレイヤーの信念をもとにして決めるも
のであり，もし条件3ないしは4がその情報集合で適用されるなら，そのプ
レイヤーの信念はゲームツリーをより遡ったところでのプレイヤーたちの行
動から決定されるほかはない．ところが，ゲームツリーをより遡ったところで
の行動は，条件2によれば一部はプレイヤーたちのその後の戦略をもとにし
て決められるものであり，その戦略の中にはもともとの情報集合における行動
もまた含まれるのである．つまり結局は議論が堂々巡りになってしまうわけで
あり，したがってゲームツリーを後から1本の枝に沿って遡るだけでは，（通
常）完全ベイジアン均衡を計算するのに不十分なのである．

4.2 シグナリング・ゲーム

4.2.A シグナリング・ゲームの完全ベイジアン均衡 シグナリング・ゲーム
とは不完備情報の動学ゲームで，送り手(S)と受け手(R)の2人のプレイヤー
からなるものである．ゲームの手順は以下のようになる．

1. 自然が確率分布 $p(t_i)$ にしたがって可能なタイプの集合 $T = \{t_1, \cdots, t_I\}$
   から送り手のタイプ t_i を決める．ここでどの i についても $p(t_i) > 0$ かつ
   $p(t_1) + \cdots + p(t_I) = 1$ である．
2. 送り手は t_i を知ったのち，可能なメッセージの集合 $M = \{m_1, \cdots, m_J\}$
   からメッセージ m_j を一つ選ぶ．
3. 受け手は m_j を知ったのち(t_i は知らずに)，可能な行動の集合 $A = \{a_1, \cdots, a_K\}$ から行動 a_k を一つ選ぶ．
4. 利得が $U_S(t_i, m_j, a_k)$ と $U_R(t_i, m_j, a_k)$ によって決まる．

応用例の多くでは，集合 T, M および A は，ここで考えるような有限集合で
はなく数直線上の区間となっている．また可能なメッセージの集合が自然の決
めるタイプに依存したり，可能な行動の集合が送り手の選ぶメッセージに依存
する場合を考えることも容易にできる．

シグナリング・モデルは経済学において非常に広範囲に応用されている．そ
の応用の広さの一端を示すものとして，ステップ1から4で書かれた形式的

な構造が 4.2.B 節から 4.2.D 節までで分析する三つの応用ではそれぞれどう
なっているかをまず見ておこう.

　スペンス(Spence, 1973)の就職市場のシグナリング・モデルでは，送り手
は労働者，受け手は雇用を予定している企業の市場，タイプは労働者の生
産能力，メッセージは労働者の教育水準の選択，そして行動は市場で支払
われる賃金となる.

　マイアーズ゠メイリュフ(Myers and Majluf, 1984)の企業投資と資本構
造のモデルでは，送り手は新規プロジェクトのために資本を必要とする企
業，受け手は潜在的投資家，タイプは企業の既存資産の収益性，メッセー
ジは資本提供の見返りとしての出資者の利益請求権の大きさ，そして行動
は投資するか否かの投資家の決定となる.

また応用例によっては，シグナリング・ゲームがより複雑なゲームの一部分に
なっている場合もある．例えばステップ 2 で送り手がメッセージを選ぶ前に
受け手が行動する場合や，ステップ 3 で受け手が行動を選んだ後(またはそれ
と同時に)送り手が行動する場合がそれである.

　ヴィッカーズ(Vickers, 1986)の金融政策のモデルでは，FRB (連邦準備
制度理事会)が，雇用増大のためにどれだけのインフレなら受け入れるか
について私的情報を持っている．しかし，その他の点ではこのモデルは，
2.3.E 節で分析された完備情報を持つ繰り返しゲームの 2 期間版にほか
ならない．よって送り手は FRB，受け手は雇用者の市場，タイプは FRB
が雇用増大のためにインフレを受容する度合い，メッセージは FRB によ
る第 1 期のインフレ率の選択，そして行動は雇用者による第 2 期のイン
フレ率の予想である．ここではシグナリング・ゲームの前に雇用者による
第 1 期のインフレ予想の選択があり，シグナリング・ゲームの後に FRB
による第 2 期のインフレ率の選択がある.

　本節の残りではそれらの応用例でなく，ステップ 1 から 4 で与えられた抽
象的なシグナリング・ゲームを分析する．図 4.2.1 がその単純な場合，すな

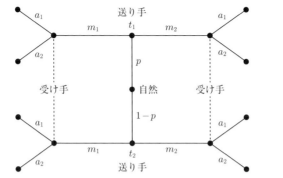

図 4.2.1

わち $T = \{t_1, t_2\}$, $M = \{m_1, m_2\}$, $A = \{a_1, a_2\}$ そして $\mathrm{Prob}\{t_1\} = p$ の場合についての展開型による表現(利得は省略)である.ここではゲームのプレイがゲームツリーの一番上の始節から始まり一番下の終節で終わるのではなく,ツリーの中心にまず自然による第1手があり,ゲームが左右の終節に向かって進んでいくことに注意していただきたい.

プレイヤーの戦略とは,(どんなゲームの場合でも)完全な行動計画,すなわちプレイヤーが行動をおこすことになるかもしれないすべての事態でどの実行可能な行動をとるかを漏れなく定めたものであった.したがって,シグナリング・ゲームでは,送り手の純粋戦略は自然が決めるタイプのそれぞれに対してどのメッセージを選ぶかを決める関数 $m(t_i)$ であり,また受け手の純粋戦略は送り手が送るメッセージのそれぞれに対してどの行動を選ぶかを決める関数 $a(m_j)$ である.よって図4.2.1の単純なゲームでは,送り手と受け手はともにつぎの四つの純粋戦略を持つこととなる.

送り手の戦略1:自然が t_1 を引いても t_2 を引いても m_1 をプレイする.
送り手の戦略2:自然が t_1 を引けば m_1 をプレイし,t_2 を引けば m_2 をプレイする.
送り手の戦略3:自然が t_1 を引けば m_2 をプレイし,t_2 を引けば m_1 をプレイする.
送り手の戦略4:自然が t_1 を引いても t_2 を引いても m_2 をプレイする.
受け手の戦略1:送り手が m_1 を選んでも m_2 を選んでも a_1 をプレイする.
受け手の戦略2:送り手が m_1 を選べば a_1 をプレイし,m_2 を選べば a_2 を

　　　　プレイする.
　受け手の戦略3：送り手が m_1 を選べば a_2 をプレイし，m_2 を選べば a_1 を
　　　　プレイする.
　受け手の戦略4：送り手が m_1 を選んでも m_2 を選んでも a_2 をプレイする.

　われわれは送り手の第1と第4の戦略を，どちらのタイプも同じメッセージを送っているところから**一括型**(pooling)と呼び，第2と第3の戦略を，それぞれのタイプが異なったメッセージを送っているところから**分離型**(separating)と呼ぶ. また，タイプの数が三つ以上ある場合には**部分一括型**(partially pooling)(または半分離型(semi-separating))の戦略も考えることができるが，それは，いくつかのタイプは同じメッセージを送るが，また別のいくつかのタイプは異なったメッセージを送るといったものである. さらに図4.2.1の2タイプからなるゲームでも混合戦略になぞらえて**混成**戦略(hybrid strategy)を考えることができるが，これは(例えば) t_1 は m_1 をプレイし，t_2 は m_1 と m_2 とからランダムに選んだものをプレイするというものである.

　ここで4.1節の条件1から3の非公式な叙述を厳密な表現に直して，シグナリング・ゲームの完全ベイジアン均衡を定義することにしよう(図4.1.5の説明から，条件4はシグナリング・ゲームではつねに満たされることが分かる). 議論を分かりやすくするために，本節では純粋戦略のみを考察する. 混成戦略については，次節で就職市場のシグナリング・ゲームを分析するときに簡単に触れることになる. またシグナリング・ゲームでベイジアン・ナッシュ均衡を定義することは，練習問題として読者に任せることにする. 練習問題4.6を参照されたい.

　送り手はメッセージを送るときにはゲームの完全な歴史を知っているので，その選択は一節のみを含む情報集合で行われる(そのような情報集合は自然が決めるタイプのそれぞれに応じて一つずつ存在する). よって送り手に当てはめる場合には，条件1は自明である. ところがこれに対して受け手が行動を選ぶときには，送り手のメッセージは観察しているが送り手のタイプについては何も知らない. よって受け手の選択は複数の節を含む情報集合において行われることになる(そのような情報集合は送り手が選ぶメッセージに応じて一つずつ存在し，その中には自然の決めるタイプそれぞれに対応した節が含まれることになる). そこで条件1を受け手に当てはめると，つぎの条件が

得られる.

シグナリングの条件 1　M に属するメッセージ m_j を観察した後で，受け手は m_j がどのタイプによって送られたかについての信念を形成しなくてはならない．その信念を確率分布 $\mu(t_i \,|\, m_j)$ で書くと，T に属する各 t_i について $\mu(t_i \,|\, m_j) \geq 0$ であり，かつ

$$\sum_{t_i \in T} \mu(t_i \,|\, m_j) = 1$$

となる.

送り手のメッセージと受け手の信念が与えられれば，受け手の最適行動はすぐに求められる．それは条件 2 を受け手に当てはめることにより，つぎのようになる.

シグナリングの条件 2R　M に属する m_j のそれぞれについて，その m_j をどのタイプが送ったかに関する信念 $\mu(t_i \,|\, m_j)$ を所与とすると，受け手の行動 $a^*(m_j)$ は受け手の期待効用を最大化しなくてはならない．すなわち $a^*(m_j)$ は

$$\max_{a_k \in A} \sum_{t_i \in T} \mu(t_i \,|\, m_j) U_R(t_i, m_j, a_k)$$

の解である.

条件 2 は送り手にも当てはめられるが，送り手は完備情報を持っており（よって信念も自明なものとなり），その手番もゲームの最初にあるだけである．そのため条件 2 は，たんに受け手の戦略を所与として送り手の戦略が最適化されることを課すだけとなる.

シグナリングの条件 2S　T に属する t_i のそれぞれについて，送り手のメッセージ $m^*(t_i)$ は受け手の戦略 $a^*(m_j)$ を所与として送り手の効用を最大化しなくてはならない．すなわち $m^*(t_i)$ は

$$\max_{m_j \in M} U_S(t_i, m_j, a^*(m_j))$$

の解である.

最後に,送り手の戦略 $m^*(t_i)$ が与えられたとして,メッセージ m_j を送るタイプの集合を T_j であらわそう.つまり T_j は $m^*(t_i)=m_j$ となるような t_i を集めたものである.T_j が非空であれば,メッセージ m_j に対応する情報集合は均衡経路上にある.またそうでなければ,m_j はどのタイプによっても送られないわけであるから,それに対応する情報集合は均衡経路上にない.均衡経路上にあるメッセージについては,条件3を受け手の信念に当てはめて,つぎの条件を得る.

シグナリングの条件3　M に属する m_j のそれぞれについて,もし $m^*(t_i)=m_j$ となる t_i が T の中に存在するのであれば,m_j に対応する情報集合での受け手の信念はベイズの公式と送り手の戦略にしたがわねばならず,($t_i \in T_j$ となる t_i に対しては)つぎの式が成立するのでなければならない.

$$\mu(t_i \,|\, m_j) = \frac{p(t_i)}{\displaystyle\sum_{t_i \in T_j} p(t_i)}$$

定義　シグナリング・ゲームにおける純粋戦略の**完全ベイジアン均衡**とは,シグナリングの条件1,2R,2S,および3を満たす戦略 $m^*(t_i)$,$a^*(m_j)$ と信念 $\mu(t_i \,|\, m_j)$ の組である.

もし送り手の戦略が一括型あるいは分離型であれば,その均衡もそれぞれ一括均衡あるいは分離均衡と呼ぶことにする.

　本節の締めくくりとして,図4.2.2であらわされた2タイプの事例で純粋戦略の完全ベイジアン均衡を計算してみよう.この例では各タイプが自然によって等しい確率で選ばれ,$(p, 1-p)$ と $(q, 1-q)$ で受け手の二つの情報集合での信念をあらわすことになっている.

　この2タイプ,2メッセージのゲームでは,4種類の純粋戦略完全ベイジアン均衡が存在しうる.つまり,(1) L への一括均衡,(2) R への一括均衡,(3) t_1 が L をプレイし t_2 が R をプレイする分離均衡,そして(4) t_1 が R をプ

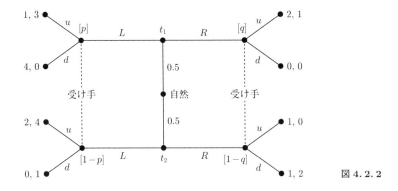

図 4.2.2

レイし t_2 が L をプレイする分離均衡，がそれらである．これらの均衡を一つ
ずつ見ていくことにしよう．

1. L への一括均衡：タイプ t_1 が m' を選びタイプ t_2 が m'' を選ぶことを
(m', m'') と書くことにして，送り手の戦略が (L, L) であるような均衡が存在
したとしてみる．すると受け手の情報集合のうち L に対応するものは均衡経
路上にくるので，そこでの受け手の信念 $(p, 1-p)$ はベイズの公式と送り手の
戦略によって決められ，事前分布と同じく $p = 0.5$ となる．この信念を所与と
すると（実はどんな他の信念を与えても同じことになるのであるが），L の後
にくる受け手の最適反応は u をプレイすることになり，送り手のタイプ t_1, t_2
はそれぞれ利得 1, 2 を得る．ここで送り手が両タイプともに L を進んで選
ぶかどうかを知るためには，受け手が R に対してどう反応するかを調べてみ
なくてはならない．もし受け手の R に対する反応が u であれば，タイプ t_1 が
R をプレイすることから得られる利得は 2 となり，L をプレイすることから
得られる t_1 の利得 1 を上回る．しかしもし受け手の R に対する反応が d で
あれば，R をプレイすることから得られる利得は t_1 と t_2 にとってそれぞれ
0 と 1 となり，L をプレイすることから得る利得 1 と 2 を下回る．よってもし
送り手の戦略が (L, L) となる均衡があるのであれば，受け手の R に対する反
応は d でなければならず，受け手の戦略は (u, d) となるはずである．ここで
(a', a'') は受け手が L に対しては a' を，R に対しては a'' をプレイすることを
あらわしている．あとは R に対応する情報集合での受け手の信念を決め，そ
の信念を所与として d をプレイするのが最適になることを示せばよい．そし
て $q \leq 2/3$ である限り受け手にとっては d をプレイするのが最適になるとい

えるので，結局 $q \leq 2/3$ のようなどんな q に対しても $[(L, L), (u, d), p = 0.5, q]$ が一括完全ベイジアン均衡となることが分かる．

2. R への一括均衡：つぎに送り手の戦略が (R, R) であるとしてみよう．すると $q = 0.5$ となり，受け手の R に対する最適反応は d で，t_1 の利得は 0，t_2 の利得は 1 となる．しかし，L に対する受け手の最適反応はどんな p の値に対しても u なので，t_1 は L をプレイすることにより 1 の利得が得られる．よって送り手が (R, R) をプレイする均衡は存在しない．

3. t_1 が L をプレイする分離均衡：もし送り手が分離戦略 (L, R) をプレイすれば，受け手の情報集合は二つとも均衡経路上にくることになり，したがって信念はどちらもベイズの公式と送り手の戦略によって $p = 1$ および $q = 0$ となる．するとこの信念の下での受け手の最適反応はそれぞれ u, d となり，送り手はどちらのタイプも利得が 1 となる．あとは受け手の戦略 (u, d) を所与として，送り手の戦略が最適になっているかどうかを調べるだけであるが，それは最適にはならない．なぜなら，もし t_2 が R ではなくて L をプレイするならば，受け手の反応が u であるので，t_2 の利得が 2 となり，t_2 が R をプレイしたときの利得 1 を上回るからである．

4. t_1 が R をプレイする分離均衡：送り手が分離均衡 (R, L) をプレイすれば，受け手の信念は $p = 0$ および $q = 1$ となり，受け手の最適反応は (u, u) で，送り手はどちらのタイプも利得が 2 となる．もし t_1 が逸脱して L をプレイすれば，受け手の反応は u で，t_1 の利得は 1 となる．よって t_1 が R 以外の行動をとる誘因はない．同様にもし t_2 が逸脱して R をプレイすれば，受け手の反応は u で，t_2 の利得は 1 である．よって t_2 にとっても L 以外の行動をとる誘因は存在しない．ゆえに $[(R, L), (u, u), p = 0, q = 1]$ が分離完全ベイジアン均衡となる．

4.2.B　就職市場のシグナリング　　シグナリング・ゲームの膨大な量の文献はスペンスのモデル(Spence, 1973)から始まるわけであるが，それは経済問題を述べるのに展開型ゲームが広く用いられるよりも前のことであり，また完全ベイジアン均衡のような均衡概念が定義されるよりも前のことでもあった．本節ではスペンスのモデルを展開型ゲームとして述べ直し，その完全ベイジアン均衡のいくつかを記述する．そして 4.4 節では完全ベイジアン均衡を精緻化したものの一つをこのゲームに適用してみることにする．ゲームの手順は以下

のとおりである.

1. 自然が労働者の生産能力 η を決める. η は高い (H) か低い (L) かのどちらかである. $\eta = H$ となる確率を q とする.
2. 労働者は自分の能力を知って,教育水準 $e \geq 0$ を選ぶ.
3. 2企業は労働者の教育水準を知ったのち(しかし労働者の能力は知らずに),同時に労働者に対して賃金を提示する[4].
4. 労働者はこれら2企業の賃金の提示のうち高い方を受け入れ,もしそれらが等しければコインを投げて,就職先を決める. 労働者の受け入れる賃金を w と書く.

利得はつぎのようにして決まる. まず能力 η を持つ労働者が教育水準 e を得るためにかかる費用を $c(\eta, e)$ であらわせば,労働者の利得は $w - c(\eta, e)$ である. また能力が η で教育水準が e の労働者の生産量を $y(\eta, e)$ であらわせば,その労働者を雇う企業の利得は $y(\eta, e) - w$ である. 労働者を雇わない企業の利得は0である.

われわれが注意を集中したいのは,企業が教育水準を能力のシグナルとみなし,高い教育水準の労働者に高賃金を提示しようとする完全ベイジアン均衡である(これについてはここでかなりの程度論ずるが,4.4節になってからさらに立ち入った考察を行う). スペンスの論文(Spence, 1973)の皮肉な結果は,教育が生産性をまったく改善**しない**ときでも(つまり能力 η を持つ労働者の生産量が e とは独立に $y(\eta)$ であらわされたとしても),賃金がこのように教育水準とともに上がっていく可能性を示したことにある. スペンスのつぎの論文(Spence, 1974)はこの議論を一般化して,生産量が能力だけでなく教育水準によっても上昇する可能性を考えたものである. そこでも前と同様,教育水準が上がると,その生産性への効果によって説明される以上に賃金が上昇することが示される. われわれはこの一般の場合について分析を進める[5].

---

[4] 受け手の役割を果たす企業が二つあるので,このゲームは前節で分析したゲームのクラスからは少し外れている. この点については(4.2.1)の前の議論を参照せよ.

[5] 形式的には,われわれは高能力の労働者がより生産的で(つまり任意の e に対して $y(H, e) > y(L, e)$ が成り立ち),しかも教育が生産性を下げることはない(つまり $y_e(\eta, e)$ で能力 η の労働者の教育水準 e における教育の限界生産力をあらわしたときに,任意の η と e に対して $y_e(\eta, e) \geq 0$ が成り立つ)と仮定する.

　就学年数の多い労働者ほど(平均的に)賃金が高くなるのは，よく知られた事実である(例えばミンサー(Mincer, 1974)を見よ)．この事実を見ると，われわれは変数 e を就学年数として解釈したくなる．つまり分離均衡では，能力の低い労働者が高校までの教育を受け，能力の高い労働者が大学教育を受けていると考えることがある．しかし，e を就学年数として解釈すると，1 から 4 に書かれた単純なゲームでは扱えないような動学上の問題がでてきてしまう．例えば企業が労働者に大学 1 年次が終わった時点で賃金を提示するような可能性である(これは能力の低い労働者はすでに学業を終えた後であるが，能力の高い労働者はまだそれを終える前の時点である)．ただし，より複雑なゲームを使えば，労働者が毎年，その年の最有利な賃金提示を受け入れるか，またはもう 1 年学業を続けるかを選べる可能性までを考慮に入れることができるであろう．実際，ネルデケ＝ファン・ダム(Noldeke and van Damme, 1990)はこの線に沿ったゲームを考え，つぎのことを証明した．(ⅰ)多数の完全ベイジアン均衡が存在する．(ⅱ)われわれが 4.4 節で述べる精緻化に類似の精緻化を用いると，そのうち一つの均衡だけが残る．(ⅲ)その均衡は，1 から 4 の単純なゲームの均衡のうち 4.4 節の精緻化の後に残る唯一の均衡と同じものになる．こうして，より複雑なゲームを用いても結果が同じになるので，1 から 4 の単純なゲームでも，e を大雑把に就学年数と解することは可能かもしれない．

　しかし以下では e の違いを就学年数の違いとしてでは**なく**，学生の就学時の質の違いとして解釈し，これらの動学上の問題を回避することにしよう．そうすれば 1 から 4 のゲームは，高卒の生徒(つまり就学年数がちょうど 12 年の労働者)の集団にも，また大卒の学生や MBA (ビジネス・スクールの修士号)を持つ学生の集団にも適用できることになる．この解釈をとると，e で測られるものは一定期間の就学年数内に履修した授業の数と種類，およびその成績評価となる．そして授業料は(かかるとしても)e とは独立になるので，費用関数 $c(\eta, e)$ の測るものは非金銭的な(精神的な)費用となる．つまり能力のより低い学生にとっては同じ学校にいても好成績を達成するのがより難しく，またより競争的な学校に行けば同じ成績を達成するのもより難しくなるというわけである．よってこの場合に企業が教育をシグナルとして用いるということは，企業が同じ学校内でも成績優秀な卒業生に高賃金を払い，また一流大学の卒業生に高賃金を払うという事実に対応するものである．

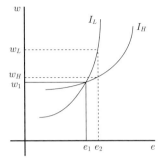

図 4.2.3

　スペンスのモデルで決め手となる仮定は，能力の低い労働者は能力の高い労働者と比べてシグナルを送る費用が高くつくということである．より正確には，教育の限界費用が低能力の労働者では高能力の労働者と比べてより高いという仮定，つまりすべての e について

$$c_e(L, e) > c_e(H, e)$$

であるという仮定がそれである．ここで $c_e(\eta, e)$ は能力が η，教育水準が e の労働者にとっての教育の限界費用をあらわしている．この仮定を理解するために図 4.2.3 のように教育水準が e_1 で賃金 w_1 をもらっている労働者を考え，教育水準を e_1 から e_2 へ上昇させる費用を補償するために，この労働者にはどれだけの賃金上昇が必要であるかを計算してみよう．その答えは労働者の能力に依存する．すなわち低能力の労働者は追加的な教育を得ることがより困難であると感じるので，賃金のより大きい上昇（w_H より大きい w_L までの上昇）を必要とする．図で言えば，この仮定は低能力の労働者の無差別曲線が高能力の労働者の無差別曲線と比べて傾きがより急になることを意味している．図の I_L と I_H を比較していただきたい．

　スペンスはさらに企業間の競争により期待利潤がゼロになると仮定した．この仮定をわれわれのモデルに組み込む一つのやり方は，ステップ 3 での 2 企業を市場という名の 1 人のプレイヤーに置き換えて，それが賃金提示 w を行い利得 $-[y(\eta, e) - w]^2$ を得るとするものである（こうすることによって，このモデルは前節で定義した 1 人の受け手からなるシグナリング・ゲームのクラスに属することになる）．するとシグナリングの条件 2R により，市場はその期待利得を最大化するために，e を観察した後の労働者の能力についての信念

を所与として，教育水準 e の労働者の期待生産量に等しい賃金を提示することになる．すなわち，$\mu(H\,|\,e)$ でもって市場の考える労働者の能力が H となる確率をあらわせば

$$w(e) = \mu(H\,|\,e)\cdot y(H,e) + [1 - \mu(H\,|\,e)]\cdot y(L,e) \qquad (4.2.1)$$

である．2 企業がステップ 3 で互いに競争して賃金を決めるとしたわけは，市場という名の架空のプレイヤーを持ち出さないで上と同様の結果を得ようとしたためである．しかし企業がつねに労働者の期待生産量に等しい賃金を提示するためには，仮定がもう一つ必要である．それは e という教育水準を観察した後で，両企業が労働者の能力について同じ信念 $\mu(H\,|\,e)$ を持つ，という仮定である．シグナリングの条件 3 を用いれば，均衡経路上にある e の選択を観察した後の企業の信念は決定できるので，その仮定は実際には両企業が均衡経路上にない e の選択を観察した後にも共通の信念を持つというものである．これを仮定すれば，どの完全ベイジアン均衡においても企業は二つとも (4.2.1) で与えられる賃金 $w(e)$ を提示することが分かる．これは 1.2.B 節で見たベルトラン・モデルで，どちらの企業も生産の限界費用に等しい価格を提示するようになるのと同じ原理である．したがって (4.2.1) は，本節のように受け手が 2 人いる場合のシグナリングの条件 2R の代わりになっている．

　このシグナリング・ゲームの完全ベイジアン均衡を分析するための準備として，まずこのゲームの完備情報版を考察してみよう．すなわち労働者の能力が，労働者によって私的に知られているというよりも，全プレイヤーの共有知識になっているとひとまず仮定してみる．この場合にはステップ 3 での 2 企業間の競争により，能力が η で教育水準が e の労働者は賃金 $w(e) = y(\eta, e)$ を獲得する．よって能力 η を持つ労働者は

$$\max_e y(\eta, e) - c(\eta, e)$$

を最大にする e を選ぶことになる．この解を図 4.2.4 で示されているように $e^*(\eta)$ と書き，$w^*(\eta) = y[\eta, e^*(\eta)]$ と定義する．

　ではまた労働者の能力が私的情報であるという仮定に（以後もずっと）戻ることにしよう．これによって，低能力の労働者も高能力の労働者のふりをする可能性が新たにでてくる．このとき二つの場合が考えられる．まず図 4.2.5 は，低能力の労働者が $e^*(H)$ という教育水準を得るのがあまりに高くつき過ぎる

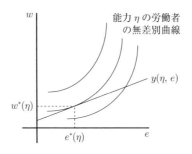

図 4.2.4

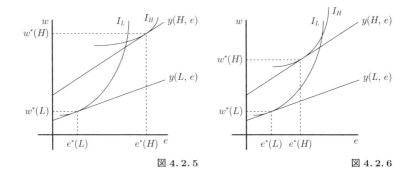

図 4.2.5 　　　　　　　　　　　図 4.2.6

ため，たとえそれによって企業を欺いて自分が高能力であると信じさせ，賃金 $w^*(H)$ を払わせることができたとしても，そうしない場合をあらわしている．つまり図 4.2.5 では $w^*(L)-c[L, e^*(L)] > w^*(H)-c[L, e^*(H)]$ が成り立っている．

他方つぎの図 4.2.6 はその反対の場合で，そこでは低能力の労働者が高能力の労働者の完備情報の賃金と教育水準を妬んでいるといえる．つまり，$w^*(L)-c[L, e^*(L)] < w^*(H)-c[L, e^*(H)]$ が成り立っている．この後者の場合の方がより現実的であり，かつ（後で見るように）より興味深い現象が起こるのである．また労働者の能力が二つより多い値をとりうるモデルでは，前者の場合は能力のとりうる値が互いに十分に離れているときでないと生じてこない．したがって例えば能力が連続的な値をとるのであれば，後者の場合しか起こらないことになる．

前節で述べたように，このモデルでは一括均衡，分離均衡，混成均衡といった3種類の完全ベイジアン均衡が存在しうる．通常はどの種類の均衡も数多く存在するのであるが，われわれはそのうちいくつかの例に限定してとり上げ

ていくことにする．まず一括均衡であるが，そこではどちらの労働者のタイプも同じ教育水準 e_p を選ぶことになる．シグナリングの条件3を使うと，e_p を観察したのちの企業の信念 $\mu(H\,|\,e_p)$ は事前分布 q に等しくならなければならず，よって e_p を観察後の賃金提示額は

$$w_p = q \cdot y(H, e_p) + (1-q) \cdot y(L, e_p) \tag{4.2.2}$$

になる．一括完全ベイジアン均衡の記述を完成するには，まだ，（ⅰ）均衡経路上にない教育水準の選択 $e \neq e_p$ に関する企業の信念 $\mu(H\,|\,e)$ を特定化し，それと(4.2.1)を用いて企業の残りの戦略 $w(e)$ を決めること，および（ⅱ）どちらの労働者のタイプも企業の戦略 $w(e)$ に対する最適反応が $e = e_p$ となることを示すこと，が残っている．この二つがそれぞれシグナリングの条件1と2Sに対応しており，また前述したとおり(4.2.1)がこの2人の受け手のモデルではシグナリングの条件2Rの代わりとなっている．

　一つの可能性として，e_p 以外の教育水準が観察されたときには企業はつねに労働者の能力が低いという信念を持つことが考えられる．つまり $e \neq e_p$ であるすべての e に対して $\mu(H\,|\,e) = 0$ と考えるわけである．この信念は奇異に思われるかもしれないが，完全ベイジアン均衡の定義の中にこれを排除する項目はない．というのは条件1から3までは均衡経路上にない信念には何の制約も加えないし，条件4はシグナリング・ゲームではつねに満たされてしまうからである．ただし4.4節で見る精緻化の手続きはシグナリング・ゲームの均衡経路上にない受け手の信念に制約を加えるものであり，そこではこの信念は排除される．いま一括均衡を分析するにあたってこの信念をとり上げたのは説明が容易になるためであるが，その他の信念についても後で簡単に触れることになろう．

　もし企業の信念が

$$\mu(H\,|\,e) = \begin{cases} 0 & e \neq e_p \text{ のとき} \\ q & e = e_p \text{ のとき} \end{cases} \tag{4.2.3}$$

であるならば，(4.2.1)により企業の戦略は

$$w(e) = \begin{cases} y(L, e) & e \neq e_p \text{ のとき} \\ w_p & e = e_p \text{ のとき} \end{cases} \tag{4.2.4}$$

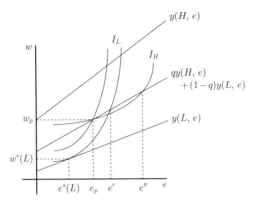

図 **4.2.7**

となる．そして能力 η を持つ労働者は

$$\max_e w(e) - c(\eta, e) \tag{4.2.5}$$

を解く e を選択する．(4.2.5)の解は簡単で，能力 η を持つ労働者は e_p また
は $y(L, e) - c(\eta, e)$ を最大化する教育水準を選択することになる(後者の解は低
能力の労働者にとっては $e^*(L)$ にほかならない)．例えば図 4.2.7 に描かれた
場合では，どちらの労働者のタイプにとっても前者の解が最適となる．なぜ
なら $(e^*(L), w^*(L))$ を通る低能力の労働者の無差別曲線は (e_p, w_p) を通る同
タイプの無差別曲線よりも下にあるし，(e_p, w_p) を通る高能力の労働者の無差
別曲線は賃金関数 $w = y(L, e)$ の線の上にきているからである．以上を要する
に，図 4.2.7 にある無差別曲線，生産関数，そして e_p の値を所与とすれば，
労働者の戦略 $[e(L) = e_p, e(H) = e_p]$ と(4.2.3)の企業の信念 $\mu(H \,|\, e)$，そして
(4.2.4)の企業の戦略 $w(e)$ が一括完全ベイジアン均衡となるのである．

　図 4.2.7 にある無差別曲線と生産関数によって決まる例には，他にも多く
の一括完全ベイジアン均衡が存在する．そのうちのあるものでは，労働者によ
って選択される教育水準が異なることになる(つまり図とは別の e_p の値が選ば
れる)．また教育水準の選択は同じでも，均衡経路上にない部分が異なるもの
もある．まず前者の例を示すために，図 4.2.7 の e_p と e' のあいだにある教育
水準を $\hat{e}$ であらわそう．e' は $(e^*(L), w^*(L))$ を通る低能力の労働者の無差別
曲線が賃金関数 $w = q \cdot y(H, e) + (1-q) \cdot y(L, e)$ と交わる点の教育水準を示し
ている．すると，もし(4.2.2)，(4.2.3)および(4.2.4)で e_p を $\hat{e}$ で置き換え
れば，それによって得られる企業の信念と戦略，そして労働者の戦略 $[e(L) =$

$\hat{e}, e(H) = \hat{e}]$ がまた別の一括完全ベイジアン均衡となる．また後者の例としては，企業の信念を図 4.2.7 の e'' までは (4.2.3) と同じもの，e'' より上の教育水準については労働者がもともとの能力の分布にしたがうものとすればよい．すなわち

$$\mu(H \,|\, e) = \begin{cases} 0 & e = e_p \text{ 以外で } e \le e'' \text{ のとき} \\ q & e = e_p \text{ のとき} \\ q & e > e'' \text{ のとき} \end{cases}$$

とするのである．ただし図 4.2.7 の e'' は (e_p, w_p) を通る高能力の労働者の無差別曲線が賃金関数 $w = q \cdot y(H, e) + (1-q) \cdot y(L, e)$ と交わる点の教育水準である．このとき企業の戦略は

$$w(e) = \begin{cases} y(L, e) & e = e_p \text{ 以外で } e \le e'' \text{ のとき} \\ w_p & e = e_p \text{ のとき} \\ q \cdot y(H, e) + (1-q) \cdot y(L, e) & e > e'' \text{ のとき} \end{cases}$$

となり，企業にとってのこれらの信念と戦略，および労働者の戦略 $[e(L) = e_p, e(H) = e_p]$ が第 3 の一括完全ベイジアン均衡となる．

　それではつぎに分離均衡を考えることにしよう．まず図 4.2.5（妬みのないケース）で当然考えられる分離完全ベイジアン均衡は，労働者の戦略が $[e(L) = e^*(L), e(H) = e^*(H)]$ となるものである．するとシグナリングの条件 3 から，それら二つの教育水準が観察された後の企業の信念が $\mu(H \,|\, e^*(L)) = 0$ と $\mu(H \,|\, e^*(H)) = 1$ のように決まり，(4.2.1) から $w(e^*(L)) = w^*(L)$, $w(e^*(H)) = w^*(H)$ となる．一括均衡の場合と同様に，この分離均衡の記述を完成するには，まだ，（ i ）均衡経路上にない教育水準の選択（つまり $e^*(L)$ と $e^*(H)$ 以外の e の値）に対して企業の信念 $\mu(H \,|\, e)$ を特定化し，それと (4.2.1) を用いて企業の残りの戦略 $w(e)$ を決めること，および（ ii ）企業の戦略 $w(e)$ に対する能力 η の労働者の最適反応が $e = e^*(\eta)$ となるのを示すこと，をやらねばならない．

　それらの条件を満たす信念の一つに，e が少なくとも $e^*(H)$ であれば労働者を高能力であると考え，そうでなければ低能力であると考えるものがある．つまり

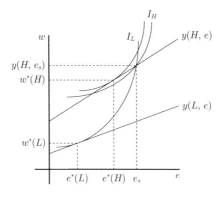

図 4.2.8

$$\mu(H\,|\,e) = \begin{cases} 0 & e < e^*(H) \text{ のとき} \\ 1 & e \geq e^*(H) \text{ のとき} \end{cases} \qquad (4.2.6)$$

である. すると企業の戦略は

$$w(e) = \begin{cases} y(L,e) & e < e^*(H) \text{ のとき} \\ y(H,e) & e \geq e^*(H) \text{ のとき} \end{cases} \qquad (4.2.7)$$

となる. そして高能力の労働者にとっては $e^*(H)$ が賃金関数 $w=y(H,e)$ に対する最適反応となっているので, それはここでの $w(e)$ に対する最適反応にもなっている. また低能力の労働者にとっては賃金関数が $w=y(L,e)$ のときの最適反応が $e^*(L)$ であるので, $e<e^*(H)$ の中では $w^*(L)-c(L,e^*(L))$ がその労働者の達成できる最大の利得である. さらに低能力の労働者の無差別曲線が高能力の労働者のそれより急であるところから, $e \geq e^*(H)$ の中では $w^*(H)-c(L,e^*(H))$ が低能力の労働者の達成できる最大利得となる. そして妬みのないケースでは $w^*(L)-c(L,e^*(L))>w^*(H)-c(L,e^*(H))$ だったので, $e^*(L)$ が低能力の労働者の最適反応となることがいえる.

われわれは以下では妬みのないケースを無視することにする. 前述のように図 4.2.6 (妬みのあるケース) の方がより興味深い結果が得られるからである. このときには高能力の労働者は完備情報の下で選択するはずの $e^*(H)$ をたんに選ぶだけでは高賃金 $w(e)=y(H,e)$ は保証されない. その代わり, 図 4.2.8 に示されるように, 高能力の労働者は自分の能力のシグナルを送るには $e_s > e^*(H)$ を選ばなくてはならないのである. その理由は, もし低能力の労働者

が $e^*(H)$ と e_s のあいだの e を選ぶことにより企業を欺いて高能力を持っているかに思わせることができるとすれば，彼はかならずそうするからである．形式的に書けば，このとき自然に考えられる完全ベイジアン均衡は，労働者の戦略が $[e(L)=e^*(L), e(H)=e_s]$ で，企業の均衡での信念が $\mu(H \mid e^*(L))=0$ と $\mu(H \mid e_s)=1$，均衡での賃金が $w(e^*(L))=w^*(L)$ と $w(e_s)=y(H, e_s)$ となるものである．そしてこれが，4.4 節の精緻化の後に残る唯一の均衡となる．

　この均衡を成立させるための企業の均衡経路上にない信念の一例としては，$e \geq e_s$ であれば労働者が高能力であるとみなすが，そうでなければ労働者が低能力であるとみなす，というものを考えればよい．つまり

$$\mu(H \mid e) = \begin{cases} 0 & e < e_s \text{ のとき} \\ 1 & e \geq e_s \text{ のとき} \end{cases}$$

である．この場合には，企業の戦略は

$$w(e) = \begin{cases} y(L, e) & e < e_s \text{ のとき} \\ y(H, e) & e \geq e_s \text{ のとき} \end{cases}$$

となる．この賃金関数の下では，低能力の労働者にとって最適反応が二つでてくる．その一つは $e^*(L)$ を選んで $w^*(L)$ を得るものであり，もう一つは e_s を選んで $y(H, e_s)$ を得るものである．われわれはこの無差別な反応のうち $e^*(L)$ が選ばれるものと仮定するが，e_s をほんの少しだけ増して低能力の労働者が本当に $e^*(L)$ をより選好するようにしてもよい．高能力の労働者について言えば，$e_s > e^*(H)$ なので，$e > e_s$ となる e の選択は e_s の選択より劣っている．また低能力の労働者の無差別曲線が高能力の労働者のそれより急であることから，後者の無差別曲線で $(e_s, y(H, e_s))$ を通るものが $e < e_s$ の範囲で賃金関数 $w = y(L, e)$ の上にくることがいえる．よって $e < e_s$ となる e の選択もまた e_s の選択より劣ることになり，企業の戦略 $w(e)$ に対する高能力労働者の最適反応は e_s となる．

　一括均衡の場合と同様に，分離均衡の場合にも高能力の労働者が異なった教育水準を選択する別の分離均衡が存在する（低能力の労働者は分離均衡ではつねに $e^*(L)$ をとる．以下の議論参照）．また $e^*(L)$ と e_s の選択は同じであるが均衡経路上にない部分が異なる別の分離均衡も存在する．前者の例としては，$\hat{e}$ として e_s よりは大きいが，それでも高能力の労働者にとって低能力と

思われるよりはまだしも $\hat{e}$ を選んで自分の能力のシグナルを送る方がましで
ある程度に小さい教育水準をとってくればよい．この後者の条件は，すべての
e に対して $y(H,\hat{e})-c(H,\hat{e})>y(L,e)-c(H,e)$ が成立するということである．
そして図 4.2.8 の説明に用いた $\mu(H\,|\,e)$ と $w(e)$ の中の e_s を $\hat{e}$ で置き換えた
ものを企業の信念と戦略とみなし，労働者の戦略は $[e(L)=e^*(L),e(H)=\hat{e}]$
とすれば，これがまた別の分離完全ベイジアン均衡となる．後者の例として
は，$e^*(H)$ と e_s のあいだの教育水準に対する企業の信念を変更し，そのとき
に労働者が高能力である確率が正の十分に小さい値で，それから求められる戦
略 $w(e)$ が低能力の労働者の $(e^*(L),w^*(L))$ を通る無差別曲線の下にくるよう
にすればよろしい．

　本節の残りでは混成均衡について簡単に触れる．そこでは一つのタイプは
確率 1 で一つの教育水準を選ぶが，もう一つのタイプは(はじめのタイプと同
じ教育水準を選んで)一括均衡を作る戦略と(別の教育水準を選んで)分離均衡
を作る戦略とのあいだで戦略をランダムに選ぶことになる．本文では低能力
の労働者が戦略をランダムに選ぶ場合を分析するが，練習問題 4.7 ではそれ
と逆の場合がとり扱われている．まず高能力の労働者は教育水準 e_h（添字の h
は混成(hybrid)をあらわす）を選ぶが，低能力の労働者は確率 π で e_h を選び，
確率 $1-\pi$ で e_L を選ぶものとしてみよう．シグナリングの条件 3 によれば，
(これを混合戦略の場合にも適用できるように拡張したとして) e_h と e_L を観
察したのちの企業の信念は，ベイズの公式を用いて[6]

$$\mu(H\,|\,e_h)=\frac{q}{q+(1-q)\pi} \tag{4.2.8}$$

と計算でき，また分離均衡のときと同様に考えて $\mu(H\,|\,e_L)=0$ となる．
(4.2.8)を理解するには，つぎの三つの点に注目すればよい．まず第一に高
能力の労働者はつねに e_h を選ぶのに対して，低能力の労働者は確率 π でし
か e_h を選ばないので，e_h を観察することは労働者が高能力である蓋然性を
強め，よって $\mu(H\,|\,e_h)>q$ が成立する．第二には，π が 0 に近づくにしたが
い低能力の労働者が高能力の労働者と混ざる可能性が少なくなっていくので，
$\mu(H\,|\,e_h)$ も 1 に近づいていく．第三には，π が 1 に近づくにつれて低能力の

---

6) 第 3 章の脚注 2 で述べたように，ベイズの公式とは $P(A\,|\,B)=P(A,B)/P(B)$ のことで
　ある．(4.2.8)を導出するには，ベイズの公式を $P(A,B)=P(B\,|\,A)\cdot P(A)$ と書き直し，
　$P(A\,|\,B)=P(B\,|\,A)\cdot P(A)/P(B)$ という式を得ればよい．

労働者が高能力の労働者とほとんどつねに混ざることになるので,$\mu(H\,|\,e_h)$ は事前分布 q に近づくことになる.

　低能力の労働者が e_L を選び高能力の労働者から分離されるときには,信念が $\mu(H\,|\,e_L)=0$ となるので,賃金は $w(e_L)=y(L,e_L)$ となる.よって e_L が $e^*(L)$ に等しくなる.つまり低能力の労働者が分離されるためには,(それがここでのように 1 より小さい確率で起こるときにも,また前述のように確率 1 で分離されるときにも)低能力の労働者の教育水準の選択は完備情報の場合の教育水準の選択 $e^*(L)$ に等しくなるのである.事実,低能力の労働者が $e_L\neq e^*(L)$ を選んで分離されていたとしてみると,そのときの利得は $y(L,e_L)-c(L,e_L)$ となるが,ここで $e^*(L)$ を選べば,彼は少なくとも $y(L,e^*(L))-c(L,e^*(L))$ だけの利得が得られるはずである(もし企業の信念 $\mu(H\,|\,e^*(L))$ が正ならばその利得はより大きくなる).しかし $e^*(L)$ の定義から,すべての $e\neq e^*(L)$ に対して $y(L,e^*(L))-c(L,e^*(L))>y(L,e)-c(L,e)$ が成り立つのである.よって $e_L\neq e^*(L)$ のような e_L で低能力の労働者を分離させるような教育水準の選択は存在しない.

　低能力の労働者が分離型の $e^*(L)$ と一括型の e_h とのあいだでランダムに戦略を選ぶには,賃金 $w(e_h)=w_h$ が次式を満たし,労働者がこの二つの戦略の選択において無差別にならなければならない.

$$w^*(L)-c[L,e^*(L)]=w_h-c(L,e_h) \tag{4.2.9}$$

しかし同時にこの w_h が企業にとっての均衡賃金となるために,(4.2.1)と (4.2.8)より

$$w_h=\frac{q}{q+(1-q)\pi}\cdot y(H,e_h)+\frac{(1-q)\pi}{q+(1-q)\pi}\cdot y(L,e_h) \tag{4.2.10}$$

が成立するはずである.よって所与の e_h に対して(4.2.9)により求まる w_h が $w_h<y(H,e_h)$ を満たせば,(4.2.10)を用いて π の値を一意的に決めることができ,それが低能力の労働者が $e^*(L)$ と e_h のあいだでランダムに戦略を選ぶような混成均衡となる.一方 $w_h>y(H,e_h)$ となってしまうと,e_h の下での混成均衡は存在しない.

　図 4.2.9 では図中の e_h と整合的な π の値が暗に示されている.まず e_h を所与として,w_h は(4.2.9)を解くように選んであるので,(e_h,w_h) が低能力の労働者の $(e^*(L),w^*(L))$ を通る無差別曲線上にきている.そして $w_h<$

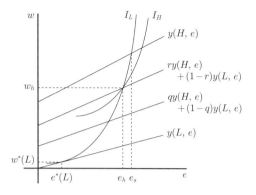

図 4.2.9

$y(H, e_h)$ より, 確率 r が $r \cdot y(H, e_h) + (1-r) \cdot y(L, e_h) = w_h$ の解として得られる. この確率は企業の均衡での信念 $\mu(H | e_h)$ に等しいので, (4.2.8) より $\pi = q(1-r)/r(1-q)$ が求まる. この図からはまた, 制約条件 $w_h < y(H, e_h)$ が $e_h < e_s$ と同値になることも見てとれる. ここで e_s は, 図 4.2.8 の分離均衡で高能力の労働者が選ぶ教育水準の値である. 実際 e_h が e_s に近づいていくと, r は 1 に, π は 0 に近づいていく. よって図 4.2.8 の分離均衡は, ここでの混成均衡の極限であることが分かる.

図 4.2.9 の混成完全ベイジアン均衡の記述を完成させるために, 企業がその信念として, $e < e_h$ なら労働者は低能力であるとみなすが, それ以外のときには確率 r で高能力, 確率 $1-r$ で低能力とみなすものと考える. つまり

$$\mu(H | e) = \begin{cases} 0 & e < e_h \text{ のとき} \\ r & e \geq e_h \text{ のとき} \end{cases}$$

であるとする. すると, この場合には企業の戦略は

$$w(e) = \begin{cases} y(L, e) & e < e_h \text{ のとき} \\ r \cdot y(H, e) + (1-r) \cdot y(L, e) & e \geq e_h \text{ のとき} \end{cases}$$

となる. あとは労働者の戦略 [確率 π で $e(L) = e_h$, 確率 $1-\pi$ で $e(L) = e^*(L)$; $e(H) = e_h$] が企業の戦略に対する最適反応となることを確かめなくてはならない. そして事実, 低能力の労働者にとって $e < e_h$ のときの最適解は $e^*(L)$, $e \geq e_h$ のときの最適解は e_h であり, また高能力の労働者にとっても e_h が他のすべての選択に勝ることが確かめられる.

4.2.C 企業投資と資本構造　　会社を始めたが，魅力的な新規プロジェクト
を手掛けるには外部から資金を調達しなくてはならない企業家がいるとしよ
う．その企業家は既存の会社の収益性に関して私的情報を持っているが，新規
プロジェクトからの利益は既存の会社の利益と切り離して考えることが不可能
で，観察可能なものは企業の総利潤だけである（企業家が新規プロジェクトの
収益性に関して私的情報を持つ場合も考えられるが，それは不必要にモデルを
複雑にするだけである）．企業家は必要な資金の出資と引き換えに，潜在的投
資家に対して，その企業への一定量の利益請求権を提供するものと仮定する．
さてどんな条件があればその新規プロジェクトが着手され，また利益請求権の
大きさがどれだけになるかを以下で調べてみることにしたい．

　この問題をシグナリング・ゲームの形で書くために，まず既存企業の利潤 π
が高いか低いかのどちらかであるとする．すなわち $\pi = H$ または L で，$H >$
$L > 0$ である．新規プロジェクトが魅力的であることを表現するために，必要
とされる投資を I，その結果得られる利潤を R，潜在的投資家が他の投資によ
って得られる収益率を r とし，$R > I(1+r)$ が成り立つものとする．このとき
ゲームの手順および利得はつぎのように書ける．

1. 自然が既存企業の利潤を決める．$\pi = L$ となる確率を p とする．
2. 企業家は π の値を知り，潜在的投資家に出資者の利益請求権の大きさ s
   （ここで $0 \leq s \leq 1$）を提示する．
3. 投資家は（π ではなくて）s を観察し，その申し出を受諾するか拒否する
   かを決める．
4. もし投資家が申し出を拒否すれば，投資家の利得は $I(1+r)$，企業家の利
   得は π となる．もし投資家が s を受諾すれば，投資家の利得は $s(\pi + R)$，
   企業家の利得は $(1-s)(\pi + R)$ となる．

　マイアーズ＝メイリュフ（Myers and Majluf, 1984）は上記の精神に沿ったモ
デルを分析したが，（経営者であり唯一の株主である）企業家の代わりに（複数
の株主と経営者からなる）大企業を考えている．そして彼らは株主の利害が経
営者の効用にどう影響するかについて，いくつかの異なった仮定を考察した．
また，ダイビッグ＝ゼンダー（Dybvig and Zender, 1991）は株主が経営者に提
示する最適契約を導いている．

　ここでのモデルはつぎの2点で非常に単純化されたシグナリング・ゲームである．その一つは受け手の可能な行動の集合が非常に限られたものであるという点で，もう一つは送り手の可能なシグナルの集合が(以下で見るように)見かけは大きいが実際上はさほど有効でないという点である．ではまず s の申し出を受けた後で，投資家が $\pi = L$ の確率が q であるという信念を持ったとしてみよう．このとき投資家が s を受諾するための必要十分条件は

$$s[qL + (1-q)H + R] \geq I(1+r) \tag{4.2.11}$$

である．企業家にとっての問題は，既存の会社の利潤を π としたとき，利益請求権を s だけ譲って出資してもらうのとプロジェクトを諦めるのとどちらが好ましいかを決めることである．このとき前者がより好ましいための必要十分条件は

$$s \leq \frac{R}{\pi + R} \tag{4.2.12}$$

となる．

　一括完全ベイジアン均衡では，申し出を受けた後の投資家の信念が $q = p$ にならなくてはならない．企業家がゲームに参加する条件である(4.2.12)は $\pi = H$ のときの方が $\pi = L$ のときより強い条件になっているので，(4.2.11)と(4.2.12)を組み合わせると，一括均衡が存在するのは

$$\frac{I(1+r)}{pL + (1-p)H + R} \leq \frac{R}{H + R} \tag{4.2.13}$$

のときだけであることが分かる．もし p が十分0に近ければ，$R > I(1+r)$ の条件から(4.2.13)は成立する．しかし p が1に十分近いと，

$$R - I(1+r) \geq \frac{I(1+r)H}{R} - L \tag{4.2.14}$$

という条件がなければ(4.2.13)は成立しない．直観的に言えば，一括均衡の難しさは高利潤タイプが低利潤タイプを助成しなくてはならないところにある．つまりもし投資家に $\pi = H$ (つまり $q = 0$)ということがはっきり分かっていたなら，(4.2.11)から分かるように $s \geq I(1+r)/(H+R)$ を満たす利益請求権の大きさでそれが受諾されるのに対して，$q = p$ のときには s をより大きくして $s \geq I(1+r)/[pL + (1-p)H + R]$ としなくてはならないのである．そして一括均衡に必要な利益請求権が大きいものであればあるほど，それは高利潤企

業にとって負担となり，しまいには高利潤企業は新規プロジェクトを諦めるまでになってしまう．以上の分析によれば，一括均衡が存在するのは，p が 0 に近く助成のための費用が小さいときか，あるいはまた(4.2.14)が成立して新規プロジェクトからの利潤が助成のための費用を上回るときであるということになる．

(4.2.13)が成立しないときには一括均衡は存在しないが，それでも分離均衡はつねに存在することが示される．そこでは低利潤タイプは $s = I(1+r)/(L+R)$ を申し出てそれが投資家に受諾され，高利潤タイプは $s < I(1+r)/(H+R)$ を申し出てそれが投資家に拒否される．この均衡では新規プロジェクトが利益をもたらすことが確実であるにもかかわらず高利潤タイプが投資を諦めてしまうので，投資活動が低く非効率的であるといえる．これが送り手の可能なシグナルの集合が意味がないと上で述べた理由である．そこでは高利潤タイプにとって魅力のある資金調達の条件が，低利潤タイプにとっていっそう魅力のあるものになってしまい，高利潤タイプは自分を識別してもらうことが不可能になる．そしてマイアーズとメイリュフが考察しているように，モデルにあらわされたこのような傾向が企業をして資金の借入または資金の内部調達という方向に向かわしめるのである．

最後に企業家が利益請求権の提供とともに借入も行える状況について簡単に考察しよう．投資家が債務契約 D を受け入れるとする．このときもし企業家が破産しなければ，投資家の利得は D，企業家の利得は $\pi + R - D$ となり，もし企業家が破産を宣言すれば，投資家の利得は $\pi + R$，企業家の利得は 0 となる．そして $L > 0$ であるところから，どちらの利潤タイプも $D = I(1+r)$ という債務契約を申し出て投資家がそれを受諾するという一括均衡がつねに存在する．しかしかりに L が負の大きな値をとり，$R + L < I(1+r)$ となるならば低利潤タイプがこの負債を返済できないことになり，投資家はこの契約を受諾しないかもしれない．同様の議論はまた，L と H が(確定的でなく)期待利潤をあらわすときにも適用できる．例えばタイプ π で既存企業の利潤が確率 $1/2$ で $\pi + K$ になり，確率 $1/2$ で $\pi - K$ になることを意味するとしてみる．すると $L - K + R < I(1+r)$ であれば確率 $1/2$ で低利潤タイプが負債 $D = I(1+r)$ を返済できないことになり，投資家は契約を結ばないことになるであろう．

4.2.D 金融政策　本節では 2.3.E 節で分析した金融政策の繰り返しゲー

ムを2期間で考え，それに私的情報を加えて考察する．ここでもスペンス・モデルのように多数の一括・混成・分離完全ベイジアン均衡が存在する．それらの均衡については4.2.B節で詳しく論じたので，本節では主要な問題の概要を述べるにとどめる．同様の2期モデルについて詳しくはヴィッカーズ（Vickers, 1986）を，また複数期の評判モデルについてはバロー（Barro, 1986）を参照していただきたい．

2.3.E節の分析より，金融当局の1期あたりの利得は

$$W(\pi, \pi^e) = -c\pi^2 - [(b-1)y^* + d(\pi - \pi^e)]^2$$

であることが分かっている．ここで π は現実のインフレ率，π^e は雇用者によるインフレ率の予想，そして y^* が効率的な生産水準である．雇用者にとっての1期あたりの利得は $-(\pi - \pi^e)^2$ である．そしてわれわれの2期モデルでは，各プレイヤーの利得はたんにそのプレイヤーの1期あたりの利得の和，つまり $W(\pi_1, \pi_1^e) + W(\pi_2, \pi_2^e)$ および $-(\pi_1 - \pi_1^e)^2 - (\pi_2 - \pi_2^e)^2$ とする．ここで π_t は第 t 期の現実のインフレ率，π_t^e は（第 t 期首における）雇用者による第 t 期のインフレ予想である．

ここでは，利得関数 $W(\pi, \pi^e)$ のパラメータ c が金融当局によるインフレ率ゼロという目標と効率的生産という目標のあいだのトレードオフ関係をあらわしている．2.3.E節ではこのパラメータが共有知識となっていた．本節では代わりに，このパラメータが金融当局の私的情報であるとして，$c = S$ または W（ここで $S > W > 0$）であると考える（S と W はそれぞれインフレに対して「強い（strong）」態度で臨むか「弱い（weak）」態度で臨むかをあらわしたものである）．したがって2期モデルの手順は以下のように書ける．

1. 自然が金融当局のタイプ c を決める．$c = W$ となる確率を p とする．
2. 雇用者は第1期のインフレ予想 π_1^e を決める．
3. 金融当局は π_1^e を見てから，現実の第1期のインフレ率 π_1 を選ぶ．
4. 雇用者は（c ではなく）π_1 を見て，その後第2期のインフレ予想 π_2^e を決める．
5. 金融当局は π_2^e を見てから，現実の第2期のインフレ率 π_2 を選ぶ．

4.2.A節で注意しておいたとおり，この金融政策の2期ゲームは中に1期の

シグナリング・ゲームを含んでいる．そこでは送り手のメッセージが金融当局の第1期のインフレ率の選択 π_1 に相当し，受け手の行動が雇用者の第2期のインフレ予想 π_2^e に相当している．そして雇用者による第1期のインフレ予想の決定と金融当局による第2期のインフレ率の選択が，それぞれこのシグナリング・ゲームの前と後に付いている．

　前に見たように1期間の問題では(つまり2.3.E節の繰り返しゲームの段階ゲームでは)，雇用者の予想 π^e を所与としたとき金融当局の π の最適な選択は

$$\pi^*(\pi^e) = \frac{d}{c+d^2}[(1-b)y^* + d\pi^e]$$

で与えられた．同様の議論により，金融当局のタイプが c であれば予想 π_2^e を所与としたときの π_2 の最適値は

$$\frac{d}{c+d^2}[(1-b)y^* + d\pi_2^e] \equiv \pi_2^*(\pi_2^e, c)$$

となる．そしてこれを予期した雇用者が第2期の期首に $c=W$ となる確率が q であると信ずるならば，彼はその予想 $\pi_2^e(q)$ を，

$$-q[\pi_2^*(\pi_2^e, W) - \pi_2^e]^2 - (1-q)[\pi_2^*(\pi_2^e, S) - \pi_2^e]^2 \tag{4.2.15}$$

を最大化するように決定する．

　一括均衡においてはどちらのタイプも同じ第1期のインフレ率(それを π^* とする)を選ぶので，雇用者の第1期のインフレ予想は $\pi_1^e = \pi^*$ となる．その均衡経路上では雇用者の第2期の期首での信念は $c=W$ の確率が p になるというものなので，インフレ予想は $\pi_2^e(p)$ となる．そしてタイプ c の金融当局は，この予想を所与として最適な第2期のインフレ率つまり $\pi_2^*(\pi_2^e(p), c)$ を選び，そこでゲームが終了する．この均衡の記述を完成するには，(いつものように)受け手の均衡経路上にない信念を定義するとともに，(4.2.15)を用いてそのときの均衡経路上にない行動を計算し，それらの均衡経路上にない行動がどの送り手のタイプにも均衡から逸脱する誘因を与えないかどうかを調べることが残っている．

　分離均衡においては二つのタイプがそれぞれ異なった第1期インフレ率(それを π_W と π_S と書く)を選ぶことになり，雇用者の第1期インフレ予想も $\pi_1^e = p\pi_W + (1-p)\pi_S$ となる．π_W を観察すれば，雇用者は第2期の期首に

は $c=W$ であることが分かるので，$\pi_2^e(1)$ と予想する．同様に π_S を観察すれば，$\pi_2^e(0)$ となる．均衡では，タイプ W は $\pi_2^*(\pi_2^e(1), W)$ を，タイプ S は $\pi_2^*(\pi_2^e(0), S)$ を選び，そこでゲームが終了する．この均衡の記述を完成するには，上と同じく受け手の均衡経路上にない信念と行動を特定化し，どの送り手のタイプも均衡から逸脱する誘因がないことを確かめるのはもちろんのこと，どちらのタイプももう一方のタイプの均衡における行動を真似る誘因を持たないことを確かめなくてはならない．ここでは，例えばタイプ W が第1期に π_S を選んで雇用者の第2期の予想 $\pi_2^e(0)$ を引き出し，その後 $\pi_2^*(\pi_2^e(0), W)$ を選んでゲームを終えようとするかもしれない．つまりタイプ W にとって π_S は低くて損な値かもしれないが，その結果としてインフレ予想 $\pi_2^e(0)$ が低くなり，第2期における予期せぬインフレ $\pi_2^*(\pi_2^e(0), W) - \pi_2^e(0)$ から多大な利益を引き出せるかもしれないのである．よって分離均衡では，タイプ S の第1期のインフレ率を十分低くして，第2期の予期せぬインフレから得られる利益にもかかわらずタイプ W がタイプ S を真似したがらないようにするのでなければならない．多くのパラメータの値の下では，この制約があるために π_S は完備情報の下でタイプ S が選ぶインフレ率よりも低くなる．これはちょうどスペンス・モデルの分離均衡で，高能力の労働者が教育に過剰投資するのと同じことである．

4.3　完全ベイジアン均衡のその他の応用

4.3.A　チープトーク・ゲーム　チープトーク・ゲームはシグナリング・ゲームに似ているが，そこでの送り手のメッセージがたんなる発話，つまり費用がかからず，プレイヤーはそれに拘束されず，その内容を後から確認することもできない主張となるものである．そういう発話（チープトーク）はスペンスのシグナリング・ゲームでは情報伝達の役目を果たしえない．なぜなら労働者がたんに「私は高い能力を持っていますよ」と言ったところで誰にも信じてもらえないからである．しかし，チープトークでも情報の伝達が可能な場合もある．そうした例としては「ほら，あのバスに気をつけて！」といったような発話を考えてみればよい．より経済学的に意味のある応用例では，スタイン（Stein, 1989）が連邦準備制度理事会による政策発表は情報伝達機能を持ってはいるがそれほど正確ではありえないということを示しているし，マシューズ

(Matthews, 1989)は大統領による拒否権発動の脅しが議会を通過する法案にいかなる影響を持つかを研究している．また一定の環境の下でチープトークの効果を分析するだけでなく，チープトークを利用するためには環境をいかにデザインしたらよいかといった問題も研究対象となっている．この流れに沿った研究としては，オーステン・スミス(Austen-Smith, 1990)が利己的な議員たちによる討論も最終的に制定される法律の社会的価値を高めうることを示している．またファレル＝ギボンズ(Farrell and Gibbons, 1991)は組合の組織化が(2.1.C 節で考察したように雇用に歪みを生じさせるにもかかわらず)労働者側と経営側の意志を疎通させ，社会的厚生を増す可能性があることを示した．

　チープトークがスペンス・モデルで情報を伝達しえない理由は，受け手の行動に関してどの送り手のタイプもが同じ選好を持つこと，つまりどの労働者もその能力に関係なく高い賃金を望むこと，にある．送り手の中で選好が同質的だと(スペンス・モデルでも，より一般的なモデルでも)チープトークが無効になるということを理解するために，いまある純粋戦略の均衡があって，そこでは送り手のタイプのうちある部分集合 T_1 に属するものは皆メッセージ m_1 を送り，別の部分集合 T_2 に属するものは皆別のメッセージ m_2 を送っているとしてみよう(各 T_i は分離均衡のときのように一つのタイプだけからなっていてもいいし，部分一括均衡のときのように多数のタイプからなっていてもいい)．このとき均衡においては受け手は m_i を T_i からきたものと考え，その信念の下での最適行動をとる．この行動を a_i であらわそう．すると，すべての送り手のタイプは受け手の行動に関して同じ選好を持っているので，もしあるタイプが(例えば) a_2 より a_1 を好んだとすれば，他のすべてのタイプも同様の選好を示し，m_2 より m_1 を送ろうとしてはじめに仮定した均衡は成り立たなくなってしまう．スペンス・モデルを例にとって言えば，もしあるチープトークのメッセージを送ると高賃金が得られ，別のチープトークのメッセージを送ると低賃金になってしまうのであれば，どの能力の労働者も前者のメッセージを送ろうとするので，結局チープトークが賃金に影響を与えうるような均衡は存在しないのである．

　したがってチープトークが情報を伝えるためには，まず異なった送り手のタイプが受け手の行動に関して異なった選好を持つことが必要条件となる．そして第 2 の必要条件は，言うまでもなく受け手が送り手のタイプに応じて別々

の行動をとろうとすることである（もし受け手が送り手のタイプにかかわりな
く同じ行動を望むのであれば，シグナリングもチープトークも意味がなくな
る）．チープトークが情報を伝えるための第3の必要条件は，受け手の自分の
行動についての選好が，送り手の選好と正反対にはならないことである．後
に出てくる例を先取りして，かりに送り手のタイプが「低」のときには受け手
は「低」の行動を好み，送り手のタイプが「高」のときには受け手は「高」の
行動を好むとしてみる．このときもし「低」タイプの送り手が「低」の行動を
好み「高」タイプの送り手が「高」の行動を好むのであれば情報伝達が行われ
るが，もし送り手が反対の選好を持つならば送り手は受け手を惑わせようと
するので，情報の伝達は行われない．クロフォード = ソーベル（Crawford and
Sobel, 1982）はこれら三つの必要条件を満たす抽象的モデルを分析して，つぎ
の二つの直観的な結論を得た．大雑把に言えば，プレイヤーの選好がより緊密
に揃っているほどチープトークによってより多くの情報を伝達できるというの
と，しかしプレイヤーの選好が完全に揃っていない限りは完全な情報伝達は起
こりえないというのがそれである．

　連邦準備制度理事会によるチープトーク，拒否権発動の脅し，討論による情
報伝達，そして組合の「声」といった上述の経済学への応用は，たんなるチー
プトーク・ゲームだけでなく，より複雑な経済状況のモデルをも含んだもので
ある．そしてそれらの応用例を一つでも分析するとなると，前者のゲームだけ
でなく後者のモデルも記述しなければならず，すべてのチープトークに共通の
基本原理の説明から話が逸れてしまいかねない．そこで本節では本書の他の部
分と書き方を変えて，抽象的なチープトーク・ゲームだけに限って分析し，応
用例については読者自ら文献にあたっていただくことにしたい．

　もっとも単純なチープトーク・ゲームの手順は，もっとも単純なシグナリン
グ・ゲームの手順と同じで，ただ利得のみが異なっている．

1. 自然が確率分布 $p(t_i)$ にしたがって可能なタイプの集合 $T=\{t_1,\cdots,t_I\}$
   から送り手のタイプ t_i を決める．ここでどの i についても $p(t_i)>0$ かつ
   $p(t_1)+\cdots+p(t_I)=1$ である．
2. 送り手は t_i を知ったのち，可能なメッセージの集合 $M=\{m_1,\cdots,m_J\}$
   からメッセージ m_j を一つ選ぶ．
3. 受け手は m_j を知ったのち（t_i は知らないで），可能な行動の集合 $A=$

$\{a_1, \cdots, a_K\}$ から行動 a_k を一つ選ぶ.

4. 利得が $U_S(t_i, a_k)$ と $U_R(t_i, a_k)$ によって決まる.

チープトーク・ゲームの一番の特徴は，メッセージが送り手の利得に対しても受け手の利得に対しても**直接には**影響を与えないことである．メッセージが意味を持つのはその情報伝達機能が活かされるときのみであり，それは送り手のタイプに関する受け手の信念を変化させることから受け手の行動を変化させ，間接的に両プレイヤーの利得に影響を与えることになる．このとき，同じ情報は異なる言い回しでも伝達できるので，異なったメッセージ空間が同じ結果を達成することがありうる．そしてチープトークの精神は何を言ってもいいということなので，これを定式化しようとすれば M を非常に大きな集合にしなくてはならない．ここではその代わりに M が，言う必要のあることを言うのに（ちょうど）足りるだけの大きさを持つと仮定する．つまり $M = T$ とするのである．本節の目的にとってはこの仮定は何を言ってもよいという仮定と同値になるが，4.4 節の目的（完全ベイジアン均衡の精緻化）にとっては，この仮定は再考の余地がある．

　もっとも単純なチープトーク・ゲームとシグナリング・ゲームは同じ手順になっているので，二つのゲームでの完全ベイジアン均衡の定義もまた同じになる．つまりチープトーク・ゲームの純粋戦略完全ベイジアン均衡は，シグナリングの条件 1，2R，2S，および 3 を満たす戦略の組 $m^*(t_i)$ と $a^*(m_j)$ および信念 $\mu(t_i | m_j)$ からなる．ただしシグナリングの条件 2R と 2S における利得関数 $U_R(t_i, m_j, a_k)$ と $U_S(t_i, m_j, a_k)$ がそれぞれ $U_R(t_i, a_k)$ と $U_S(t_i, a_k)$ に入れ替わる．しかしながら，シグナリング・ゲームとチープトーク・ゲームには一つの違いがあり，それは後者においては一括均衡がつねに存在するということである．これは，メッセージが送り手の利得に直接には影響しないので，もし受け手がすべてのメッセージを無視するのであれば一括戦略が送り手にとっての最適反応となり，またメッセージが受け手の利得に直接には影響しないので，送り手が一括戦略でくれば受け手にはすべてのメッセージを無視するのが最適反応となるからである．これを形式的に示すために，a^* で受け手の一括均衡での最適行動をあらわすことにしよう．つまり a^* を

$$\max_{a_k \in A} \sum_{t_i \in T} p(t_i) U_R(t_i, a_k)$$

の解とし，受け手はどんなメッセージがきても（均衡経路上であってもなくて
も）事前の信念 $p(t_i)$ を保ち続け，どのメッセージの後でも行動 a^* を選ぶとし
よう．すると，送り手がどの一括戦略をとるにしても，それは一括完全ベイジ
アン均衡となる．したがってチープトーク・ゲームで興味を引く問題は，この
ような一括均衡以外の均衡が存在するかどうかということになる．以下で論じ
られる二つの抽象的チープトーク・ゲームは，それぞれ分離均衡と部分一括均
衡を持つ例となっている．

	t_L	t_H
a_L	$x, 1$	$y, 0$
a_H	$z, 0$	$w, 1$

表 **4.3.1**

　まずはタイプが二つ，行動も二つの例を考えるとして，$T = \{t_L, t_H\}$,
$\mathrm{Prob}(t_L) = p, A = \{a_L, a_H\}$ としよう．このチープトーク・ゲームの利得を記
述する場合，2タイプ，2メッセージ，2行動のシグナリング・ゲームとして
図 4.2.1 のようにあらわすことも可能であるが，タイプと行動の組 (t_i, a_k) に
対応する利得は送られたメッセージから独立になるので，ここでは利得を表
4.3.1 のようにあらわすことにする．表の各枡目のはじめの数字が送り手の利
得を，2番目の数字が受け手の利得をあらわすわけであるが，この表は標準型
ゲームをあらわしたものでは**ない**．それはたんに各タイプと行動の組に対す
るプレイヤーの利得を並べただけのものである．前にチープトークが情報を
伝えるための必要条件を記したが，ここではそれに沿う形で受け手の利得を
選んである．つまり送り手のタイプが「低」(t_L) のときには受け手は「低」の
行動 (a_L) を選好し，それが「高」(t_H) のときには受け手は「高」の行動 (a_H)
を選好する．第1の必要条件を説明するために，かりに送り手のタイプが両
方とも行動に関して同一の選好を持つとしてみよう．例えば $x > z$ かつ $y > w$
とすれば，両タイプとも a_L を a_H より好むことになる．このときはどちらの
タイプも受け手に $t = t_L$ と思ってもらいたいわけで，受け手としてはそのよ
うな主張がなされてもそれを信じるわけにはいかない．つぎに第3の必要条
件を説明するために，プレイヤーの選好が完全に反対になっている例，つま
り $z > x$ かつ $y > w$ で，送り手のタイプ t_L が行動 a_H を好み，送り手のタイ
プ t_H が行動 a_L を好む場合を考える．すると t_L は受け手に $t = t_H$ と信じて
もらいたいと考えるし，t_H は受け手に $t = t_L$ と信じてもらいたいと考える

ので，受け手はどちらの主張も信じられなくなってしまう．したがって，この2タイプ，2行動のゲームで第1および第3の必要条件を満たすケースは$x \geq z$かつ$w \geq y$のときしかない．このときには送り手のタイプを所与としたとき，両プレイヤーがどちらの行動がとられるべきかについて意見の一致をみているという意味で，プレイヤーの利害が完全に揃っている．このチープトーク・ゲームの分離完全ベイジアン均衡を形式的に書けば，送り手の戦略が$[m(t_L) = t_L, m(t_H) = t_H]$，受け手の信念が$\mu(t_L | t_L) = 1$と$\mu(t_L | t_H) = 0$，そして受け手の戦略が$[a(t_L) = a_L, a(t_H) = a_H]$となる．これらの戦略と信念が均衡になるためには，送り手の各タイプt_iが真実を表明してa_iを引き出すことを，嘘をついてa_jを引き出すことよりも好ましく思わなければならない．したがって分離均衡が存在するのは，$x \geq z$かつ$w \geq y$であるとき，しかもそのときのみである．

　第2の例はクロフォード＝ソーベル・モデルの特殊ケースである．ここではタイプ，メッセージおよび行動空間は連続的である．すなわち送り手のタイプは0と1のあいだに一様に分布しており（形式的には$T = [0, 1]$で$p(t) = 1$がすべてのTに属するtについて成り立つ），メッセージ空間はタイプ空間と同じ（$M = T$），行動空間は0と1のあいだの区間（$A = [0, 1]$）である．受け手の利得関数を$U_R(t, a) = -(a - t)^2$，送り手の利得関数を$U_S(t, a) = -[a - (t + b)]^2$とするので，送り手のタイプが$t$のとき受け手にとっての最適行動は$a = t$であるが，送り手にとっての最適行動は$a = t + b$となる．したがって，異なる送り手タイプは受け手の行動に関して異なる選好を持っており（詳しく言えばタイプが大きいほど大きな行動を好み），2人のプレイヤーの選好は完全には対立していない（詳しく言えば，パラメータ$b > 0$がプレイヤーの選好の類似度を測る尺度となっており，bが0に近づくほどプレイヤーの利害がより揃ってくることになる）．

　クロフォードとソーベルは，このモデル（またこれと関係のあるより広範なモデル）でのすべての完全ベイジアン均衡が，タイプ空間がn個の区間$[0, x_1)$，$[x_1, x_2)$，……，$[x_{n-1}, 1]$に分割され，一つの区間に属するすべてのタイプは同じメッセージを送るが区間が異なると送るメッセージも異なるという形の部分一括均衡に等しくなることを証明した．前述のとおり一括均衡（$n = 1$）はつねに存在する．そこで以下では，選好の類似度を測るパラメータbが与えられると，均衡で生じる区間（階級）の最大数$n^*(b)$が求まり，さらに$n =$

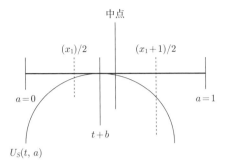

図 4.3.2

1, 2, $\cdots$, $n^*(b)$ の各 n に相当する部分一括均衡が存在するということを示した
い．b が小さくなれば $n^*(b)$ が増加し，その意味ではプレイヤーの選好がより
緊密に揃ってくると，チープトークをつうじてより多くの情報を伝達すること
が可能になる．またどんな $b>0$ に対しても $n^*(b)$ は有限の値をとるが，b が
0 に近づけば $n^*(b)$ は無限大に発散するので，プレイヤーの選好が完全に揃う
までは完全な情報伝達は起こりえない．

　さて，それらの部分一括均衡を特徴づけることで本節の残りを終えること
にしよう．まずは分かりやすい 2 階級 ($n=2$) の場合から始めよう．かりに区
間 $[0, x_1)$ に属するすべてのタイプが一つのメッセージを送り，$[x_1, 1]$ に属す
るすべてのタイプが別のメッセージを送るものとしてみる．$[0, x_1)$ に属する
タイプからメッセージを受けると，受け手は送り手のタイプが $[0, x_1)$ 上の一
様分布であるという信念を持つことになり，最適行動は $x_1/2$ となる．同様に
$[x_1, 1]$ に属するタイプからメッセージを受けると，受け手の最適行動は $(x_1 +$
$1)/2$ となる．そして $[0, x_1)$ に属するタイプが彼らのメッセージを自ら進んで
送るためには，彼ら全員が $(x_1+1)/2$ よりも $x_1/2$ を好ましく思うことが必要
であり，同様に x_1 より大きいタイプはすべて $x_1/2$ よりも $(x_1+1)/2$ を好ま
しく思うのでなくてはならない．

　送り手の選好はその最適な行動を中心として左右対称になっているので，送
り手のタイプ t が $(x_1+1)/2$ よりも $x_1/2$ を好むためには，それらの行動の中
点がそのタイプの最適行動 $t+b$ よりも大きくなっていればよく（図 4.3.2 参
照），逆に $t+b$ がその中点を越えていると $x_1/2$ よりも $(x_1+1)/2$ を好むこと
になる．よって 2 階級均衡が存在するためには，x_1 のタイプが，その最適行
動 $t+b$ がちょうど二つの行動の中点にくるようなタイプ t になっていなくて

はならない. つまり

$$x_1 + b = \frac{1}{2}\left[\frac{x_1}{2} + \frac{x_1+1}{2}\right]$$

が成り立たねばならず, $x_1 = (1/2) - 2b$ となる. ここでタイプ空間は $T = [0,1]$ なので, x_1 は必ず正の値をとる. したがって2階級均衡が存在するのは, $b < 1/4$ のときのみであり, $b \geq 1/4$ のときにはプレイヤーの選好が離れ過ぎていて, この限定的な情報伝達すら起こらないことになる.

この2階級均衡の議論を完成させるために, つぎに均衡経路上にないメッセージの問題について考える. クロフォードとソーベルは送り手の(混合)戦略をつぎのように特定化し, 均衡経路上にないメッセージが存在しないようにした. 彼らの考えた戦略は, $t < x_1$ のすべてのタイプが $[0, x_1)$ 上の一様分布にしたがってランダムにメッセージを選び, $t \geq x_1$ のすべてのタイプが $[x_1, 1]$ 上の一様分布にしたがってランダムにメッセージを選ぶというものである. われわれは $M = T$ を仮定したので, 均衡において送られることのないメッセージは存在しなくなり, すべてのメッセージの後の受け手の信念がシグナリングの条件3を用いて決定される. それにしたがうと, $[0, x_1)$ に属するメッセージを観察した受け手は t が $[0, x_1)$ 上に一様分布しているという信念を持つし, $[x_1, 1]$ に属するメッセージを観察した受け手は t が $[x_1, 1]$ 上に一様分布しているという信念を持つ(送り手の混合戦略において一様分布が使われているのは, 送り手のタイプが一様に分布しているという仮定とは独立の仮定である. 実際, 送り手の混合戦略は同じ区間上で定義された厳密に正の値をとる確率密度であれば何でもよい). またクロフォードとソーベルとは別のやり方として, 送り手の戦略を純粋戦略として特定化し, 均衡経路上にない受け手の信念を適当に選ぶことも可能である. 例えば, 送り手の戦略として $t < x_1$ のタイプはすべてメッセージ0を送り, $t \geq x_1$ のタイプはすべてメッセージ x_1 を送るものとし, さらに受け手の均衡経路上にない信念としては $(0, x_1)$ に属するメッセージを受けたときには $[0, x_1)$ 上の一様分布の t を, $(x_1, 1]$ に属するメッセージを受けたときには $[x_1, 1]$ 上の一様分布の t を考えるとすればよいであろう.

n 階級均衡を特徴づけるには, 2階級均衡のときに上の階級 $[x_1, 1]$ が下の階級 $[0, x_1)$ より長さが $4b$ だけ長かったことに注目して, それを繰り返し適用していけばよい. これは送り手のタイプが t のとき, 送り手にとっての最適行動

$(t+b)$ が受け手にとっての最適行動より b だけ大きいことに由来する．つまり，もし二つの隣り合った階級の長さが等しかったなら，その 2 階級の境界にあるタイプ（2 階級均衡では x_1 に相当）は上の方の階級に結びついたメッセージを送ることをより選好し，その境界の少し下にあるタイプも同じものを選好することになってしまうのである．したがって境界のタイプが二つの階級のどちらも無差別に感じる（そして境界の上や下のタイプはそれぞれの階級をより選好する）ようにする唯一の方法は，以下に見るように上の階級を下の階級より適当な長さだけ長くすることなのである．

　階級 $[x_{k-1}, x_k)$ の長さを c とすると（つまり $x_k - x_{k-1} = c$ とすると），受け手のこの階級に対する最適行動は $(x_k + x_{k-1})/2$ となり，これは境界上にあるタイプ x_k の最適行動 $x_k + b$ よりも $(c/2) + b$ だけ小さい．よって境界上のタイプ x_k が $[x_{k-1}, x_k)$ と $[x_k, x_{k+1})$ の階級のどちらも無差別と考えるようにするためには，後者の階級に対する受け手の最適行動を x_k の最適行動よりも $(c/2) + b$ だけ大きくしなくてはならない．すなわち

$$\frac{x_{k+1} + x_k}{2} - (x_k + b) = \frac{c}{2} + b$$

つまり

$$x_{k+1} - x_k = c + 4b$$

となる．よって各階級はその直前の階級よりも $4b$ だけ長くなるわけである．

　n 階級均衡では第 1 階級の長さを d とすれば，第 2 階級の長さは $d+4b$，第 3 階級の長さは $d+8b, \cdots$ となる．そして第 n 階級はちょうど $t=1$ のところで終わるので，次式

$$d + (d + 4b) + \cdots + [d + (n-1)4b] = 1$$

が成立する．公式 $1 + 2 + \cdots + (n-1) = n(n-1)/2$ を用いてこれを変形すれば，

$$n \cdot d + n(n-1) \cdot 2b = 1 \tag{4.3.1}$$

となる．そして $n(n-1) \cdot 2b < 1$ であるような n をとれば，(4.3.1) を解く d が必ず存在する．つまり $n(n-1) \cdot 2b < 1$ であるどんな n についても n 階級の部分一括均衡が存在し，第 1 階級の長さは (4.3.1) から求められる d の値となる．第 1 階級の長さは正でなくてはならないので，そのような均衡が可能な n

のうちで最大の数 $n^*(b)$ は $n(n-1)\cdot 2b<1$ を満たす最大の整数に等しい．そしてこの 2 次不等式を公式を用いて解けば，結局 $n^*(b)$ は

$$\frac{1}{2}[1+\sqrt{1+(2/b)}]$$

未満の整数のうちの最大のものとなる．これはまた，2 階級均衡のときに導出した，$b\geq 1/4$ のときには $n^*(b)=1$，という結果とも整合的である．つまり，プレイヤーの選好があまりにかけ離れているときには，情報は伝達されない．また前述のように $n^*(b)$ は b の減少関数であるが，それが無限大に近づくのは b が 0 に近づくときのみである．すなわちプレイヤーの選好がより緊密に揃ってくると，チープトークをつうじてより多くの情報伝達が可能になるが，完全な情報伝達はプレイヤーの選好が完全に揃うまでは起こらない．

4.3.B 非対称情報の下での逐次的交渉

賃金をめぐって交渉している企業と組合を考えよう．単純化のために雇用量は固定されているものとする．組合の留保賃金(つまりその企業によって雇用されなかったとしても組合員が稼ぐことのできる金額)は w_r である．企業の利潤 π は $[\pi_L,\pi_H]$ 上の一様分布から選ばれるが，π の真の値は企業の私的情報となっている．この私的情報は，例えば計画段階にある新規プロジェクトに関する知識で，企業側が優位に立っていることを反映していると考えればよい．分析を簡単にするため，$w_r=\pi_L=0$ と仮定する．

　交渉ゲームは長くとも 2 期で終わる．第 1 期には組合が賃金 w_1 を提示する．もし企業がこれを受け入れればゲームが終わり，組合の利得は w_1，企業の利得は $\pi-w_1$ となる(これらの利得は対象となる契約の有効期間——通常は 3 年——のあいだにプレイヤーたちが得る賃金および(純)利潤の現在価値をあらわしている)．もし企業がこの提案を拒否すればゲームは第 2 期へ移り，組合が 2 回目の賃金 w_2 を提示する．もし企業がこれを受け入れるならプレイヤーの利得の(第 1 期で測られた)現在価値は組合にとっては δw_2，企業にとっては $\delta(\pi-w_2)$ となる．ここで δ は割引ということと，第 1 期が終わって契約の有効期間が残り少なくなったことを反映している．もし企業が組合の 2 回目の提案を拒否すればゲームはそこで終わり，両プレイヤーの利得は 0 となる．より現実的なモデルであれば提案が受け入れられるまで交渉が継続されるか，または長引いたストライキののち強制力のある調停者に両者とも身を任せ

るか，そのいずれかになるかもしれない．ここではわれわれは，モデルをとり
扱いやすくするために現実性を犠牲にしている．無限期間の分析についてはソ
ーベル＝高橋(Sobel and Takahashi, 1983)と練習問題 4.12 を参照せよ．

　このモデルで完全ベイジアン均衡を定義しそれを求めるには少し込み入った
議論を要するが，最終的に得られる解は単純で，直観に適ったものである．そ
こでまずこのゲームの唯一の完全ベイジアン均衡を書き記すことから始めるこ
とにしよう．

・組合が提案する第 1 期の賃金は

$$w_1^* = \frac{(2-\delta)^2}{2(4-3\delta)}\pi_H$$

　である．
・もし企業の利潤 π が

$$\pi_1^* = \frac{2w_1}{2-\delta} = \frac{2-\delta}{4-3\delta}\pi_H$$

　を超えていれば企業は w_1^* を受け入れ，そうでなければ w_1^* を拒否する．
・第 1 期の提案が拒否されると，組合は企業の利潤に関するその信念を更
　新し，π が $[0, \pi_1^*]$ 上の一様分布にしたがっていると考える．
・(w_1^* が拒否されたとき)組合が提案する第 2 期の賃金は

$$w_2^* = \frac{\pi_1^*}{2} = \frac{2-\delta}{2(4-3\delta)}\pi_H < w_1^*$$

　である．
・もし企業の利潤 π が w_2^* を超えていれば企業はその提案を受け入れ，そう
　でなければそれを拒否する．

したがって各期において高利潤企業は組合の提案を受け入れる一方，低利潤企
業はそれを拒否し，組合の第 2 期の信念は高利潤企業が第 1 期の提案を受け
入れるという事実を反映したものとなっている(ここでの用語法は今までのも
のとは少し異なっており，以下では一つの企業が多くの可能な利潤タイプを持
っているという言い方と，多数の企業があってそれぞれが自分の利潤水準を持
っているという言い方の両方を区別せずに用いていく)．均衡では，低利潤企
業は組合に自分たちが低利潤であることを納得させ，第 2 期には組合からよ

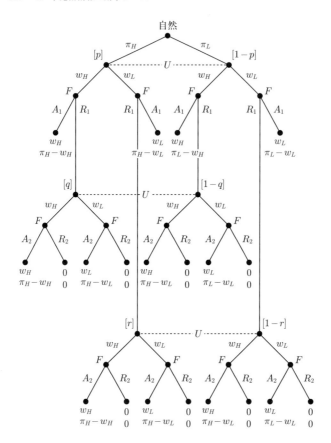

図 **4.3.3**

り低い賃金提案を引き出すために, 1 期間のストライキも辞さない. それでも利潤がごく少ない企業は, 減額された第 2 期の提案をも受け入れるには高すぎると感じ, それをもまた退ける.

　われわれは分析の手順としてまずプレイヤーの戦略と信念を述べ, その後で完全ベイジアン均衡を定義する. 図 4.3.3 には π の値として π_L と π_H の二つの値だけがあり, また組合の提案する賃金として w_L と w_H の二つの可能性だけがある単純化されたゲームの展開型が示してある. この単純なゲームでは, 組合は三つの情報集合で手番を持っているので, 組合の戦略は三つの賃金提案から構成されることになる. それらは第 1 期の w_1, および二つの第 2 期の賃金提案, つまり $w_1 = w_H$ が拒否された後の w_2 と, $w_1 = w_L$ が拒否された後の w_2 である. これら三つの手番はどれもが複数の節を含む情報集合で

とられるので，そこでの組合の信念がそれぞれ $(p, 1-p)$，$(q, 1-q)$，$(r, 1-r)$ と書かれている．（図 4.3.3 の単純なゲームと対比される）もとのゲームでは，組合の戦略は第 1 期の提案 w_1 および可能な提案 w_1 のそれぞれが拒否された後の第 2 期の提案 w_2 をあらわす賃金提案関数 $w_2(w_1)$ から構成される．そしてそれらの手番はどれもが複数の節を含む情報集合でとられることになる．そして組合が第 1 期に行いうる賃金提案のそれぞれの値に対して，一つずつ第 2 期の情報集合が対応している（したがってそういう情報集合は，図 4.3.3 の場合のように二つだけあるのではなく，連続的に存在している）．さらに第 1 期の一つの情報集合と第 2 期の連続的にある情報集合の両方の中に，π の可能な値それぞれに対応する決定節が含まれている（したがってそういう決定節もまた図 4.3.3 の場合のように二つだけではなく，連続的に存在している）．各情報集合において，組合の信念はそれらの決定節上の確率分布である．よってもとのゲームにおいては，組合の第 1 期の信念を $\mu_1(\pi)$ で，組合の第 1 期の提案 w_1 が拒否された後の第 2 期の信念を $\mu_2(\pi \mid w_1)$ であらわすこととする．

　企業の戦略は（単純化されたゲームでも，もとのゲームでも）二つの意思決定からなっている．企業の利潤が π のとき，もし第 1 期の提案 w_1 を受け入れるならば，$A_1(w_1 \mid \pi)$ は 1 の値をとり，もし w_1 を拒否するならば，それは 0 の値をとるとしよう．同様に利潤が π で第 1 期の提案が w_1 だったときに，企業が第 2 期の提案 w_2 を受け入れるのであれば $A_2(w_2 \mid \pi, w_1)$ は 1 で，w_2 を拒否するのであれば $A_2(w_2 \mid \pi, w_1)$ は 0 であるとする．すると企業の戦略は関数の組 $[A_1(w_1 \mid \pi), A_2(w_2 \mid \pi, w_1)]$ であらわされることになる．企業はつねに完備情報を持っているので，その信念は自明である．

　もし戦略 $[w_1, w_2(w_1)]$ と $[A_1(w_1 \mid \pi), A_2(w_2 \mid \pi, w_1)]$，そして信念 $[\mu_1(\pi), \mu_2(\pi \mid w_1)]$ が 4.1 節の条件 2，3，および 4 を満たせば，それらは完全ベイジアン均衡となる（条件 1 は組合の信念が存在することだけで満たされている）．われわれは以下において，完全ベイジアン均衡が一意的に決まることを示したい．もっとも簡単な手続きは，企業の第 2 期の意思決定 $A_2(w_2 \mid \pi, w_1)$ を条件 2 によって求めることである．これがゲームの最終手番なので，企業にとっての最適行動は $\pi \geq w_2$ であるときかつそのときにのみ w_2 を受け入れることとなる．これには w_1 は関係がない．そして企業の戦略のこの部分が求まると，条件 2 より組合の第 2 期の賃金提案を決定することも容易になる．つま

り，w_2 は組合の信念 $\mu_2(\pi\,|\,w_1)$ と企業のその後の戦略 $A_2(w_2\,|\,\pi,w_1)$ を所与として，組合の期待利得を最大化するように選ばれる．工夫がいるのは，つぎに述べる $\mu_2(\pi\,|\,w_1)$ の決定の部分である．

そのためにまず一時的に，つぎの1期の交渉問題を考えることにしよう（この問題の結論はのちに2期モデルの第2期の解として用いられることになる）．この1期モデルでは，組合は企業の利潤が $[0,\pi_1]$ 上で一様に分布しているという信念を持つものと仮定する．ここで π_1 はとりあえず何でもよい．もし組合が w を提案すれば，企業の最適反応は当然 $\pi\geq w$ のときかつそのときに限り w を受け入れるということになる．それゆえ，組合の問題は

$$\max_w w\cdot\mathrm{Prob}\{\text{企業が}\,w\,\text{を受け入れる}\}+0\cdot\mathrm{Prob}\{\text{企業が}\,w\,\text{を拒否する}\}$$

のように定式化され，意味のある賃金提案（つまり $0\leq w\leq\pi_1$ のような w）に対しては，$\mathrm{Prob}\{\text{企業が}\,w\,\text{を受け入れる}\}=(\pi_1-w)/\pi_1$ となる．したがって，最適な賃金提案は $w^*(\pi_1)=\pi_1/2$ と計算できる．

ここから（以降ずっと）2期間の問題に戻ることにしよう．まず示さなければならないのは，w_1 と w_2 を任意に選んだとき，もし組合が第1期に w_1 を提案し，企業が組合の第2期の提案として w_2 を予想するとすれば，十分に利潤の高い企業は w_1 を受け入れ，他の企業はそれを拒否するということである．企業の利得は w_1 を受け入れれば $\pi-w_1$，w_1 を拒否して w_2 を受け入れれば $\delta(\pi-w_2)$，そして両方の提案を拒否すれば 0 の3通りの可能性がある．よって企業はもし $\pi-w_1>\delta(\pi-w_2)$，つまり

$$\pi>\frac{w_1-\delta w_2}{1-\delta}\equiv\pi^*(w_1,w_2)$$

なら，w_1 を受け入れることを w_2 を受け入れることよりも選好し，$\pi-w_1>0$ なら，w_1 を受け入れることを両方の提案を拒否することよりも選好する．ゆえに w_1 と w_2 を任意に選んだとき，$\pi>\max\{\pi^*(w_1,w_2),w_1\}$ となる企業は w_1 を受け入れ，$\pi<\max\{\pi^*(w_1,w_2),w_1\}$ となる企業は w_1 を拒否することが分かる．ここで条件2を使うと，プレイヤーのその後の戦略を所与としたとき，企業が最適に行動することになり，上の議論から任意の w_1 に対して $A_1(w_1\,|\,\pi)$ を求めることが可能になる．つまり w_2 で組合が提案する第2期の賃金 $w_2(w_1)$ をあらわしたとすると，$\pi>\max\{\pi^*(w_1,w_2),w_1\}$ となる企業は

w_1 を受け入れ，$\pi < \max\{\pi^*(w_1, w_2), w_1\}$ となる企業は w_1 を拒否することになろう．

それではいよいよ，第 1 期に提案された w_1 が拒否されたとき到達される情報集合での，組合の第 2 期の信念 $\mu_2(\pi \,|\, w_1)$ を導出することにしよう．条件 4 を使うと，組合の π に対する信念は $[0, \pi(w_1)]$ 上の一様分布にならなければならないことが分かるのである．ここで $\pi(w_1)$ は，企業にとって w_1 を受け入れることと，それを拒否して上記の信念の下での組合の第 2 期の最適な賃金提案（これは 1 期モデルでの計算により $w^*(\pi(w_1)) = \pi(w_1)/2$ となることが分かっている）を受け入れることとが無差別になるような π の値である．このことを以下で示していきたい．まず，条件 4 は組合の信念がベイズの公式と企業の戦略によって決まることを述べていたのを思い起こしていただきたい．ゆえに前に求めた企業の第 1 期の戦略 $A_1(w_1 \,|\, \pi)$ を用いると，第 2 期にまだ残っているタイプに関する組合の信念は $[0, \pi_1]$ 上の一様分布にならねばならないといえる．ここで $\pi_1 = \max\{\pi^*(w_1, w_2), w_1\}$ で，w_2 は組合の第 2 期の賃金提案 $w_2(w_1)$ である．さらにこの信念を所与として，組合の最適な第 2 期の提案が $w^*(\pi_1) = \pi_1/2$ になることを考え合わせると，結局，w_1 の陰関数としての π_1 が

$$\pi_1 = \max\{\pi^*(w_1, \pi_1/2), w_1\}$$

のようにあらわされる．この陰関数の式を解くにあたり，まず $w_1 \geq \pi^*(w_1, \pi_1/2)$ であると仮定してみる．すると $\pi_1 = w_1$ となるが，これは $w_1 \geq \pi^*(w_1, \pi_1/2)$ と両立しない．よって $w_1 < \pi^*(w_1, \pi_1/2)$ でなくてはならないことになり，結局 $\pi_1 = \pi^*(w_1, \pi_1/2)$，つまり

$$\pi_1(w_1) = \frac{2w_1}{2-\delta} \quad \text{および} \quad w_2(w_1) = \frac{w_1}{2-\delta}$$

を得るのである．

以上でわれわれはもとのゲームを組合による 1 期間の最大化問題へと還元した．つまり組合の第 1 期の賃金提案 w_1 を所与として，企業の第 1 期の最適反応とゲームが第 2 期に移った場合の組合の信念，それからまた組合の最適な第 2 期の提案，そして企業の第 2 期の最適反応を求め終わったのである．それゆえ組合の第 1 期の賃金提案は

$$\max_{w_1} w_1 \cdot \text{Prob}\{企業が\ w_1\ を受け入れる\}$$

$$+\delta w_2(w_1) \cdot \text{Prob}\{企業が\ w_1\ を拒否し\ w_2\ を受け入れる\}$$

$$+\delta \cdot 0 \cdot \text{Prob}\{企業が\ w_1\ と\ w_2\ をともに拒否する\}$$

を解くように選ばれるべきである. 注意が必要なのは Prob{企業が w_1 を受け入れる} が, たんに π が w_1 を超える確率では**なく**, π が $\pi_1(w_1)$ を超える確率, つまり

$$\text{Prob}\{企業が\ w_1を受け入れる\} = \frac{\pi_H - \pi_1(w_1)}{\pi_H}$$

になることである. この最大化問題の解が本節の最初に示した w_1^* であり, これから $\pi_1^* = \pi_1(w_1^*)$ と $w_2^* = w_2(w_1^*)$ がそれぞれ求まることになる.

4.3.C 有限回繰り返される囚人のジレンマでの評判
2.3.A 節における完備情報の有限繰り返しゲームの分析では, もし段階ゲームが一意的なナッシュ均衡を持つならば, その段階ゲームにもとづいたどんな有限繰り返しゲームを考えても, それは一意的なサブゲーム完全なナッシュ均衡を持ち, そこではどの歴史の後から出発しても, 毎期段階ゲームのナッシュ均衡がプレイされることが証明された. しかしながらこの理論的結論とは対照的に, 多くの実験上の証拠によれば, 有限回繰り返される囚人のジレンマではしばしば協力的行動がとられ, とりわけゲームの終わりにそれほど近くない期にそれが多いことが示されている. この点についてはアクセルロッド(Axelrod, 1981)が参考になる. そしてクレプス＝ミルグロム＝ロバーツ＝ウィルソン(Kreps, Milgrom, Roberts, and Wilson, 1982)は**評判モデル**(reputation model)が, この実験から得られた証拠を説明することを示したのである[7].

有限回繰り返される囚人のジレンマでのそうした評判均衡をもっとも簡単に説明するために, ここでは非対称情報を新しいやり方でモデルに組み込むことにする. つまり1人のプレイヤーが自分の利得について私的情報を持つ

---

7) 2.3.B 節では無限に繰り返される囚人のジレンマで協力的行動がとられることを示した. そこでは両プレイヤーの利得と可能な戦略が共有知識となっているが, それでもそのような均衡を「評判」均衡と呼ぶ人もいる. ただし明確さを期するために, そうした均衡は「脅しと約束」にもとづく均衡と呼び, 「評判」という用語は本節の場合のように少なくとも1人のプレイヤーが他のプレイヤーについて何かを学ぶゲームのためにとっておくこともできよう.

と仮定するのではなく，そのプレイヤーが自分の実行可能な戦略について私的情報を持つと仮定するのである．詳しく言うと，これは行プレイヤーが確率 p でいわゆるしっぺ返し戦略(Tit-for-Tat strategy，つまり繰り返しゲームをまず協力的行動で始め，その後は相手が前回にやったとおりのことを真似する戦略)だけをプレイでき，確率 $1-p$ では完備情報の繰り返しゲームで可能などの戦略(しっぺ返し戦略も含めて)をもプレイできると仮定することである．通例にしたがい，後者の行プレイヤーのタイプを「合理的」と呼ぶことにしよう．この定式化を用いると，一度でも行プレイヤーがしっぺ返し戦略から逸脱すれば，行プレイヤーが合理的であることが共有知識になるので，説明が楽になるという利点がある．

　しっぺ返し戦略は簡単で，しかも訴えるところのある戦略である．またこれはアクセルロッドの行った囚人のジレンマのトーナメントで勝ちを収めた戦略でもあった．それでも，あるプレイヤーの実行可能な戦略がただ一つだけというのは，たとえそれが魅力的な戦略であったにせよ，面白くないと感じる人もいることだろう．もっとも，説明の簡潔ささえ犠牲にすれば，上の仮定に代えて，行プレイヤーは両タイプともすべての戦略をプレイすることができるが，ただ確率 p でしっぺ返し戦略が繰り返しゲームの他のどの戦略をも強く支配するような利得構造になっている，と仮定することもできよう(ただしこの仮定をとると，しっぺ返し戦略から逸脱しても行プレイヤーが合理的であることが共有知識にはならないので，説明がより複雑になる)．このような利得は通常繰り返しゲームにおいて仮定されるものとは異なり，列プレイヤーの一つ前のプレイを真似することが最適になるため，ある段階での行プレイヤーの利得が，前段階の列プレイヤーのプレイに依存しなくてはならないことになる．さらに 3 番目の可能性としては(これも説明が複雑になるのだが)，プレイヤーが自分の段階ゲームの利得について私的情報を持つことを許すが，あくまである期の利得はその期のプレイにのみ依存し，繰り返しゲームの総利得は各段階ゲームの利得の和であると仮定し続けることもできる．詳しく言えば，相手の協力に対する行プレイヤーの最適反応が確率 p でやはり協力になると仮定するのである．そしてクレプス = ミルグロム = ロバーツ = ウィルソン(以下では KMRW と書く)は，このように一方の側だけの非対称情報では均衡における協力関係を作ることができず，完備情報のときのように各段階で裏切りが起こりうることを示した．しかしまた彼らは，もしこの種の非対称情報が両者の側

にあれば(すなわち列プレイヤーにとっても確率 q で協力に対する最適反応が協力であるとすれば),ゲームの最後の数期を除いて両プレイヤーが協力することも可能であることを示したのである.

　繰り返して言えば,われわれがここで仮定するのは,確率 p で行プレイヤーはしっぺ返し戦略だけをプレイできるということである.KMRW による分析の主眼は,たとえ p が小さかったとしても(つまり列プレイヤーが,行プレイヤーは合理的ではないかもしれないとほんの少し疑っただけでも)この不確実性が以下に示す大きな効果を持ちうるということである.つまり KMRW は,均衡において,プレイヤーが1人でも裏切りをおかすような段階の数には上限があることを示した.そしてこの上限は,p と段階ゲームの利得には依存するが,繰り返しゲームの期の数には依存しないのである.したがって十分長い期間の繰り返しゲームの均衡においては,両プレイヤーが協力する期の割合が大きくなることがいえる(KMRW はこの結果を逐次的均衡について得ているが,その推論は完全ベイジアン均衡にも適用可能である).KMRW のそこでの議論の骨子となる二つのステップを書けば,(ⅰ)もし行プレイヤーがしっぺ返し戦略から逸脱することがあれば,行プレイヤーが合理的であることが共有知識になり,その後はどちらのプレイヤーも協力しなくなってしまうので,合理的な行プレイヤーはしっぺ返し戦略を真似する誘因を持つということと,(ⅱ)段階ゲームの利得について以下で課す制約の下では,しっぺ返し戦略に対する列プレイヤーの最適反応はゲームの最終段階の前まで協力することになるということ,である.

　KMRW のモデルで何が起きているのかを簡単に知るため,われわれは彼らの分析と補完的な議論を考える.つまり p が小さいと仮定して長期の繰り返しゲームを考えるのではなく,p を十分大きくして,短期の繰り返しゲームでも最後の2期を除けば他のすべての期で両プレイヤーが協力する均衡が存在する場合を考えてみるのである.まずは2期のケースから話を始めるが,ゲームの手順は以下のとおりである.

1. 自然が行プレイヤーのタイプを決める.行プレイヤーは確率 p でしっぺ返し戦略しかとることができなくなり,確率 $1-p$ でいかなる戦略をもプレイすることが可能となる.行プレイヤーは自分のタイプを知るが,列プレイヤーは行プレイヤーのタイプを知らない.

2. 行プレイヤーと列プレイヤーは囚人のジレンマをプレイする．そしてこの段階ゲームのプレイヤーの選択が共有知識となる．

3. 行プレイヤーと列プレイヤーは囚人のジレンマをふたたび，そしてこれを最後としてプレイする．

4. 利得が決まる．合理的な行プレイヤーと列プレイヤーの利得は表4.3.4の段階ゲームの利得を(割引しないで)加えたものである．

列

	協力	裏切り
協力	1, 1	b, a
裏切り	a, b	0, 0

行

表 4.3.4

この段階ゲームが囚人のジレンマと同じ特徴を持つようにするために，$a>1$ かつ $b<0$ を仮定する．KMRW はさらに $a+b<2$ を仮定しているので，（上の(ii)で主張されたように）協力と裏切りを交互に繰り返すのではなくゲームの最終期の前まで協力することが，しっぺ返し戦略に対する列プレイヤーの最適反応となる．

　完備情報の下で有限回繰り返される囚人のジレンマの最終期と同様，この2期の不完備情報ゲームの最終期においても，合理的な行プレイヤーと列プレイヤーの両者にとって裏切り(F)が協力(C)を強く支配している．さらに列プレイヤーが最終期に必ず裏切るので，合理的な行プレイヤーは第1期に協力する理由は何もない．最後にしっぺ返し戦略のプレイヤーは第1期には協力することでゲームを始める．それゆえまだ決定されずに残っているのは列プレイヤーの第1期の選択(X)だけで，それが第2期にはしっぺ返し戦略のプレイヤーによって真似されることになる．この均衡経路を示したのが表4.3.5である．

	$t=1$	$t=2$
しっぺ返し	C	X
合理的な行	F	F
列	X	F

表 4.3.5

$X=C$ ならば，列プレイヤーの第1期の期待利得は $p\cdot1+(1-p)\cdot b$，第2期

の期待利得は $p \cdot a$ となる（しっぺ返し戦略のプレイヤーと合理的な行プレイヤーは第1期にそれぞれ異なった行動をとるので，列プレイヤーは第2期のはじめには行プレイヤーがしっぺ返し戦略なのか合理的なのかを知った上で自分の手番を選ぶ．よって第2期の期待利得 $p \cdot a$ は列プレイヤーが第1期に協力するか裏切るかを決めるとき，行プレイヤーのタイプが不確実なことを反映したものである）．反対に $X = F$ ならば，列プレイヤーは第1期に $p \cdot a$ を，第2期には0を得る．よって列プレイヤーは

$$p + (1-p)b \geq 0 \qquad\qquad (4.3.2)$$

なら第1期に協力することになる．以下ではこの (4.3.2) が成り立つことを仮定する．

　ではここで3期のケースに移る．(4.3.2) があるので，もし列プレイヤーと合理的な行プレイヤーがともに第1期において協力したならば，第2期，第3期の均衡経路は表 4.3.5 で $x = C$ とおき，期の名前を付け替えただけのものになる．以下では第1期に列プレイヤーと合理的な行プレイヤーがともに協力するための，つまり3期間の均衡経路が表 4.3.6 のようになるための十分条件を導出する．

	$t=1$	$t=2$	$t=3$
しっぺ返し	C	C	C
合理的な行	C	F	F
列	C	C	F

表 4.3.6

　この均衡では合理的な行プレイヤーの利得は $1+a$，列プレイヤーの期待利得は $1+p+(1-p)b+pa$ である．もし合理的な行プレイヤーが第1期に裏切るなら行プレイヤーが合理的であることが共有知識となり，両プレイヤーは第2期，第3期に裏切ることになる．よって第1期に裏切ることから合理的な行プレイヤーが得る総利得は a となり，これが均衡利得の $1+a$ より小さくなるので，結局，合理的な行プレイヤーは表 4.3.6 で暗にあらわされている戦略から逸脱する誘因を持たない．

　つぎに列プレイヤーが逸脱する誘因を持つかどうか調べてみる．列プレイヤーが第1期に裏切れば，しっぺ返し戦略のプレイヤーは第2期に裏切ることになり，また列プレイヤーが最終期に裏切ることが確実なことから，合理的な

	$t=1$	$t=2$	$t=3$
しっぺ返し	C	F	F
合理的な行	C	F	F
列	F	F	F

表 4.3.7

行プレイヤーもまた第 2 期に裏切る．あとは第 1 期に裏切ったのち，列プレイヤーが第 2 期に裏切るか協力するかを決める必要がある．もし列プレイヤーが第 2 期に裏切るなら，しっぺ返し戦略のプレイヤーは第 3 期に裏切るわけで，プレイは表 4.3.7 に示されたようになる．このように逸脱したときの列プレイヤーの利得は a であり，もし

$$1+p+(1-p)b+pa \geq a$$

が成り立つならば，それが列プレイヤーの均衡での期待利得よりも小さくなる．すでに (4.3.2) を仮定したので，結局，列プレイヤーがこの逸脱を行わないための十分条件は

$$1+pa \geq a \tag{4.3.3}$$

である．

	$t=1$	$t=2$	$t=3$
しっぺ返し	C	F	C
合理的な行	C	F	F
列	F	C	F

表 4.3.8

　つぎに列プレイヤーが第 1 期に裏切ることで均衡から逸脱するが，第 2 期には協力するというケースを考える．すると，しっぺ返し戦略のプレイヤーは第 3 期に協力するので，プレイは表 4.3.8 に示されたようになる．この逸脱からの列プレイヤーの期待利得は $a+b+pa$ で，もし

$$1+p+(1-p)b+pa \geq a+b+pa$$

が成り立つなら，それは列プレイヤーの均衡での期待利得よりも小さくなる．(4.3.2) があるので，結局，列プレイヤーがこの逸脱を行わないための十分

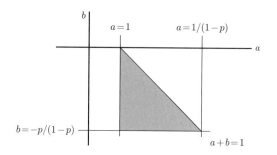

図 4.3.9

条件は

$$a + b \leq 1 \tag{4.3.4}$$

である．以上でわれわれは，(4.3.2)，(4.3.3)，および(4.3.4)が成り立つな
らば，表 4.3.6 に記述されたプレイが 3 期の囚人のジレンマの完全ベイジア
ン均衡の経路となることを示した．そして p の値を所与とするとき，利得 a, b
がもし図 4.3.9 の影を付けた部分に含まれるなら，それらが上記の三つの方
程式を満たすことが分かる．p が 0 に近づくにつれてこの影を付けた部分は
だんだん小さくなっていくので，本節では p が大きいときの短期間ゲームの
協力均衡を調べるのに対し，KMRW は p が小さいときの長期間ゲームに焦
点をあてているという，先に述べた注意と整合的であることが確かめられる．
他方，もし p が十分大きく，短期間ゲームで協力均衡を支持できるのであれ
ば，そのような p は長期間ゲームでも必ず協力均衡を支持できることが確か
められる．形式的に言えば，もし a, b そして p が(4.3.2)，(4.3.3)，および
(4.3.4)を満たすなら，どんな有限の $T > 3$ について T 期繰り返しゲームを考
えても，均衡で合理的な行プレイヤーと列プレイヤーが $T{-}2$ 期まで協力し合
い，その後 $T{-}1$ 期と T 期では表 4.3.5 に述べられた行動をとるような完全
ベイジアン均衡が存在する．この主張の証明については，4.3.C 節の補論を
参照されたい．

4.3.C 節の補論　　T 期繰り返し囚人のジレンマの完全ベイジアン均衡で，合
理的な行プレイヤーと列プレイヤーがともに $T{-}2$ 期まで協力し合い，その後
$T{-}1$ 期と T 期において表 4.3.5 の行動をとるものを，以下ではたんに**協力均
衡**（cooperative equilibrium）と呼ぶことにする．この補論で示すことは，a, b

そして p が (4.3.2)，(4.3.3)，および (4.3.4) を満たすなら，どの $T>3$ について も協力均衡が存在するということである．証明には数学的帰納法を用い，$\tau=2,3,\cdots,T-1$ の各 τ について τ 期ゲームの協力均衡が存在すると仮定して，T 期ゲームにも協力均衡が存在することを示す．

まず最初に T 期ゲームの協力均衡からは合理的な行プレイヤーが逸脱する 誘因を持たないことを示そう．もし行プレイヤーが $t<T-1$ において裏切り をおかせば，それがどの t であっても行プレイヤーが合理的であることが共 有知識となり，結局，行プレイヤーは t 期には利得 a を得るが，その後の利 得はずっと 0 になる．それに対して行プレイヤーの均衡での利得は t 期から $T-2$ 期までずっと 1 で，$T-1$ 期に a，つまり合計すると $(T-t-1)+a$ にな るので，どの $t<T-1$ をとっても裏切るのは得にはならない．また表 4.3.5 について説明したように，合理的な行プレイヤーは $T-1$ 期や T 期にも逸脱 する誘因を持たない．

つぎに列プレイヤーも逸脱する誘因を持たないことを示す．表 4.3.5 に関 する説明を使えば，列プレイヤーが $T-2$ 期まで協力して $T-1$ 期に裏切ると いうような逸脱はしないことがいえる．また表 4.3.6 に関する説明を使えば，列プレイヤーが $T-3$ 期まで協力して $T-2$ 期に裏切るという逸脱もしないこ とが分かる．よってあとは $1 \leq t \leq T-3$ として，$t-1$ 期まで協力して t 期に裏 切るといった逸脱をする誘因がないことを示せばよい．

もし列プレイヤーが t 期に裏切ると，しっぺ返し戦略のプレイヤーは $t+1$ 期に裏切り，合理的な行プレイヤーもまた $t+1$ 期に裏切ることになる（なぜ なら合理的な行プレイヤーにとって，$t+1$ 期の段階ゲームでは裏切りが協力 を強く支配しており，その後 $t+2$ 期から T 期まで裏切ることにより少なくと も 0 あるいはそれを超える利得が得られるのに対し，$t+1$ 期に協力してしま うと行プレイヤーが合理的であることが共有知識となり，その結果，$t+2$ 期 から T 期までの利得がちょうど 0 になるからである）．しっぺ返し戦略のプレ イヤーと合理的な行プレイヤーは t 期までともに協力し，その後 $t+1$ 期には ともに裏切るので，$t+2$ 期の期首に列プレイヤーの持つ信念では，行プレイ ヤーがしっぺ返し戦略のプレイヤーとなる確率が p となる．よってもし列プ レイヤーが $t+1$ 期に協力したとすると，$t+2$ 期に始まりその後に続くゲーム は $\tau=T-(t+2)+1$ としたときの τ 期ゲームに等しい．帰納法の仮定により このτ期の継続ゲームには協力均衡が存在するので，それがここでプレイさ

れると仮定する．すると列プレイヤーが，t 期に裏切り $t+1$ 期に協力することで t 期から T 期にかけて得る利得は

$$a+b+[T-(t+2)-1]+p+(1-p)b+pa$$

となり，これは列プレイヤーが均衡において t 期から T 期にかけて得る利得

$$2+[T-(t+2)-1]+p+(1-p)b+pa \tag{4.3.5}$$

より少ない．

　これでわれわれは，列プレイヤーが $t-1$ 期までは協力し，t 期に裏切り，また $t+1$ 期に協力するという逸脱をする誘因を持たないことを，$t+2$ 期に始まる継続ゲームで協力均衡がプレイされるという仮定の下で証明した．より一般的には，列プレイヤーが $t-1$ 期までは協力し，t 期から $t+s$ 期まで裏切り，その後 $t+s+1$ 期に協力することも可能である．このとき，つぎの三つのケースについては簡単に判断できる．(1) $t+s=T$（すなわち列プレイヤーが t 期に裏切った後ずっと裏切り続ける）ならば，列プレイヤーの利得は t 期に a，その後は 0 となり，これは (4.3.5) よりも小さい．(2) $t+s+1=T$ ならば，t 期から T 期までの列プレイヤーの利得は $a+b$ になり，これは (1) よりもさらに悪い．(3) $t+s+1=T-1$ ならば，t 期から T 期までの列プレイヤーの利得は $a+b+pa$ になり，(4.3.5) よりも悪い．よって残るのは $t+s+1<T-1$ のケースのみである．このときには上で見た $s=0$ のケースと同様，$t+s+2$ 期から始まる継続ゲームに協力均衡が存在するので，それがプレイされると仮定する．するとこの逸脱によって列プレイヤーが t 期から T 期にかけて得る利得は

$$a+b+[T-(t+s+2)-1]+p+(1-p)b+pa$$

となって，ふたたび (4.3.5) より小さくなるのである．

4.4　完全ベイジアン均衡の精緻化

　4.1 節においてわれわれは完全ベイジアン均衡を条件 1 から 4 までを満たす戦略と信念の組として定義し，さらにその均衡ではすべてのプレイヤーの戦略がいかなる情報集合においても強く支配されえないことを見た．本節では（均

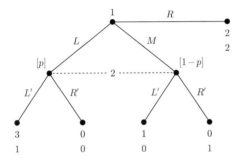

図 4.4.1

衡経路上にない信念に関して)さらに二つの条件を付け加えることにする．そのうちの最初のものは，「完全ベイジアン均衡ではプレイヤー i がどの情報集合から始めるにせよ強く支配される戦略をプレイすることはないのであるから，i がそういう戦略をプレイすると j が信じるのは合理的でない」という考えを厳密に述べたものである．

　この考えをより具体化するために，図 4.4.1 のゲームを考えてみよう．ここには純粋戦略の完全ベイジアン均衡が二つあり，$(L, L', p=1)$ と $(R, R', p \leq 1/2)$ がそれらである[8]．この例の一番の特徴は M がプレイヤー 1 にとって強く支配されている点である．つまり R より得られる利得 2 はプレイヤー 1 が M をプレイして得る可能性のある利得 0 と 1 の両方を上回っている．よってプレイヤー 1 が M をプレイしたのではないかとプレイヤー 2 が信じるのは合理的でない．形式的には正の $1-p$ が合理的でないわけで，p は 1 でなければならない．そしてもし信念 $1-p>0$ が合理的でないのなら，完全ベイジアン均衡 $(R, R', p \leq 1/2)$ も合理的ではないはずで，結局この条件を満たす唯一の完全ベイジアン均衡として $(L, L', p=1)$ のみが残るのである．

　この例の特徴をあと二つ述べておかねばならない．第一は，M が強く支配されているが，L は支配されていないという点である．もし L が強く支配されていたならば(プレイヤー 1 の利得 3 が例えば 3/2 であるならこのケースに該当する)，同様の議論を経て p が正であることも合理的ではなくなり，p は

---

8) このゲームを標準型に直してみると，(L, L') と (R, R') という二つの純粋戦略ナッシュ均衡が存在することが分かる．そしてこの展開型にはサブゲームがないので，これらのナッシュ均衡は両方ともサブゲーム完全である．(L, L') ではプレイヤー 2 の情報集合が均衡経路上にあるので，条件 3 から $p=1$ となる．(R, R') ではその情報集合は均衡経路上にないが，条件 4 はこれに対して何の制約も加えない．よって p については，2 の信念にもとづいて行動 R' が最適になるように，$p \leq 1/2$ だけを仮定している．

0でなくてはならないが，これは p が1でなくてはならないという上の結論に
矛盾する．そのような場合にはこの条件はプレイヤー2の均衡経路上にない
信念を制限しないものと考える．以下の厳密な定義を参照されたい．

　第二の点は，M がたんにある情報集合から始まって強く支配されているだ
けでなく，真に強く支配されているので，この例がはじめに述べた条件の正確
な例にはなっていないことである．この違いを理解するために，まず1.1.B
節で与えた強い支配の概念を思い返していただきたい．戦略 s_i' が強く支配さ
れるというのは，他の戦略 s_i があって，他のプレイヤーのどんな戦略の組み
合わせに対しても s_i をプレイしたときの i の利得の方が s_i' をプレイしたとき
の利得より大きくなることをいうのであった．ここで図4.4.1のゲームを拡
張して，図のプレイヤー1の手番の前に2の手番を作り，その始点でプレイ
ヤー2が二つの選択に直面しているゲームを考えるとする．そしてその選択
のうち一方はゲームを終了させるが，もう一方は図の1の情報集合の手番へ
とつながるとしてみよう．するとこの拡張されたゲームでは，M は1の情報
集合から始まって強く支配される戦略ではあり続けるが，もはや強く支配され
る戦略ではない．なぜならもしプレイヤー2が始点においてゲームを終わら
せてしまえば，L も M も R も皆同じ利得を生むことになるからである．

　図4.4.1では M が強く支配されているので，プレイヤー1が M をプレイ
したかもしれないと2が信じるのは確かに合理的ではない．しかし強い支配
の概念は基準にするには強すぎる概念であり，これを用いると条件としては弱
くなりすぎてしまう（つまり真に強く支配される戦略よりもある情報集合から
始めて強く支配される戦略の方が数が多いので，i が後者の戦略をプレイする
と j が信じないという条件の方が，i が前者の戦略をプレイすると j が信じな
いという条件よりも j の信念に加える制約が大きくなるのである）．以下では
はじめに述べた条件，つまりプレイヤー j は，ある情報集合から始めて強く支
配されるような戦略をプレイヤー i がプレイするとは信じるべきでない，とい
う条件を用いていく．この条件を厳密に述べると，以下のようになる．

　定義　プレイヤー i が手番を持つ情報集合を一つ考える．このとき戦略 s_i'
がこの情報集合から始めて強く支配されるというのは，他の戦略 s_i があ
って，i がこの情報集合で持ちうるいかなる信念と，他のプレイヤーのそ
の後の戦略（ここで「その後の戦略」とは，その情報集合が到達された後

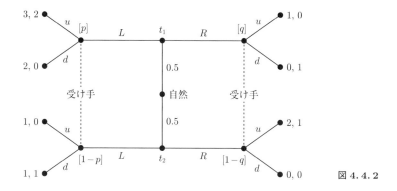

図 4.4.2

で起こりうるすべての可能な事態に対応する完全な行動計画のことである）のいかなる組み合わせとを考えても，その情報集合で s_i によって決まる行動をとりそれ以後 s_i によって決まる戦略をとったときの i の期待利得の方が，s_i' にもとづいてそこでの行動とそれ以後の戦略をとったときの期待利得よりも大きいことをいう．

条件5 各プレイヤーの均衡経路上にない信念を考えるにあたっては，他のプレイヤーがある情報集合から始めて強く支配される戦略をプレイしたときにしか到達できない節には，可能な限り確率0を割り振らなければならない．

条件5の「可能な限り」という付帯条件は，図4.4.1で例えばプレイヤー1の利得が3ではなく3/2で，R が M と L の両方を支配するようなケースを念頭においたものである．このときには条件1によりプレイヤー2はある信念を持つことになるが，この信念が M と L に続く両方の節に確率0を割り振ることは不可能なので，条件5は適用しないでよいことになる．

条件5の第2の例として，図4.4.2のシグナリング・ゲームをとり上げる．4.2.A節と同様に (m', m'') で送り手のタイプ t_1 がメッセージ m' を選びタイプ t_2 が m'' を選ぶ戦略を意味するものとし，(a', a'') で受け手が L に続いて行動 a' を選び，R に続いて行動 a'' を選ぶ戦略を意味するものとする．すると $q \geq 1/2$ であれば，戦略と信念の組 $[(L, L), (u, d), p = 0.5, q]$ が一括完全ベイジアン均衡になることが簡単に確かめられる．しかし，このシグナリン

グ・ゲームは，t_1 が R を選ぶことには意味がないようにできている．形式的には送り手の (R, L) と (R, R) という戦略——すなわち t_1 が R をプレイする戦略——は二つとも t_1 に相当する送り手の情報集合から始めて強く支配されている[9)]．よって R の後にくる受け手の情報集合のうち t_1 に相当する節は，送り手がある情報集合から始めて強く支配される戦略をプレイしたときにしか到達されない．さらに R の後にくる受け手の情報集合のうち t_2 に相当する節は，どんな情報集合から始めても強く支配されない戦略 (L, R) によって到達される．よって条件 5 から $q = 0$ になるのでなくてはならない．そして $[(L, L), (u, d), p = 0.5, q]$ は $q \geq 1/2$ のときにのみ完全ベイジアン均衡であったので，そのような均衡は条件 5 を満たさないことが分かる．

4.2.A 節で定義したシグナリング・ゲームの完全ベイジアン均衡に条件 5 を課すことは，つぎのシグナリングの条件 5 を課すことと同値になる．

定義　シグナリング・ゲームにおいて，M に属するメッセージ m_j が T に属する**タイプ t_i に対して支配されている**というのは，M に属する別のメッセージ $m_{j'}$ があって，$m_{j'}$ を選んだときの t_i の最小利得が m_j を選んだときの t_i の最大利得よりも大きいこと，すなわち

$$\min_{a_k \in A} U_S(t_i, m_{j'}, a_k) > \max_{a_k \in A} U_S(t_i, m_j, a_k)$$

が成り立つことをいう．

シグナリングの条件 5　m_j の後にくる情報集合が均衡経路上になく，かつ m_j がタイプ t_i に対して支配されているのであれば，受け手の信念 $\mu(t_i | m_j)$ は（可能な限り）タイプ t_i に対して確率 0 を割り振らなければならない（もし m_j が T に属するすべてのタイプに対して支配されているのでなければ，これは可能である）．

---

9)　t_1 に対応する送り手の情報集合は一節のみを含むので，この情報集合から始まる強い支配の定義には送り手の信念は関係しない．したがって (R, L) と (R, R) がこの情報集合から始まって強く支配されていることを示すには，送り手の別の戦略があって受け手がどの戦略をプレイしても t_1 に対してより高い利得をもたらすことを示せばよい．ここでは (L, R) がそういう戦略にあたり，これをプレイすれば t_1 は最悪でも 2 を与えられるが，それに対して (R, L) や (R, R) をプレイすれば最高でも 1 しか与えられない．

図 4.4.2 のゲームでは分離完全ベイジアン均衡 $[(L, R), (u, u), p = 1, q = 0]$ が
シグナリングの条件 5 を自明に満たす(この均衡には均衡経路上にない情報
集合は存在しない). シグナリングの条件 5 を自明でなく満たす均衡の例とし
ては, 図 4.4.2 においてタイプ t_2 が R をプレイしたときの受け手の利得が,
d, u それぞれを選んだとき $0, 1$ ではなくて, $1, 0$ のようになっているゲームを
考えればよい. するとどんな q の値に対しても $[(L, L), (u, d), p = 0.5, q]$ が一
括完全ベイジアン均衡となるので, $[(L, L), (u, d), p = 0.5, q = 0]$ がシグナリン
グの条件 5 を満たす一括完全ベイジアン均衡となる.

いくつかのゲームには, もっともらしく見えないにもかかわらず条件 5 を
満たす完全ベイジアン均衡がある. ゲーム理論で最近研究がもっとも活発に
なされている分野の一つは, (ⅰ)どんなときに完全ベイジアン均衡がもっと
もらしくないといえるのか, また(ⅱ)そのようなもっともらしくない完全ベ
イジアン均衡を排除するためには均衡の定義にどんな条件を加えたらよいの
か, という双子の問いに答えようとするものである. チョー゠クレプス(Cho
and Kreps, 1987)はこの分野に対していち早く影響力のある貢献をした. 以
下で彼らの論文の三つの側面を論じて本節を終えることにしよう. それらは
(1)もっともらしくない完全ベイジアン均衡でもシグナリングの条件 5 を満た
す可能性を示した「ビールとキッシュ」のシグナリング・ゲーム, (2)シグナ
リングの条件 5 をより強めた**直観的基準**(Intuitive Criterion)と呼ばれる条件
(とはいえこれがもっとも強い条件では決してない), (3)スペンスの就職市場
シグナリング・ゲームへの直観的基準の応用, である.

シグナリング・ゲーム「ビールとキッシュ」では, 送り手は確率 0.1 で $t_1 =$
「弱虫(wimpy)」, 確率 0.9 で $t_2 =$「威張り屋(surly)」という 2 タイプのどちら
かをとる可能性がある. 送り手のメッセージは朝食にビールを飲むかキッシ
ュを食べるかの選択であり, 受け手の行動は送り手と決闘するかしないかの選
択である. 各プレイヤーの利得はつぎの性質を満たすように決められる. 「弱
虫」タイプは朝食にキッシュを食べることを好み, 「威張り屋」タイプはビー
ルを飲むことを好むが, どちらのタイプも受け手と決闘しないことの方を望
む(そしてこのことに朝食の選択以上の重要性をおく). また受け手は「弱虫」
タイプとの決闘は望むが, 「威張り屋」タイプとは決闘したがらない(したがっ
てタイプ, メッセージおよび行動の呼び名を変えれば, このゲームをミルグロ
ム゠ロバーツ(Milgrom and Roberts, 1982)のような参入阻止モデルと考える

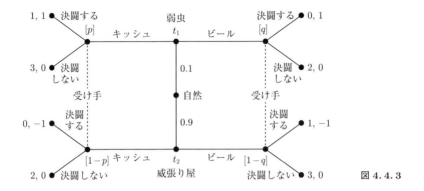

図 **4.4.3**

ことも可能である）．図 4.4.3 の展開型による表現では，送り手のタイプはど
ちらも自分の好きな方の朝食をとることにより利得 1 を得，さらにどちらの
タイプにとっても決闘を回避できたらそれに利得 2 が付け加わる．受け手に
とっては「弱虫」タイプ（「威張り屋タイプ）と決闘することの利得は 1（−1）で
あり，その他の利得はすべて 0 である．

このゲームではどの $q \geq 1/2$ に対しても [(キッシュ, キッシュ),(決闘しない,
決闘する), $p = 0.1, q$] が一括完全ベイジアン均衡となる．さらに「ビール」は
どの送り手のタイプに対しても支配されていないので，この均衡はシグナリ
ングの条件 5 をも満たす．とくに「弱虫」タイプはキッシュを食べたからと
いって（この場合の最悪の利得は 1），ビールを飲むことよりも（この場合の最
高の利得は 2）必ずしもよくなる保証はない．他方，均衡経路上にない受け手
の信念には疑わしいところがある．なぜなら，もし受け手が思いがけずビール
を観察したとすると，つぎの(a)と(b)という事実があるにもかかわらず，受
け手は送り手が「弱虫」である可能性を「威張り屋」である可能性と少なくとも
同等 ($q \geq 1/2$) と考えるからである．それらの事実とは(a)「弱虫」タイプはキ
ッシュを食べる代わりにビールを飲んでも均衡での利得 3 をよりよくするこ
とはできない，(b)「威張り屋」タイプはかりに受け手が $q < 1/2$ という信念
を持つならばそれによって利得 3 を得るので，均衡での利得 2 をよりよくす
る可能性がある，というものである．この(a)と(b)を根拠として「威張り屋」
タイプは「ビール」を選択し，その後でつぎのようにスピーチするかもしれない．

　　私がビールを選んだのを御覧なら，私のタイプが「威張り屋」であるのが

信じてもらえるでしょう．というのは，(a)によって「弱虫」タイプがビールを選んでも得にはならないのがお分かりのはずだし，また(b)によって私がビールを選んで「威張り屋」タイプであるのをあなたに信じさせれば，そうするのが私の得になるからです．

もしこのスピーチが受け入れられれば $q=0$ になるはずで，この一括完全ベイジアン均衡とは矛盾することになる．

この議論を 4.2.A 節で定義したシグナリング・ゲームのクラスにまで一般化したものが，つぎのシグナリングの条件 6 である．

定義　シグナリング・ゲームの完全ベイジアン均衡を一つとってきたとき，M に属するメッセージ m_j が T に属する**タイプ t_i に対して均衡支配されている**(equilibrium-dominated for type t_i)とは，t_i の均衡利得 $U^*(t_i)$ が m_j を選んだときの最大利得より大きくなっていること，すなわち

$$U^*(t_i) > \max_{a_k \in A} U_S(t_i, m_j, a_k)$$

となっていることをいう．

シグナリングの条件 6(「直観的基準」，チョー＝クレプス(Cho and Kreps, 1987))　m_j の後にくる情報集合が均衡経路上になく，かつ m_j がタイプ t_i に対して均衡支配されているのであれば，(可能な限り)受け手の信念 $\mu(t_i|m_j)$ はタイプ t_i に対して確率 0 を割り振らなければならない(もし m_j が T に属するすべてのタイプに対して均衡支配されているのでなければ，これは可能である)．

「ビールとキッシュ」のゲームは，メッセージ m_j がタイプ t_i に対して支配されていなくても，t_i に対して均衡支配されている可能性のあることを示している．反対に，もし m_j が t_i に対して支配されているのであれば m_j は t_i に対して均衡支配されてもいなければならないので，シグナリングの条件 6 を課せばシグナリングの条件 5 は要らなくなる．そしてチョーとクレプスはコールベルク＝メルタン(Kohlberg and Mertens, 1986)のより強い結果を用い

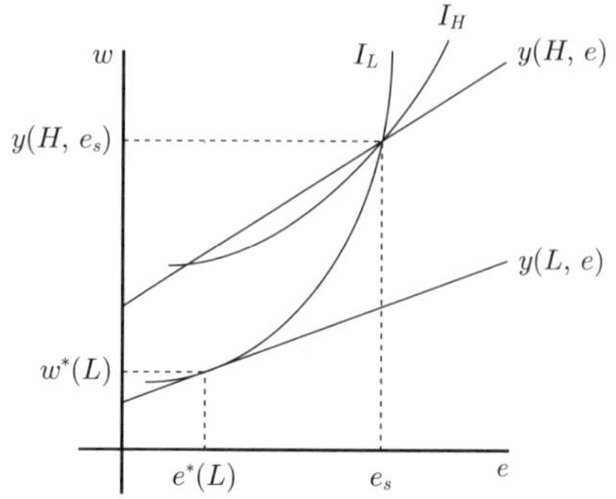

図 4.4.4

て，4.2.A 節で定義されたクラスに属するどのシグナリング・ゲームにもシグナリングの条件 6 を満たす完全ベイジアン均衡のあることを証明した．この種の議論はしばしば**前向き帰納法**(forward induction)を用いているといわれるが，それは逸脱を解釈するときに(つまり信念 $\mu(t_i \,|\, m_j)$ を形成するときに)，後ろ向き帰納法では将来の行動が合理的であることを仮定するのに対して，前向き帰納法では送り手の過去の行動が合理的でありえたかどうかを受け手が問うことになっているからである．

シグナリングの条件 6 を説明するために，これを 4.2.B 節で分析した就職市場のシグナリング・モデルのうち妬みのあるケースに適用してみよう．このモデルには非常に多くの一括・分離・混成完全ベイジアン均衡が存在したことを思い起こしていただきたい．驚くべきことにシグナリングの条件 6 を満たす均衡はその中に一つしかない．それは図 4.4.4 に示されている分離均衡で，低能力の労働者は自分の完備情報の場合の教育水準を選び，高能力の労働者は低能力の労働者が高能力の労働者を真似するのがちょうど無差別になるように自分の教育水準を選ぶものである．

どの完全ベイジアン均衡においても，もし労働者が教育水準 e を選び，その後で企業が，労働者が高能力である確率が $\mu(H \,|\, e)$ であると信じるならば，労働者の賃金は

$$w(e) = \mu(H \,|\, e) \cdot y(H, e) + [1 - \mu(H \,|\, e)] \cdot y(L, e)$$

となる．よって低能力の労働者が $e^*(L)$ を選ぶことから得る効用は少なくとも $y(L, e^*(L)) - c(L, e^*(L))$ となり，これは労働者が $e > e_s$ を選び企業がそれを観察したのちにどんな信念を持ったとしても，そのときの労働者の効用を

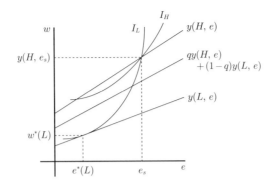

図 4.4.5

上回る．つまりシグナリングの条件5の言い方を用いれば，低能力タイプに対しては $e > e_s$ の教育水準はすべて支配されているのである．すると大雑把に言って，シグナリングの条件5により $e > e_s$ に対しては企業の信念が $\mu(H \mid e) = 1$ になることがいえ，さらに高能力の労働者が教育水準 $\hat{e} > e_s$ を選ぶような分離均衡はシグナリングの条件5を満たさないことが分かる．なぜならそのような均衡では，企業が e_s と $\hat{e}$ のあいだの教育水準に対して $\mu(H \mid e) < 1$ という信念を持たなくてはならないからである（厳密に言うとつぎのようになる．シグナリングの条件5が $e > e_s$ に対して $\mu(H \mid e) = 1$ を意味するためには，e が高能力タイプに対して支配されていないことが必要であるが，もし高能力の労働者が教育水準 $\hat{e} > e_s$ を選択する分離均衡が存在するのであれば，e_s と $\hat{e}$ のあいだの教育水準は高能力タイプに対して支配されることはない．よって上の議論の正しいことが示されるのである）．したがってシグナリングの条件5を満たす唯一の分離均衡は，図4.4.4で示される均衡ということになる．

　上の議論はまたシグナリングの条件5を満たすどの均衡においても，高能力の労働者が少なくとも $y(H, e_s) - c(H, e_s)$ の利得だけは得なくてはならないことを意味している．以下ではこの結論を用いることにより，一括および混成均衡のうちいくつかはシグナリングの条件5を満たしえないことを示そう．そこでは労働者が高能力を持つ確率 q の大きさに依存して，賃金関数 $w = q \cdot y(H, e) + (1 - q) \cdot y(L, e)$ が高能力の労働者の $(e_s, y(H, e_s))$ を通る無差別曲線の上にくるか下にくるかで，議論が二つに分かれることになる．

　まず q の値が低くて，図4.4.5のようになっていたとしよう．この場合には一括均衡において高能力の労働者が効用 $y(H, e_s) - c(H, e_s)$ を達成できな

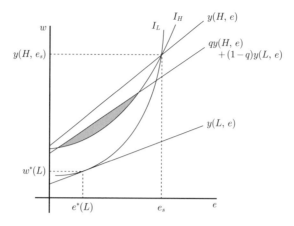

図 **4. 4. 6**

いので，シグナリングの条件 5 を満たす一括均衡は存在しない．同様に混成
均衡で高能力の労働者がランダムに戦略を選ぶ場合も，どれもがシグナリ
ングの条件 5 を満たさない．なぜなら，そのような均衡で企業と労働者が一
括戦略を選ぶ教育と賃金の組み合わせは，賃金関数 $w = q \cdot y(H, e) + (1-q) \cdot y(L, e)$ の下にこなくてはならないからである．最後に混成均衡で低能力の労
働者がランダムに戦略を選ぶ場合も，どれもがシグナリングの条件 5 を満た
さない．なぜなら，そのような均衡で企業と労働者が一括戦略を選ぶ教育と
賃金の組み合わせは，図 4.2.9 のように $(e^*(L), w^*(L))$ を通る低能力の労働
者の無差別曲線上にこなくてはならず，それゆえその点が高能力の労働者の
$(e_s, y(H, e_s))$ を通る無差別曲線より下にこなくてはならないからである．し
たがって図 4.4.5 のケースでは，図 4.4.4 で示された分離完全ベイジアン均
衡がシグナリングの条件 5 を満たす唯一の完全ベイジアン均衡となる．

　ではつぎに q の値が高くて，図 4.4.6 のようであるとしてみる．すると前
と同様に，混成均衡で低能力の労働者がランダムに戦略を選ぶ場合は，どの均
衡もがシグナリングの条件 5 を満たさないが，このときには一括均衡もしく
は高能力の労働者がランダムに戦略を選ぶような混成均衡で，もし企業と労働
者が一括戦略を選ぶ教育と賃金の組み合わせが図の影を付けた部分に入ってく
るならば，シグナリングの条件 5 を満たしうるのである．しかしそういった
均衡でも，シグナリングの条件 6 は満たすことができない．

　図 4.4.7 に示された e_p での一括均衡を考えてみよう．ここでは $e > e'$ であ
るような教育水準が低能力タイプに対して均衡支配されている．なぜならそ

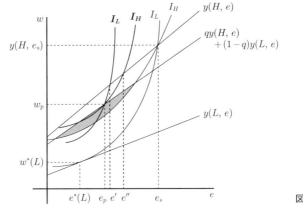

図 4.4.7

ういう教育水準 e を持つ労働者に支払われうる最高額の賃金 $y(H,e)$ をもって
しても，その教育と賃金の組み合わせは低能力の労働者の均衡点 (e_p, w_p) を
通る無差別曲線の下にくるからである．しかし，e' と e'' のあいだの教育水準
の選択は高能力タイプに対しては均衡支配されていない．つまりもしそれを
選ぶことにより自分が高能力であることを企業に信じさせることができれば，
企業は賃金 $y(H,e)$ を払うので，高能力の労働者の効用が図の一括均衡にお
けるものより高くなるのである．したがって，もし $e' < e < e''$ であれば，シ
グナリングの条件6により企業の信念は $\mu(H \mid e) = 1$ になるはずであるが，実
際はこの均衡では e' と e'' のあいだの教育水準の選択に対して企業の信念は
$\mu(H \mid e) < 1$ とならねばならない．したがって，図の一括均衡はシグナリング
の条件6を満たしえないことが示された．同様の議論を図の影を付けた部分
にあるすべての一括および混成均衡に対して繰り返し適用すれば，結局シグナ
リングの条件6を満たす完全ベイジアン均衡としては，図4.4.4で示された
分離均衡しかないことが分かる．

4.5 読書案内

ミルグロム＝ロバーツ（Milgrom and Roberts, 1982）は産業組織論におけ
るシグナリング・ゲームの古典的な応用例である．ファイナンスの分野では
バタチャリヤ（Bhattacharya, 1979）とリーランド＝パイル（Leland and Pyle,
1977）がそれぞれシグナリング・モデルを用いて配当政策と経営者の株式保有

について分析している．金融政策についてはロゴフ(Rogoff, 1989)が繰り返しゲーム，シグナリング・モデルおよび評判モデルについて論評しているし，ボール(Ball, 1990)は連銀のタイプの(観察できない)通時的変化を用いて，インフレの時間経路を説明している．チープトークの応用については本文で述べたオーステン・スミス(Austen-Smith, 1990)，ファレル゠ギボンズ(Farrell and Gibbons, 1991)，マシューズ(Matthews, 1989)，およびスタイン(Stein, 1989)の各論文を参照せよ．ケナン゠ウィルソン(Kennan and Wilson, 1993)は非対称情報の下での理論的および実証的交渉モデルを，ストライキと訴訟に重点を置いて展望している．またクラムトン゠トレーシィ(Cramton and Tracy, 1992)は組合がストライキかホールドアウト(もとの賃金での労働継続)かを選べるモデルを考察し，統計上ホールドアウトがしばしば起こること，および彼らのモデルがストライキに関する実証的報告の多くを説明できることを示している．評判についてはソーベル(Sobel, 1985)の「信憑性の理論」を参照せよ．そこでは一連のチープトーク・ゲームをつうじて情報を持った者が情報を持たない意思決定者の「友人」になったり「敵」になったりする．最後に，シグナリング・ゲームの精緻化についてより知りたい読者には，チョー゠ソーベル(Cho and Sobel, 1990)の参照をすすめる．そこではタイプが二つを超えるスペンス・モデルで効率的な分離均衡を選ぶ精緻化の仕方についても述べてある．

4.6　練習問題

4.1 節

4.1 つぎの展開型ゲームの標準型による表現を示し，純粋戦略ナッシュ均衡，サブゲーム完全なナッシュ均衡，および完全ベイジアン均衡をすべて求めよ．

a.

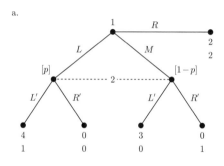

b.

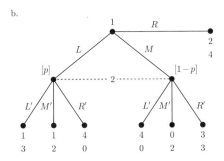

4.2 つぎの展開型ゲームには純粋戦略の完全ベイジアン均衡が存在しないこと
を示せ. また混合戦略の完全ベイジアン均衡はどのようなものになるか.

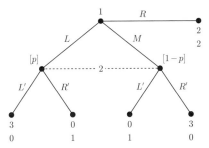

4.2 節

4.3 (a) つぎのシグナリング・ゲームにおいて, 送り手が両タイプともに R
をプレイするような一括完全ベイジアン均衡を求めよ.

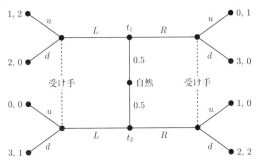

(b) つぎの3タイプのシグナリング・ゲームでは, ツリーには書かれてい
ないがゲームが自然の手番から始まり, それが3タイプを等しい確率で選ぶ
ことになっている. 3タイプの送り手がすべて L をプレイする一括完全ベイ
ジアン均衡を求めよ.

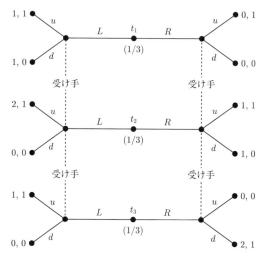

4.4　つぎのシグナリング・ゲームにおける純粋戦略での一括完全ベイジアン均衡および分離完全ベイジアン均衡をすべて記述せよ.

a.

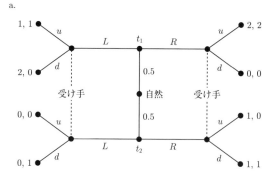

b.

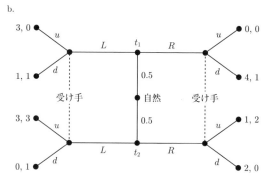

4.5 練習問題 4.3 の(a)と(b)における純粋戦略の完全ベイジアン均衡をすべて求めよ.

4.6 つぎのシグナリング・ゲームは図 4.1.1 であらわされた完備不完全情報の動学ゲームに準じたものである(タイプ t_1 と t_2 が図 4.1.1 のプレイヤー 1 の選択 L と M に相当し,またシグナリング・ゲームで送り手が R を選べばゲームが事実上終了することも図 4.1.1 でプレイヤーが R を選んだ場合と同様である).このシグナリング・ゲームの(ⅰ)純粋戦略のベイジアン・ナッシュ均衡と(ⅱ)純粋戦略の完全ベイジアン均衡を求めよ.また(ⅰ)の答えを図 4.1.1 のナッシュ均衡に,(ⅱ)の答えをその完全ベイジアン均衡にそれぞれ関係づけよ.

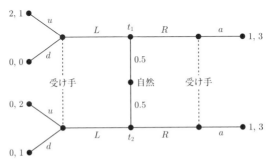

4.7 2 タイプの就職市場シグナリング・ゲームを考え,図に無差別曲線と生産関数を描いてみよ.そして高能力の労働者がランダムに戦略を選ぶような混成完全ベイジアン均衡を特定化せよ.

4.3 節

4.8 つぎのチープトーク・ゲームにおける純粋戦略の完全ベイジアン均衡を求めよ.各タイプは自然によってそれぞれ等しい確率で選ばれるものとする.表 4.3.1 の場合と同様,各枡目の最初の利得が送り手の利得,2 番目の利得が受け手の利得であるが,この表は標準型ゲームではなく,たんにそれぞれのタイプと行動の組に対するプレイヤーの利得を並べただけのものである.

	t_1	t_2	t_3
a_1	0, 1	0, 0	0, 0
a_2	1, 0	1, 2	1, 0
a_3	0, 0	0, 0	2, 1

4.9 4.3.A 節で論じたクロフォード = ソーベルのチープトーク・モデルの例を考える.すなわち送り手のタイプが 0 と 1 のあいだに一様に分布しており($T = [0, 1]$ かつ任意の t に対して $p(t) = 1$),行動空間は 0 から 1 の区間($A =$

[0,1]), 受け手の利得関数が $U_R(t,a) = -(a-t)^2$, 送り手の利得関数が $U_S(t,a) = -[a-(t+b)]^2$ とする. このとき b をどのような値にすれば, 3 階級均衡が存在するか. 受け手の期待利得は 3 階級均衡と 2 階級均衡とでどちらがより大きくなるか. また 2 階級均衡でよりも 3 階級均衡での方が効用が高くなるのは, どのタイプの送り手か.

4.10 共同経営関係を解消しようと考えている 2 人の経営者がいるとしよう. 経営者 1 は現在その会社の株のうち s だけを所有しており, 経営者 2 は $1-s$ だけを所有している. 2 人の経営者はつぎのゲームをプレイすることに同意している. まず経営者 1 が会社全体の価格 p を決め, その後で経営者 2 が経営者 1 の株を ps で買い取るか, それとも自分の株を $p(1-s)$ で経営者 1 に売るかを決める. 会社全体の所有権を得ることの各経営者の評価は $[0,1]$ 上に独立かつ一様に分布しており, それは共有知識となっているが, 各経営者の評価自体は私的情報である. このとき完全ベイジアン均衡はどうなるか.

4.11 ある財の買い手と売り手がおり, 彼らのその財に対する評価を v_b と v_s とする. 取引により利益が上がること(つまり $v_b > v_s$ であること)は共有知識であるが, その大きさは私的情報である. つまり売り手の評価は $[0,1]$ 上の一様分布にしたがい, 買い手の評価は $v_b = k \cdot v_s$ で, $k>1$ が共有知識である. 売り手は v_s を知っている(よって v_b も分かる)が, 買い手は v_b (あるいは v_s)を知らない. 買い手がまず買値 p をオファーし, 売り手がそれを受け入れるか拒否するかを決めるものとする. このとき $k<2$ なら完全ベイジアン均衡はどうなるか. また $k>2$ のときはどうか(サミュエルソン(Samuelson, 1984)を参照せよ).

4.12 この問題では 4.3.B 節で分析した 2 期の交渉ゲームを無限期間に直して考える. 前と同様に企業は $[0,\pi_0]$ 上に一様分布する自分の利潤 (π) に関して私的情報を持っており, 組合はもっぱら賃金オファーを行うが, その留保賃金は $w_r = 0$ であるとする.

2 期ゲームにおいては, 企業は $\pi > \pi_1$ なら最初のオファー (w_1) を受け入れる. ここで利潤タイプ π_1 は(ⅰ) w_1 を受け入れることと(ⅱ) w_1 を拒否するが組合の第 2 のオファー (w_2) を受け入れることが無差別になるようなタイプであり, さらにこの w_2 が, 企業の利潤が $[0,\pi_1]$ 上の一様分布でかつ交渉が残り 1 期しかない場合の組合の最適なオファーとなっている. これに対し無限期のゲームでは, w_2 が, 企業の利潤が $[0,\pi_1]$ 上の一様分布でかつ交渉が(潜在的には)まだ無限期間残っている場合の組合の最適なオファーとなる. π_1 はこの場合でも(ⅰ)と(ⅱ)の選択が無差別になるような利潤タイプであるが, w_2 が変化するので π_1 も変化する.

無限期のゲームのこの第 2 期から始まる継続ゲームは, 全体のゲームの尺度を変えただけのものである. すなわち(潜在的な)交渉期間は無限期間残って

おり，企業の利潤も0からその上限とのあいだの一様分布で，唯一の相違点はその上限がπ_0ではなくπ_1になっただけである．ソーベル＝高橋(Sobel and Takahashi, 1983)はこの無限期のゲームが定常的な完全ベイジアン均衡を持つことを示した．この均衡では企業の利潤が0からπ^*までの一様分布のとき組合の賃金オファーが$w(\pi^*)=b\pi^*$となる．つまりその第1のオファーが$b\pi_0$，第2のオファーが$b\pi_1$，… というように続いていく．そして組合がこの定常戦略をとるときの企業の最適反応は$\pi_1=c\pi_0$，$\pi_2=c\pi_1$，… となり，さらに企業の利潤が0からπ^*までの一様分布のときの組合の利得の期待現在価値が$V(\pi^*)=d\pi^*$となる．ここで$b=2d$，$c=1/[1+\sqrt{1-\delta}]$，そして$d=[\sqrt{1-\delta}-(1-\delta)]/2\delta$となることを示せ．

4.13 企業と組合が以下の2期交渉ゲームをプレイする．共有知識としては，企業の利潤πが0から1までのあいだの一様分布にしたがうこと，組合の留保賃金がw_rであること，そしてπの真の値は企業のみが知っていること，がある．w_rについては$0<w_r<1/2$を仮定する．つぎのゲームの完全ベイジアン均衡を求めよ．

    1. 第1期のはじめに組合は企業に賃金オファーw_1を行う．

    2. 企業はw_1を受諾または拒否する．もし企業がw_1を受諾すれば生産が2期にわたって行われ，組合の利得が$2w_1$，企業の利得が$2(\pi-w_1)$となる(割引は行わない)．もし企業がw_1を拒否すれば第1期に生産は行われず，第1期の利得は企業と組合の双方にとって0となる．

    3. (企業がw_1を拒否したとして)第2期の期首に企業は組合に対して賃金w_2をオファーする(ソーベル＝高橋のモデルのように組合がこのオファーをするのではない)．

    4. 組合はw_2を受諾または拒否する．もし組合がw_2を受諾すれば第2期に生産が行われ，第2期の(すなわち全体の)利得が組合にとってはw_2，企業にとっては$\pi-w_2$となる(第1期の利得が0であることに注意せよ)．もし組合がw_2を拒否すれば生産は行われない．そのときには組合は第2期に別の仕事から賃金w_rを稼ぎ，企業は工場を閉鎖して利得は0となる．

4.14 ネールバフ(Nalebuff, 1987)は原告と被告のあいだの裁判前の交渉に関してつぎのモデルを分析した．もし訴訟が裁判所に持ち込まれると，被告は原告に対してdの損害賠償金を支払わされることになる．dが$[0,1]$上に一様分布していること，および被告のみがdの本当の値を知っていること，が共有知識である．裁判所で争うための費用は，原告にとっては$c<1/2$であるが，(簡単化のため)被告にはそれがかからないものとする．ゲームの手順は以下のとおりである．(1)原告が和解案sを出す．(2)被告は和解に応じるか(そのときには原告の利得がs，被告の利得が$-s$となる)，それを拒否する．(3)もし

被告が s を拒否したなら，原告は訴訟を起こすか訴訟をとり下げるかを決める．前者の場合，原告の利得は $d-c$，被告の利得は $-d$ となり，後者の場合双方の利得は 0 となる．

　ステップ (3) において，原告がある d^* という値について被告は $d > d^*$ のときかつそのときにのみ和解に応じたであろうと思っているとする．このとき訴訟に関する原告の最適な意思決定はどうなるか．またステップ (2) において s のオファーを所与としたとき，もし被告が，自分が s を拒否した場合原告は確率 p で訴訟に持ち込むであろうと信じているとすれば，タイプ d の被告の和解に関する最適な意思決定はどうなるか．和解案 $s > 2c$ を所与としたとき，ステップ (2) から始まる継続ゲームでの完全ベイジアン均衡は何か．また $s < 2c$ のときどうなるか．$c < 1/3$ のとき，全体のゲームでの完全ベイジアン均衡はどうなるか．さらに $1/3 < c < 1/2$ のときはどうなるか．

4.15　実行可能な政策が $p=0$ から $p=1$ まで連続的に並んでいる場合の立法手続きについて考える．議会にとっての最適な政策は c であるが，現状は s で，$0 < c < s < 1$ となっている．つまり議会の最適な政策は現状より左寄りである．また大統領にとっての最適政策は t であり，それは $[0,1]$ 上の一様分布にしたがうが，その真の値は大統領の私的情報であるとする．ゲームの手順は単純なもので，まず議会が政策 p を提案し，それを大統領が承認または拒否する．もし p が承認されたなら，議会の利得は $-(c-p)^2$，大統領の利得は $-(t-p)^2$ となり，またもしそれが拒否されたなら，利得はそれぞれ $-(c-s)^2$，$-(t-s)^2$ となる．このゲームの完全ベイジアン均衡はどうなるか．また，均衡では $c < p < s$ となることを確かめよ．

　ここで大統領が議会の政策提案前に声明を発表する（つまりチープトークのメッセージを送る）ことができるとしてみよう．このとき，大統領の送るメッセージに依存して，議会が p_L または p_H という二つの政策を提案する場合の 2 階級完全ベイジアン均衡について考えよ．そしてそのような均衡では $c < p_L < p_H < s$ となりえないことを示せ．またこれにより，なぜ議会が三つ以上の提案を行うような均衡が存在しえないといえるのか，その理由を説明せよ．さらに $c = p_L < p_H < s$ である 2 階級均衡について詳しく調べ，どのタイプがどのメッセージを送り，p_H の値がどうなるかを述べよ（マシューズ（Matthews, 1989）を参照）．

4.4 節

4.16　練習問題 4.3 の (a) と (b) の一括均衡それぞれについて，（ⅰ）均衡がシグナリングの条件 5 を満たす信念によって支持されうるかどうかを確かめよ．また，（ⅱ）均衡がシグナリングの条件 6（直観的基準）を満たす信念によって支持されうるかどうかを確かめよ．

4.7 参考文献

Austen-Smith, D., 1990. "Information Transmission in Debate." *American Journal of Political Science* 34: 124-52.

Axelrod, R., 1981. "The Emergence of Cooperation Among Egoists." *American Political Science Review* 75: 306-18.

Ball, L., 1990. "Time-Consistent Policy and Persistent Changes in Inflation." National Bureau of Economic Research Working Paper #3529 (December).

Barro, R., 1986. "Reputation in a Model of Monetary Policy with Incomplete Information." *Journal of Monetary Economics* 17: 3-20.

Bhattacharya, S., 1979. "Imperfect Information, Dividend Policy, and the 'Bird in the Hand' Fallacy." *Bell Journal of Economics* 10: 259-70.

Cho, I.-K., and D. Kreps, 1987. "Signaling Games and Stable Equilibria." *Quarterly Journal of Economics* 102: 179-222.

Cho, I.-K., and J. Sobel, 1990. "Strategic Stability and Uniqueness in Signaling Games." *Journal of Economic Theory* 50: 381-413.

Cramton, P., and J. Tracy, 1992. "Strikes and Holdouts in Wage Bargaining: Theory and Data." *American Economic Review* 82: 100-21.

Crawford, V., and J. Sobel, 1982. "Strategic Information Transmission." *Econometrica* 50: 1431-51.

Dybvig, P., and J. Zender, 1991. "Capital Structure and Dividend Irrelevance with Asymmetric Information." *Review of Financial Studies* 4: 201-19.

Farrell, J., and R. Gibbons, 1991. "Union Voice." Mimeo, Cornell University.

Fudenberg, D., and J. Tirole, 1991. "Perfect Bayesian Equilibrium and Sequential Equilibrium." *Journal of Economic Theory* 53: 236-60.

Harsanyi, J., 1967. "Games with Incomplete Information Played by Bayesian Players, Parts I, II, and III." *Management Science* 14: 159-82, 320-34, 486-502.

Kennan, J., and R. Wilson, 1993. "Bargaining with Private Information." *Journal of Economic Literature* 31: 45-104.

Kohlberg, E., and J.-F. Mertens, 1986. "On the Strategic Stability of Equilibria." *Econometrica* 54: 1003-38.

Kreps, D., and R. Wilson, 1982. "Sequential Equilibrium." *Econometrica* 50: 863-94.

Kreps, D., P. Milgrom, J. Roberts, and R. Wilson, 1982. "Rational Cooperation in the Finitely Repeated Prisoners' Dilemma." *Journal of Economic Theory* 27: 245-52.

Leland, H., and D. Pyle, 1977. "Informational Asymmetries, Financial Structure, and Financial Intermediation." *Journal of Finance* 32: 371-87.

Matthews, S., 1989. "Veto Threats: Rhetoric in a Bargaining Game." *Quarterly Journal of Economics* 104: 347-69.

Milgrom, P., and J. Roberts, 1982. "Limit Pricing and Entry under Incomplete Information: An Equilibrium Analysis." *Econometrica* 40: 443-59.

Mincer, J., 1974. *Schooling, Experience, and Earnings.* New York: Columbia University Press for the NBER.

Myers, S., and N. Majluf, 1984. "Corporate Financing and Investment Decisions When Firms Have Information that Investors Do Not Have." *Journal of Financial Economics* 13: 187-221.

Nalebuff, B., 1987. "Credible Pretrial Negotiation." *Rand Journal of Economics* 18: 198-210.

Noldeke, G., and E. van Damme, 1990. "Signaling in a Dynamic Labour Market." *Review of Economic Studies* 57: 1-23.

Rogoff, K., 1989. "Reputation, Coordination, and Monetary Policy." In *Modern Business Cycle Theory.* R. Barro, ed. Cambridge: Harvard University Press.

Samuelson, W., 1984. "Bargaining under Asymmetric Information." *Econometrica* 52: 995-1005.

Sobel, J., 1985. "A Theory of Credibility." *Review of Economic Studies* 52: 557-73.

———, and I. Takahashi, 1983. "A Multistage Model of Bargaining." *Review of Economic Studies* 50: 441-26.

Spence, A. M., 1973. "Job Market Signaling." *Quarterly Journal of Economics* 87: 355-74.

———, 1974. "Competitive and Optimal Responses to Signaling: An Analysis of Efficiency and Distribution." *Journal of Economic Theory* 8: 296-332.

Stein, J., 1989. "Cheap Talk and the Fed: A Theory of Imprecise Policy Announcements." *American Economic Review* 79: 32-42.

Vickers, J., 1986. "Signaling in a Model of Monetary Policy with Incomplete Information." *Oxford Economic Papers* 38: 443-55.

訳者あとがき

本書は Robert Gibbons, *Game Theory for Applied Economists*, Princeton University Press, 1992 の翻訳である.

著者のロバート・ギボンズは, 現在米国コーネル大学のジョンソン経営大学院に所属する新進気鋭の経済学者であるが, 序文にもあるようにスタンフォード大学での修業時代にはクレプスや J. ロバーツなどの薫陶を受け, また 1985-90 年には MIT の経済学部で教鞭をとった経歴をも持つ.

とりわけゲームの理論は彼のもっとも得意とする研究分野で, 本書は師クレプスの *Game Theory and Economic Modelling* とともに, 現代ゲーム理論へのもっともすぐれた入門書となっている. 本書の最大の特徴は, 理論のコンパクトで明快きわまりない説明もさることながら, それが首尾一貫して産業組織論, 国際貿易論, 労働経済学, マクロ経済学など, 経済学のさまざまな分野への応用を念頭において進められている点にある. 本書についてはすでに数多くの書評が書かれているが, それらにはおしなべて「理論と応用の最高のブレンド」,「ゲーム理論がいかに経済学の諸分野を改革したかを知る上での絶好の出発点」といったたぐいの讃辞が見出される. これらはいずれも本書の質とその特色を物語るものといってよいであろう.

訳者たちが翻訳の作業を進めた本年(1994 年)は, フォン・ノイマンとモルゲンシュテルンの画期的な大著 *Theory of Games and Economic Behavior* が同じくプリンストン大学出版局から公刊されてちょうど半世紀の節目にあたる. それを記念する意味をこめてか, 奇しくも今年のノーベル経済学賞は, その後のゲーム理論の進展に著しく寄与した三人の研究者ナッシュ, ゼルテン, ハルサーニに授与された. ナッシュは言うまでもなく「ナッシュ均衡」の概念の創始者であり, これを基本としてゼルテンは「サブゲーム完全なナッシュ均衡」, またハルサーニは「ベイジアン・ナッシュ均衡」の概念をそれぞれつく

り出した. これらの概念はどれもが今日のゲーム理論にとって不可欠であり, その恩恵を受けて現在経済理論に静かな革命が進みつつあることを思うならば, この三つを応用例とともに周到に解説した本書の教育的価値にはまことに大なるものがあるというべきであろう. かつてサミュエルソンは,「オウムでさえも博学な経済学者に仕立てることができる. 彼がおぼえなければならないのは〈需要〉と〈供給〉という二つの言葉だけである」という文言を,「筆者不明」として著名な教科書の中に引用した. 神取道宏氏の至言を借りて言えば, この「オウム君に90年代の経済学者になってもらうには, もう一声〈ナッシュ均衡〉という言葉をおぼえてもらわなくてはならない」ご時世なのである.

翻ってここで訳語の問題について, 一言注釈を述べさせていただきたい. 訳出にあたって訳者たちは, なるべく従来の訳語を尊重する方針で臨んだが, 結果としては一つの場合だけ例外的な措置をとることになった. それはsubgameという用語の場合で, この用語は通常「部分ゲーム」と訳されているが, 本訳書では片仮名でそのまま「サブゲーム」とした. これは原語そのものがたんにゲームの一部分という意味を越える含みを持つように思われたのと, 何分 subgame-perfect Nash equilibrium というような長い表現で使われるので訳語の音を一字分でも切りつめたいという動機が働いたのと, 二重の理由によるものである. その点の適否については読者の叱正に俟つほかはない.

最後に, もう一つだけ付言しておかねばならない事情がある. 本書の翻訳としては, すでにこの10月に東京のマグロウヒル出版から木村憲二教授の訳筆になる『応用経済学のためのゲーム理論入門』が公刊されている. このように同じ書物の二種類の翻訳が, ほぼ同時期に相前後して出版されるというのはきわめて異例なことといわざるをえないが, これは原著がプリストン大学出版局から出版されてのち, A Primer in Game Theory というまったく別の書名で英国の Harvester Wheatsheaf 社からも出版されるというはなはだミスリーディングな事態が生じたためである. 現に訳者たちも後者を手にするまではそれが前者と同一内容の本であるとは気づかなかったのが実情で, ハーヴェースター゠マグロウヒル出版をつうじて後者の翻訳が同時に進行しつつあることを知ったのは, すでにわれわれの訳稿が大部分校正刷の形態をとった段階においてであった. ここでその経緯の一端を記して, 木村教授ならびに読者諸賢のご了解を乞うておく次第である.

本訳書の上梓にあたっては, いつものことながら創文社の小山光夫氏に万般

にわたる懇切なご配慮をいただいた．同氏のご厚情に対して心から感謝の意を表して筆を擱きたい．

　1994 年 12 月

訳　者

岩波書店版刊行にあたって

　本書の元となるロバート・ギボンズ『経済学のためのゲーム理論入門』の訳書は，1995 年に創文社から刊行された．同書は，ゲーム理論への抜群の入門書としてきわめて好意的に受け入れられ，ゲーム理論の教育現場への浸透が進んだせいか，刊行後いくたびも増刷を重ねてきたが，創文社の解散に伴い，遺憾ながら 2020 年 3 月末で販売停止となってしまった．そんな折，まことにありがたいことに，このたび岩波書店から本書を再出版したいという申し出があり，喜んでお受けして装いを新たに刊行する運びとなった次第である．

　今回の刊行にあたっては，若干の人名・用語の表記を現代の標準に合わせて改めることにした．旧版の出版当時は，ゲーム理論に関する専門用語でまだ邦訳の定まっていないものが多く，その選択に迷った訳語もあったが，この 25 年間のゲーム理論のわが国への普及により，日本語で定着した用語が増えてきたので，今回の版では backward induction, forward induction, trigger strategy, Tit-for-Tat strategy などをそれぞれ「後ろ向き帰納法」，「前向き帰納法」，「トリガー戦略」，「しっぺ返し戦略」などと訳し直すことにした．

　現代の経済学教育において，その初期の段階から伝統的分析手法とならんでゲーム理論が教えられるようになって久しい．加えて，現在ではゲーム理論の考え方が，経済学以外の学問領域にも広範に浸透してきている．そうした情況に応じて日本語で書かれた良質なゲーム理論入門書もまた数多く出版されているが，理論と応用のいずれにも配慮の行き届いた本書の価値は，出版から四半世紀を経た今日でもまったく変わっていない．ゲーム理論に興味を持つ学生諸君や研究者，そしてゲーム理論の初歩を終えた学習者が，よりハイレベルの学習に進む拠りどころとして，本書を活用されることを訳者としては心から願っている．

　また本書の刊行にあたっては，その当初の折衝の段階から訳語の改訂に至る

まで，万事にわたって岩波書店の彦田孝輔氏に大変お世話になった．その懇切なご配慮に対してここで厚く感謝の言葉を申し述べておきたい．

　2020 年 6 月

訳　者

人名索引

（n は脚注を，練は練習問題を示す）

アカロフ Akerlof, G.　124
アクセルロッド Axelrod, R.　218
アドマティ Admati, A.　練 2.4
アブルー Abreu, D.　93, 98, 101
イェーレン Yellen, J.　124
ヴィッカーズ Vickers, J.　169, 178, 201
ウィルソン Wilson, R.　109n, 124, 169, 173, 218, 238
エスピノーサ Espinosa, M.　60, 123, 練 2.16
オーステン・スミス Austen-Smith, D.　204, 238
オーマン Aumann, R.　7, 31n, 33n
オズボーン Osborne, M.　124

角谷 静夫　42
ギボンズ Gibbons, R.　44, 204, 238
クールノー Cournot, A.　2, 11, 15
クラムトン Cramton, P.　238
グリーン Green, E.　100
クリシュナ Krishna, V.　124
グレイザー Glazer, J.　123
クレプス Kreps, D.　44, 109n, 124, 169, 173, 218, 231, 233
クレンペラー Klemperer, P.　161
クロフォード Crawford, V.　169, 205, 練 4.9
ケナン Kennan, J.　238
ゴードン Gordon, D.　50, 107
コールベルク Kohlberg, E.　233

サタースウェイト Satterthwaite, M.　155
サットン Sutton, J.　63

サッピントン Sappington, D.　161
サミュエルソン Samuelson, W.　151, 練 4.11
サロナー Saloner, G.　100, 練 2.14
シェイキッド Shaked, A.　63
シェインクマン Scheinkman, J.　44
ジャクリン Jacklin, C.　124
シャピロ Shapiro, C.　50, 101
シュタッケルベルク Stackelberg, H. von　15n, 50
スタイン Stein, J.　203, 238
スタケッティ Stacchetti, E.　101
ステイガー Staiger, D.　123
スティグリッツ Stiglitz, J.　50, 101
スペンス Spence, A. M.　169, 178, 184, 185, 187
ゼルテン Selten, R.　88, 118
ゼンダー Zender, J.　198
ソーベル Sobel, J.　60, 169, 205, 213, 238, 練 4.9, 練 4.12

ダイアモンド Diamond, D.　50, 68
ダイビッグ Dybvig, P.　50, 68, 198
高橋 一郎　60, 169, 213, 練 4.12
ダスグプタ Dasgupta, P.　44
チャタージー Chatterjee, K.　151
チョー Cho, I.-K.　169, 231, 233, 238
ディア Deere, D.　161
ティロール Tirole, J.　124, 174n
トレーシィ Tracy, J.　238

ナッシュ Nash, J.　2, 11, 41
ネールバフ Nalebuff, B.　練 4.14
ネルデケ Noldeke, G.　186

ハーディン Hardin, G.　26

ハート Hart, O.　161

パイル Pyle, D.　237

バタチャリヤ Bhattacharya, S.　124, 237

ハルサーニ Harsanyi, J.　29, 140, 144, 168

バロー Barro, R.　50, 107, 201

バロン Baron, D.　161

ピアース Pearce, D.　31n, 101

ヒューム Hume, D.　2, 26

ビュロウ Bulow, J.　106, 124, 161

ファーバー Faber, H.　2, 23

ファレル Farrell, J.　80, 124, 204, 238

ファン・ダム van Damme, E.　186

フェルナンデス Fernandez, R.　123

ブキャナン Buchanan, J.　練2.2

ブノワ Benoit, J.-P.　124

フューデンバーグ Fudenberg, D.　92, 174n

ブランデンバーガー Brandenburger, A.　44

フリードマン Friedman, J.　15n, 50, 91, 96

プレンダーガスト Prendergast, C.　練2.5

ベッカー Becker, G.　練2.1

ペリー Perry, M.　練2.4

ベルトラン Bertrand. J.　2, 15n

ホイジンガ Huizinga, H.　練2.9

ポーター Porter, R.　100

ホール Hall, R.　151, 練3.8

ボール Ball, L.　124, 238

ホテリング Hotelling, H.　練1.8

マイアーズ Myers, S.　169, 178, 198

マイアーソン Myerson, R.　155, 156, 158, 161

マカフィー McAfee, P.　161

マクミラン McMillan, J.　124, 161

マシューズ Matthews, S.　203, 238, 練4.15

マスキン Maskin, E.　44, 80, 92, 124

ミルグロム Milgrom, P.　169, 218, 231, 237

ミンサー Mincer, J.　186

メイリュフ Majluf, N.　169, 178, 198

メルタン Mertens, J.-F.　233

モンゴメリー Montgomery, J.　練1.13

ラジアー Lazear, E.　50, 71, 124, 練2.8, 151, 練3.8

リー Rhee, C.　60, 123, 練2.16

リーランド Leland, H.　237

ルービンシュタイン Rubinstein, A.　50, 124

レオンティエフ Leontief, W.　50, 58

ローゼン Rosen, S.　50, 71, 124

ローテンバーグ Rotemberg, J.　100, 練2.14

ロゴフ Rogoff, K.　106, 124, 238

ロバーツ Roberts, J.　169, 218, 231, 237

事項索引

ア 行

後ろ向き帰納法　51-55
　——による結果　52
　——に内在する合理性の仮定　53-55
オークション　161
　最高価格・封緘付け値の——
　147-151, 練 3.6, 練 3.7
　ダブル——　151-156, 練 3.8

カ 行

関税モデル　68-71, 練 2.9
完全ベイジアン均衡　174, 182
　——の条件 1 から 4　171-174
　——の条件 5　229
　——の存在　173n, 234
　——の長所　176
　一括——　182
　分離——　182
　混成——　195
共有知識　7
共有地問題　26-28
協力
　完備情報下の有限繰り返しゲームでの
　　——　79
　不完備情報下の有限繰り返し囚人のジレ
　　ンマでの——　218-226
　無限繰り返しのゲームでの——　83,
　　96, 103
均衡
　——経路　172
　——と結果　119, 121
　ナッシュ——　→ ナッシュ均衡
　サブゲーム完全なナッシュ——　→ サ
　　ブゲーム完全なナッシュ均衡

ベイジアン・ナッシュ——　→ ベイジ
　アン・ナッシュ均衡
完全ベイジアン——　→ 完全ベイジア
　ン均衡
相関——　33n
逐次的——　173n, 174n
銀行の取付けモデル　66-68, 124, 練
　2.22
金融政策のモデル　106-109, 124, 238
　非対称情報下の——　200-203
組合を持つ企業の賃金と雇用モデル
　58-60, 123, 練 2.7, 練 2.16
繰り返しゲーム　74-109
　有限——　76
　無限——　85
継続ゲーム　168
KMRW モデル　219-224
ゲームツリー　53, 110
ゲームの表現
　標準型による——　4, 練 1.1, 140
　展開型による——　110, 124
　標準型による動学——　111-113
　展開型による静学——　113-115
結果
　——と均衡　119, 121
　後ろ向き帰納法による——　→ 後ろ向
　　き帰納法による結果
　サブゲーム完全な——　65
現在価値　61n, 82
顕示原理　156-161
　——の主張　158
　——の証明　159-161
交渉モデル　123-124
　ルービンシュタインの（完備情報下の）
　　——　60-64, 123, 練 2.3, 練 2.19,

練 2.20
　非対称情報下の――　212–218, 238,
　　練 4.10–練 4.14
効率賃金モデル　101–106, 124, 練 2.17
合理的期待　108

サ 行

再協議　79, 79n, 106
最適反応　17, 34
サブゲーム　88, 116, 練 2.12, 練 2.18
サブゲーム完全なナッシュ均衡　88,
　　118, 練 2.12
　――の存在　118
サマリア人のジレンマ　練 2.2
シグナリング・ゲーム　177
　――の条件 1, 2R, 2S, 3　181, 182
　――の条件 5　230, 練 4.16
　――の条件 6　233, 練 4.16
　就職市場の――　184–197, 234–237
　資本構造の――　197–200
　金融政策の――　200–203
　「ビールとキッシュ」の――　231–233
実現可能な利得　89
囚人のジレンマ　2
　――の強く支配される戦略　4–5
　――のナッシュ均衡　10
　――の展開型による表現　114–115
　2 回繰り返される――　75, 76
　無限回繰り返される――　81–85, 89
　非対称情報下の――　218–226
手榴弾ゲーム　49, 練 2.21
情報
　――集合　114, 練 2.18
　完全――　49, 115
　完備――　1
　私的――　→ 不完備情報
　非対称――　→ 不完備情報
　不完全――　49, 64, 115
　不完備――　135
　複数人の意思決定問題での――　57
信念　140–142, 171, 172
信憑性
　――のない脅しや約束の除去　52,

　　120, 122
　脅しや約束の――　49, 79
静学ゲーム
　完備情報の――　1
　不完備情報の――　135
精緻化　167–168
　ナッシュ均衡の――　89
　サブゲーム完全なナッシュ均衡の――
　　169–174
　ベイジアン・ナッシュ均衡の――
　　169–174
　完全ベイジアン均衡の――　226–237
節
　決定――　110
　終――　111
戦略　3, 87, 111, 練 2.12, 練 2.18,
　　142, 練 3.1
　――空間　3, 142
　「飴と鞭」――　→ 2 局面戦略
　一括――　143, 180
　混合――　29, 30, 練 1.9, 144–147
　混成――　180
　しっぺ返し――　219
　純粋――　29
　強く支配される――　→ 強く支配され
　　る戦略
　トリガー――　84, 92, 96–98
　2 局面――　98–100
　半分離――　180
　部分一括――　180
　分離――　142, 180
双行列　3

タ 行

タイプ　139, 140
タイプ空間　139
段階ゲーム　76
チープトーク・ゲーム　203–212, 練
　　4.8, 練 4.9
　――の応用　203–205, 238, 練 4.15
逐次合理性　171
逐次手番ゲーム　→ 動学ゲーム
調停　22–26, 44

直接メカニズム　157

直観的基準 → シグナリング・ゲームの条件 6

強く支配される戦略　5, 練 1.1

　　——の逐次消去　7

　　——の逐次消去とナッシュ均衡　10, 12-15, 練 1.14

　　情報集合から始めて——　228

動学ゲーム

　　完備完全情報の——　51

　　完備不完全情報の——　64, 109

　　不完備情報の——　167

同時手番ゲーム → 静学ゲーム

トーナメント　71-74, 124, 練 2.8

ナ 行

ナッシュ均衡　8, 36, 練 1.1, 練 1.9

　　——の存在　32, 41-44

　　——と強く支配される戦略の逐次消去　10, 12-15, 練 1.14

ナッシュの定理 → ナッシュ均衡の存在

ハ 行

パレートの意味での支配　80

パレート・フロンティア　80

評判　218, 218n, 238

フォーク定理　82n

複占(寡占)モデル　124

　　クールノー(数量選択)の——　15-21, 44, 練 1.4-1.6, 96-100, 練 2.15, 136-139, 練 3.2

　　ベルトラン(価格選択)の——　21, 22, 44, 練 1.7, 練 2.13, 練 2.14, 練 3.3

　　シュタッケルベルクの——　55-57, 練 2.6

状態変数を含む——　100

　　不完全モニタリングの——　100-101

不動点定理

　　ブラウアーの——　42

　　角谷の——　42-44

フリードマンの定理　91, 93

プレイの歴史　87

平均利得　90

ベイジアン・ゲーム　135, 練 3.1

ベイジアン・ナッシュ均衡　144, 練 3.1

　　——の存在　144

　　対称——　150n

　　線形——　148, 153

　　単一価格——　152

ベイズの公式　73n, 141n, 195n

ペニー合わせ　28

　　——のナッシュ均衡　37

　　不完備情報下の——　練 3.5

マ〜ワ 行

前向き帰納法　234

メッセージ　177

　　均衡支配される——　233

　　支配される——　230

誘因両立性　157

利得関数　3

留保利得　92

両性の闘い　11

　　——の純粋戦略ナッシュ均衡　12

　　——の混合戦略ナッシュ均衡　38

　　不完備情報下の——　145-147

歴史　87

「礁でなしの子」の定理　練 2.1

割引因子　61n

ロバート・ギボンズ（Robert Gibbons）

1980年，ハーバード大学卒業．1985年，スタンフォード大学でPh.D.取得．現在，マサチューセッツ工科大学スローンマネジメントスクール教授・経済学部教授．

福岡正夫

1947年，慶應義塾大学経済学部卒業．1990年，慶應義塾大学経済学部教授を定年退職．現在，慶應義塾大学名誉教授．

須田伸一

1984年，慶應義塾大学経済学部卒業．1992年，ペンシルベニア大学でPh.D.(経済学)取得．現在，慶應義塾大学経済学部教授．

経済学のためのゲーム理論入門
　　　　　　　　　ロバート・ギボンズ

	2020年10月6日　第1刷発行
	2023年5月15日　第2刷発行

訳　者　福岡正夫　須田伸一

発行者　坂本政謙

発行所　株式会社　岩波書店
　　　　〒101-8002 東京都千代田区一ツ橋2-5-5
　　　　電話案内 03-5210-4000
　　　　https://www.iwanami.co.jp/

印刷製本・法令印刷

ISBN 978-4-00-061424-5　　Printed in Japan

ミクロ経済学 第3版	西村和雄	A5判 278頁 定価 3080円
マクロ経済学 第4版	吉川 洋	A5判 298頁 定価 3080円
金　融 第2版	小野善康	A5判 230頁 定価 2860円
経済統計 第3版	田中勝人	A5判 234頁 定価 2860円
国際経済学 第3版	若杉隆平	A5判 274頁 定価 3190円
農業経済学 第5版	荏開津典生 鈴木宣弘	A5判 248頁 定価 2640円
マクロ経済動学	西村和雄 矢野 誠	A5判 332頁 定価 3300円

―――――― 岩波書店刊 ――――――

定価は消費税 10％込です
2023 年 5 月現在